Joseph Ratzinger

Glaube – Wahrheit – Toleranz

Das Buch

»Die Frage der Verträglichkeit der Kulturen, des Friedens der Religionen ist auch zu einem politischen Thema erster Ordnung aufgerückt. Aber zuallererst ist sie eben doch eine Frage an die Religionen selbst, wie sie im Frieden zueinander stehen und zur ›Erziehung des Menschengeschlechts‹ auf den Frieden hin beitragen können. Der christliche Glaube ist von dieser Problematik insofern besonders betroffen, als er von seinem Ursprung und seinem Wesen her den Anspruch erhebt, den einen wahren Gott und den einzigen Retter aller Menschen zu kennen und zu verkünden ... Ist dieser Absolutheitsanspruch heute noch vertretbar? Wie verhält er sich zu der Suche nach dem Frieden der Religionen und Kulturen? ...
Als ich meine Vorträge ... zu diesem Themenkreis sichtete, zeigte sich, dass von verschiedenen Ausgangspunkten her sich doch so etwas wie ein Ganzes geformt hatte – sehr fragmentarisch und unvollkommen gewiss, aber als Wortmeldung zu einer großen, uns alle tief betreffenden Sache vielleicht doch nicht ganz unnütz. So habe ich mich entschlossen, die thematisch in die Richtung der Fragen nach Glaube, Religion, Kultur, Wahrheit, Toleranz zielenden Texte ... als eine Ganzheit vorzulegen und zur Debatte zu stellen.«
Joseph Ratzinger

Der Autor

Joseph Ratzinger, geb. am 16. April 1927 in Marktl am Inn; Studium der katholischen Theologie und Philosophie an der Philosophisch-theologischen Hochschule Freising und an der Universität in München; Priesterweihe 1951, 1953 Promotion zum Dr. theol., 1957 Habilitation, theologische Professuren in Freising, Bonn, Münster, Tübingen und Regensburg, Konzilsberater des Erzbischofs von Köln, Josef Kardinal Frings, Peritus, 1977-1982 Erzbischof von München und Freising, 1977-2005 Kardinal, 1981-2005 Präfekt der Glaubenskongregation, Präsident der Päpstlichen Bibelkommission und der Internationalen Theologenkommission, 2002-2005 Dekan des Kardinalskollegiums, seit dem 19.4.2005 Papst Benedikt XVI. und emeritiert am 28.2.2013, Autor des Weltbestsellers »Jesus von Nazareth«.

Joseph Ratzinger

Glaube – Wahrheit – Toleranz

Das Christentum und die Weltreligionen

FREIBURG · BASEL · WIEN

HERDER spektrum Band 6950

MIX
Papier aus verantwor-
tungsvollen Quellen
FSC® C083411

Neuausgabe 2017

© Verlag Herder GmbH, Freiburg im Breisgau 2003
Alle Rechte vorbehalten
www.herder.de

Register: Matthias Mühl
Umschlaggestaltung: Verlag Herder
Umschlagmotiv: © KNA-Reuters

Satz: fgb · freiburger graphische betriebe
Herstellung: CPI books GmbH, Leck

Printed in Germany

ISBN 978-3-451-06950-5

Professor Dr. Horst Bürkle
in freundschaftlicher Verbundenheit zugeeignet

INHALTSVERZEICHNIS

Vorwort 11

ERSTER TEIL
DER CHRISTLICHE GLAUBE IN DER BEGEGNUNG
MIT DEN KULTUREN UND RELIGIONEN

1. KAPITEL
Einheit und Vielfalt der Religionen –
Der Ort des christlichen Glaubens in der Religionsgeschichte . 14
    Vorbemerkung 14
    Problemstellung 17
    Der Ort des Christentums in der Religionsgeschichte 22
    Mystik und Glaube 27
    Die Struktur der großen religiösen Wege 32

Zwischenspiel 38

2. KAPITEL
Glaube, Religion und Kultur 46
    Kultur – Inkulturation – Begegnung der Kulturen 49
    Glaube und Kultur 55
    Glaube, Religion und Kultur in der technischen Welt 59

Variationen zum Thema Glaube, Religion und Kultur 66
    Inklusivismus und Pluralismus 66
    Das Christentum – eine europäische Religion? 70
    Hellenisierung? 74
    Abraham und Melchisedek 78
    Unterscheidung des Christlichen 82
    Multireligiöses und interreligiöses Gebet 87

ZWEITER TEIL
DIE WAHRHEITSFRAGE UND DIE RELIGIONEN

Vorbemerkung 92

1. KAPITEL
Die in den 1990er Jahren aufgebrochenen
neuen Fragestellungen –
Zur Lage von Glaube und Theologie heute 93
  Die Krise der Theologie der Befreiung 93
  Relativismus – die herrschende Philosophie 94
  Relativismus in der Theologie – die Rücknahme der Christologie 96
  Der Rekurs auf die Religionen Asiens 98
  Orthodoxie und Orthopraxie 99
  New Age 102
  Der Pragmatismus im kirchlichen Alltag 104
  Aufgaben der Theologie 106
  Ausblick 110

2. KAPITEL
Wahrheit des Christentums? 112

1. Glaube zwischen Vernunft und Gefühl 112
   Die Krise des Glaubens in der Gegenwart 112
   Der Gott Abrahams 117
   Krise und Weitung von Israels Glaube im Exil 119
   Der Weg zur Universalreligion nach dem Exil 121
   Christentum als Synthese von Glaube und Vernunft 125
   Auf der Suche nach einer neuen Evidenz 126

2. Das Christentum – die wahre Religion? 131

3. Glaube, Wahrheit und Kultur – Reflexionen
   im Anschluß an die Enzyklika »Fides et ratio« 148
   Die Wörter, das Wort und die Wahrheit 149
   Kultur und Wahrheit 156

Religion, Wahrheit und Heil 163
Abschließende Überlegungen 167

3. KAPITEL
Wahrheit – Toleranz – Freiheit 170

1. Glaube – Wahrheit – Toleranz 170
Die »Mosaische Unterscheidung« – oder:
Gehört die Wahrheitsfrage in die Religion? 170
Austauschbarkeit und Krieg der Götter 175
Die Unausweichlichkeit der Wahrheitsfrage und
die Alternativen der Religionsgeschichte 180
Die christliche Toleranz 184

2. Freiheit und Wahrheit 187
Die Frage 187
Die Problematik der neuzeitlichen Freiheitsgeschichte und
ihres Freiheitsbegriffs 191
Freiheit und Wahrheit 198
Zusammenfassung der Ergebnisse 206

ANHANG
Ersterscheinungsorte der einzelnen Kapitel 210
Register der Schriftverweise 214
Register der Personennamen 215
Register der Schlagwörter 219

VORWORT

In einer immer enger zusammenrückenden Welt ist die Frage nach der Begegnung der Religionen und Kulturen zu einem vordringlichen Thema geworden, das beileibe nicht nur die Theologie beschäftigt. Die Frage der Verträglichkeit der Kulturen, des Friedens der Religionen ist auch zu einem politischen Thema erster Ordnung aufge- rückt. Aber zuallererst ist sie eben doch eine Frage an die Religionen selbst, wie sie im Frieden zueinander stehen und zur »Erziehung des Menschengeschlechts« auf den Frieden hin beitragen können. Der christliche Glaube ist von dieser Problematik insofern besonders betroffen, als er von seinem Ursprung und seinem Wesen her den Anspruch erhebt, den einen wahren Gott und den einzigen Retter aller Menschen zu kennen und zu verkünden: »In keinem anderen Namen ist das Heil zu finden. Denn es ist uns Menschen kein anderer Name unter dem Himmel gegeben, durch den wir gerettet werden sollen«, hat Petrus den Führern und Ältesten des Volkes Israel gesagt (Apg 4,12).

Ist dieser Absolutheitsanspruch heute noch vertretbar? Wie verhält er sich zu der Suche nach dem Frieden der Religionen und Kulturen? Als die Kongregation für die Glaubenslehre im Jahr 2000 die Erklärung *Dominus Iesus* »Über die Einzigkeit und die Heilsuniversalität Jesu Christi und der Kirche« veröffentlichte, ging ein Aufschrei der Empörung durch die moderne westliche Gesellschaft, aber auch durch große nichtchristliche Kulturen wie diejenige Indiens: Dies sei ein Dokument der Intoleranz und einer religiösen Arroganz, die in der heutigen Welt keinen Platz mehr haben sollte. Der katholische Christ konnte da nur in aller Demut die Frage stellen, die Martin Buber einmal einem Atheisten gegenüber formuliert hatte: Wenn es aber wahr ist? So zeigt es sich, daß die eigentliche Problematik hinter all den Einzelfragen in der Frage nach der Wahrheit besteht. Kann Wahrheit erkannt werden? Oder ist die Wahrheitsfrage im Bereich von Religion und Glaube schlichtweg unangebracht? Aber was bedeutet dann der Glaube, was bedeutet die Religion positiv, wenn sie mit Wahrheit nicht in Verbindung treten darf?

So haben sich allmählich verschiedene Schichten des Disputs herausgebildet, in den ich im letzten Jahrzehnt durch vielfältige Anlässe mitten hineingerissen worden bin. Zunächst einmal muß man versuchen zu verstehen, was Kultur ist und wie Kulturen zueinander stehen können. Ebenso muß man das Phänomen Religion als solches vor Augen bekommen und darf nicht einfach von einer gleichmäßigen Masse »Religionen« ausgehen. Man muß versuchen, sie in ihrer geschichtlichen Bewegung, in ihren wesentlichen Strukturen und Typen wie in ihrem möglichen Zueinander oder in ihrem drohenden Gegeneinander zunächst aus sich zu begreifen, ehe man Urteile zu formulieren versucht. Endlich steht dabei die Grundfrage nach dem Menschen zur Debatte, was er ist und wie er er selber werden oder sich selber verspielen kann. Und dabei ist schließlich eben doch die Auseinandersetzung mit der Frage unerläßlich, ob der Mensch für die Wahrheit geschaffen sei und in welcher Weise er die Wahrheitsfrage stellen kann und auch muß.

Mit alledem ist ein großes Programm umschrieben, zu dem ein kleines und eher aus Zufällen gewachsenes Buch sicher nur einen sehr bescheidenen Beitrag leisten kann. Als ich meine Vorträge aus dem letzten Jahrzehnt zu diesem Themenkreis sichtete, zeigte sich, daß von verschiedenen Ausgangspunkten her sich doch so etwas wie ein Ganzes geformt hatte – sehr fragmentarisch und unvollkommen gewiß, aber als Wortmeldung zu einer großen, uns alle tief betreffenden Sache vielleicht doch nicht ganz unnütz. So habe ich mich entschlossen, die thematisch in die Richtung der Fragen nach Glaube, Religion, Kultur, Wahrheit, Toleranz zielenden Texte, die – mit Ausnahme des 1964 schon veröffentlichten ersten Beitrags – alle im letzten Jahrzehnt entstanden sind, in diesem Buch als eine Ganzheit vorzulegen und zur Debatte zu stellen. Ich hoffe, daß das so entstandene Werk in all seinen Unzulänglichkeiten doch eine Hilfe sein kann im Ringen um das, was uns alle angeht.

Rom, am Fest der Verklärung des Herrn 2002

Joseph Cardinal Ratzinger

ERSTER TEIL

Der christliche Glaube in der Begegnung mit den Kulturen und Religionen

1. KAPITEL

Einheit und Vielfalt der Religionen
Der Ort des christlichen Glaubens in der Religionsgeschichte

Vorbemerkung

Diesen Beitrag habe ich 1963 für die im Jahr 1964 veröffentlichte Festschrift zum 60. Geburtstag von Karl Rahner geschrieben;[1] er ist dann in einem von meinen Schülern zu meinem 70. Geburtstag herausgegebenen Band, in dem sie einen Querschnitt durch mein Schaffen boten, neu gedruckt worden.[2] Ich hatte von 1955 bis 1963 im Rahmen meiner fundamentaltheologischen Vorlesungen zu Freising und zu Bonn auch Religionsphilosophie und Religionsgeschichte gelehrt und dabei die Bedeutung des Themas der Weltreligionen entdeckt. Als der Beitrag 1964 erschien, stand das Konzil auf seinem Höhepunkt; die großen Debat-ten über die Kirche, über die Offenbarung, über Kirche und Welt beherrschten die theologische Literatur. Das Thema der Weltreligionen stand noch einigermaßen am Rand; in der Arbeit des Konzils hat es eher zufällig und vom äußeren Umfang her gesehen marginal Platz gefunden in dem am 28. Oktober 1965 verabschiedeten Dekret *Nostra aetate*. Ursprünglich war, wenn ich mich recht entsinne, nur an eine Erklärung über das Verhältnis von Kirche und Judentum gedacht gewesen, die sich aufgrund der dramatischen Ereignisse während der Naziherrschaft als notwendig erwies. Eine neue Besinnung auf das Verhältnis der Christen zum jüdischen Volk mußte ein Thema des Konzils sein. Die Christen des Orients, die die geschichtlichen Erfahrungen des Westens nicht als die ihren ansehen konnten, hielten aber eine solche Erklärung

---

1 Gott in Welt. Festgabe für Karl Rahner zum 60. Geburtstag, hg. v. H. Vorgrimler (Freiburg 1964) Bd. II, 287–305.
2 J. Kardinal Ratzinger, Vom Wiederauffinden der Mitte. Grundorientierungen (Freiburg 1997) 60–82.

nur für vertretbar, wenn gleichzeitig auch ein Wort über den Islam damit verbunden würde. Nach dieser Ausweitung des thematischen Bogens ergab es sich fast von selbst, daß man versuchen mußte, über die Welt der nichtchristlichen Religionen im ganzen zu sprechen. Ein eher zufällig gewachsenes Dekret hat sich nachträglich als in besonderem Maß zukunftsweisend herausgestellt.

Karl Rahner bei seinem Geburtstag mit einem Beitrag über dieses erst allmählich ins Bewußtsein der Theologen dringende Thema zu ehren, erschien insofern angebracht, als der große Theologe in den 5. Band seiner Schriften (1962) einen erstmals 1961 veröffentlichten Aufsatz über »Das Christentum und die nichtchristlichen Religionen« aufgenommen hatte, in dem er darauf hinwies, daß in einer Situation, »in der jedes Volk und jeder Kulturkreis zum inneren Moment jedes anderen Volkes und jedes anderen Kulturkreises wird«, auch jede Religion, die in der Welt existiert, eine Frage und eine angebotene Möglichkeit für jeden anderen Menschen geworden sei. Dieser Beitrag, in dem Rahner den Begriff des anonymen Christen als Schlüsselwort für seine Antwort auf die Herausforderung der Religionen prägte, ist später zum Ausgangspunkt von teils heftigen Auseinandersetzungen geworden. Was er mit dem Begriff meinte, hat er am Ende seines Artikels kurz so zusammengefaßt:»Es mag dem Nichtchristen als anmaßend erscheinen, daß der Christ das Heile und geheiligt Geheilte in jedem Menschen als Frucht der Gnade seines Christus und als anonymes Christentum wertet und den Nichtchristen als einen noch nicht reflex zu sich gekommenen Christen betrachtet. Aber auf diese ›Anmaßung‹ kann der Christ nicht verzichten« (158).

Mit dieser These war ich nicht einverstanden, aber es wäre mir doch als ungehörig erschienen, mich in einer ihm gewidmeten Festschrift kritisch damit auseinanderzusetzen.[3] Es schien mir richtiger, zuerst einmal die Fragestellung auszuweiten, von der aus ein Dialog mit den Religionen geführt werden kann. Rahner hatte ganz selbstverständlich als die eigentlich einzige Frage des Christen bei der Reflexion über das Phä-

---

3 Ich habe dies später – im Anschluß an Rahners Grundkurs des Glaubens. Einführung in den Begriff des Christentums (Freiburg 1976) – nachgeholt in meinem Werk Theologische Prinzipienlehre (München 1982) 169–179.

nomen der vielfältigen Religionen der Welt die Frage nach dem Heil der Nichtchristen angesehen. Damit war eine zweite Vorentscheidung mitgegeben. Vor der Heilsfrage erscheint der Unterschied der einzelnen Religionen als letztlich irrelevant. Diese beiden Voraussetzungen sind für die ganze weitere Debatte bestimmend geblieben. Auch die gegenwärtig im Gespräch stehenden drei Grundorientierungen in Sachen Christentum und Weltreligionen – Exklusivismus, Inklusivismus, Pluralismus – sind von dieser Fragestellung bestimmt: Immer werden die Religionen als letztlich gleich gültige Masse behandelt, immer unter dem Gesichtspunkt der Heilsmöglichkeit betrachtet. Meine Meinung war nach den Jahren, die ich dem Studium der Religionsgeschichte gewidmet hatte, daß solchen theologischen Qualifikationen der Religionen eine phänomenologische Untersuchung vorausgehen müsse, die nicht schon gleich über den Ewigkeitswert der Religionen befindet und sich damit eine Frage auflädt, über die eigentlich nur der Weltenrichter entscheiden kann. Ich war der Auffassung, daß man zuallererst versuchen müsse, das Panorama der Religionen in seiner innergeschichtlichen und spirituellen Struktur vor den Blick zu bekommen. Man sollte – so schien mir – nicht einfach über eine nicht weiter definierte und gar nicht praktisch in Augenschein genommene Masse »Religionen« diskutieren, sondern zuerst einmal zu sehen versuchen, ob es hier durchgängige geschichtliche Entwicklungen gab und ob sich Grundtypen erkennen ließen, über die man dann eher Wertungen gewinnen konnte; schließlich wäre zu fragen, wie sich diese Grundtypen zueinander verhalten und ob sie uns vor Alternativen stellen, die dann Gegenstand philosophischer und theologischer Reflexionen und Entscheidungen werden könnten. Für diese Frage gab es auch damals schon eine ganze Menge Literatur, denn außerhalb der Theologie hatte die Religionswissenschaft seit dem 19. Jahrhundert intensiv daran gearbeitet; was mir unmittelbar für mein eigenes Denken geholfen hat, ist in die Anmerkungen zu diesem Beitrag eingegangen. Es schien mir nicht wichtig, diese von heute aus gesehen etwas veraltet wirkenden Literaturangaben auf den neuesten Stand zu bringen, denn Bibliographien sind unschwer zu besorgen. Es ging ja nur darum und geht nur darum, zu benennen, von welchen Autoren ich gelernt habe; nur an einzelnen Stellen, wo es wirklich für die Sache nützlich schien, habe ich kleinere Ergänzungen vorgenommen. In der Einleitung, die ich damals meinem Artikel vorangestellt hatte, habe ich seine Absicht und seine Grenzen so beschrieben: Der Beitrag könne nicht etwas wie eine »Theologie der Religionsgeschichte« entwerfen, sondern lediglich wolle er eine Vorarbeit versuchen, um die Stellung des Christentums in der Religionsgeschichte genauer zu bestimmen und damit theologischen Aussagen von der Einzigkeit und Absolutheit des Christentums wieder einen konkreteren Sinn zu geben bzw. Anlaß zu werden, ihren theologischen Gehalt auf der Basis ihrer konkreten Bedeutung neu zu erarbeiten. Weil mir diese Absicht auch heute noch sinnvoll erscheint und weil der größere Teil der Arbeit immer noch zu tun ist, schien es mir angemessen, den Beitrag in diesen Band aufzunehmen.

Problemstellung

Der christliche Glaube hat die Position, die er sich selbst in der Religionsgeschichte zuteilt, im Grunde längst formuliert: Er sieht in Christus das einzig wirkliche und damit endgültige Heil des Menschen. Hinsichtlich der anderen Religionen ist demgemäß eine doppelte Einstellung möglich (so scheint es): Man kann sie als vor-läufig und insofern vor-läuferisch zum Christentum ansprechen und damit in gewissem Sinn positiv werten, soweit sie sich nämlich in die Haltung des Vor-läufers einordnen lassen. Man kann sie freilich auch als das Ungenügende, Christuswidrige, der Wahrheit Entgegengesetzte auffassen, das dem Menschen Heil vorgaukelt, ohne es jemals geben zu können. Dem Glauben Israels, das heißt der Religion des Alten Testamentes, gegenüber ist die erste Haltung von Christus selbst vorgezeichnet. Daß sie in gewissem Sinn auch allen übrigen Religionen gegenüber stattfinden kann, ist erst in neuerer Zeit deutlich und mit Nachdruck herausgestellt worden. Tatsächlich darf man wohl sagen, daß der Bericht vom Bundesschluß mit Noach (Gen 8,20 – 9,17) die geheime Wahrheit der mythischen Religionen bestätigt: Im regelmäßigen »Stirb und Werde« des Kosmos vollzieht sich das Walten des treuen Gottes, der nicht nur mit Abraham und den Seinen, sondern mit *allen* Menschen im Bunde steht.[4] Und haben nicht die Magier durch den Stern, d. h. durch ihren

»Aberglauben«, durch *ihre* Religion (wenn auch nur auf dem Umweg über Jerusalem, über die heiligen Schriften des Alten Testaments) zu Christus gefunden (Mt 2,1–12)? Hat also nicht gleichsam ihre Religion in ihnen vor Christus gekniet, sich als wahrhaft vor-läufig oder besser zu-läufig auf Christus hin erwiesen? Es erscheint einem fast schon als Gemeinplatz, in solchem Zusammenhang noch die Areopagrede (Apg 17,22–32) zu zitieren, zumal die Reaktion der Zuhörer mit ihrer abweisenden Haltung gegenüber der Botschaft vom Auferstandenen die optimistische Theologie dieser Rede eher Lügen zu strafen scheint: Die Religion der also Geschmeichelten konvergiert ganz offensichtlich nicht auf Jesus von Nazareth hin. Der Widerspruch, zu dem sie vielmehr drängt, ruft damit die andere, ohnedies sehr viel stärker in Erscheinung tretende Seite der biblischen Auffassung von den Religionen »der Völker« ins Gedächtnis, wie sie in der prophetischen Geisteslinie von Anfang an lebt: jene harte Kritik an den selbstgemachten Lügengöttern, die in ihrer Unerbittlichkeit oft vom platten Rationalismus des Aufklärers kaum noch zu unterscheiden ist (vgl. z. B. Jes 44,6–20). Eine Einzelanalyse des biblischen Befundes würde die Absicht dieses Versuches indessen überschreiten; schon das Wenige, das gesagt wurde, kann aber genügen, um zu bestätigen, daß sich die beiden eingangs genannten Verhaltensweisen den Religionen der Völker gegenüber in der Schrift wiederfinden lassen: die teilweise Anerkennung unter der Idee des Vorläufigen ebenso wie die entschiedene Verneinung.

Die Theologie unserer Zeit hat, wie gesagt, den positiven Aspekt besonders ins Licht gestellt und dabei vor allem die Ausdehnung des Vorläufigkeitsbegriffes geklärt: daß man auch Jahrhunderte »nach Christus«, geschichtlich gesehen, noch in der Geschichte »vor Christus« und so legitim im Vor-läufigen leben kann.[5] Fassen wir zusammen, so dürfen wir sagen, daß das Christentum nach seinem eigenen Selbstverständnis zu den Religionen der Welt im Verhältnis des Ja und des Nein zugleich steht: Es weiß sich einerseits mit ihnen in der Einheit des Bundesgedankens verknüpft, lebt aus der Überzeugung, daß, wie die

---

4   Vgl. J. Daniélou, Vom Geheimnis der Geschichte, übers. v. P. Henrici (Ostfildern 1955) 25ff.
5   K. Rahner, Schriften zur Theologie V, 140ff.

Geschichte und ihr Mysterium, so auch der Kosmos und sein Mythos von Gott sagt und zu Gott führen kann; es kennt aber ebenso ein entschiedenes Nein zu den Religionen, sieht in ihnen Hilfsmittel, mit denen der Mensch sich selbst gegen Gott absichert, anstatt sich seinem Anspruch auszuliefern.[6] Das Christentum nimmt in seiner Theologie der Religionsgeschichte nicht einfach Partei *für* den Religiösen, *für* den Konservativen, der sich an die Spielregeln seiner ererbten Institutionen hält; das christliche Nein zu den Göttern bedeutet eher eine Option für den Rebellen, der den Ausbruch aus dem Gewohnten um des Gewissens willen wagt: Vielleicht ist dieser revolutionäre Zug des Christentums allzulang unter konservativen Leitbildern verdeckt worden.[7] Ohne Zweifel drängen sich hier schon eine Reihe von Schlußfolgerungen auf; wir lassen sie einstweilen beiseite, um Schritt für Schritt unserer Frage nachzugehen.

Trägt man die eben skizzierte Auffassung des Christentums von den übrigen Religionen dem heutigen Menschen vor, so wird er sich im allgemeinen wenig beeindruckt zeigen. Die Anerkennung eines vorläuferischen Charakters der anderen Religionen wertet er leicht als Zeichen von Überheblichkeit. Das Nein des Christentums zu diesen Religionen hinwiederum erscheint ihm als der Ausdruck des Parteigezänkes der verschiedenen Religionen, die sich jede auf Kosten der anderen selbst behaupten wollen und in unbegreiflicher Verblendung nicht sehen können, daß sie in Wirklichkeit doch alle ein und dasselbe sind. Der vorwiegende Eindruck ist beim heutigen Menschen wohl derjenige, daß alle Religionen bei einer bunten Vielfalt von Formen und Gestalten im letzten doch dasselbe sind und meinen; was alle merken, nur sie selber

---

6   Diesen Gesichtspunkt hat vor allem die sog. dialektische Theologie unter Führung von Karl Barth mit großer Entschiedenheit herausgestellt; im Blick auf die Weltreligionen wurde er wohl am konsequentesten durchgeführt von H. Kraemer. Freilich ist sein letztes größeres Werk (Religion und christlicher Glaube, Göttingen 1959) wesentlich differenzierter und behutsamer als die ersten Arbeiten. Vgl. die abgewogenen Ausführungen von H. Fries, Religion: Handbuch theologischer Grundbegriffe II (München 1963) 428–441, bes. 438ff.
7   Wie deutlich der revolutionäre Zug des Christentums in der Patristik empfunden wurde, habe ich zu zeigen versucht in meinem kleinen Buch: Die Einheit der Nationen. Eine Vision der Kirchenväter (Salzburg 1971) bes. 41–57.

nicht.[8] Dem Wahrheitsanspruch einer bestimmten Religion wird der Mensch von heute meist kaum mit einem brüsken Nein entgegentreten, er wird lediglich den Anspruch relativieren, indem er sagt: Es gibt viele Religionen.[9] Und dahinter steht wohl immer in irgendeiner Form die Meinung: in wechselnden Gestalten sind sie im Prinzip doch gleich, ein jeder habe die seine.

Wenn wir aus solch gängiger geistiger Einstellung versuchen wollen, ein paar kennzeichnende Überzeugungen herauszuholen, so dürfen wir wohl sagen: Der Religionsbegriff des »heutigen Menschen« (man gestatte mir, diese Real-Fiktion beizubehalten) ist statisch, er sieht für gewöhnlich nicht den Übergang von einer Religion zu einer anderen vor, sondern erwartet, daß man in der seinen bleibe und sie in dem Bewußtsein lebe, daß sie in ihrem geistlichen Kern ohnedies mit allen anderen identisch ist. Es gibt also eine Art von religiösem Weltbürgertum, das Zugehörigkeit zu einer bestimmten »Religionsprovinz« nicht aus-, sondern einschließt, das einen Wechsel der religiösen »Staatsangehörigkeit« nicht oder nur für demonstrative Einzelfälle wünscht, jedenfalls der Idee einer Mission höchst reserviert und im Grund ablehnend gegenübersteht. Ein Zweites schwingt in allem Gesagten immer schon mit. Der Religionsbegriff des heutigen Menschen ist symbolisch und spiritualistisch geprägt. Die Religion erscheint als ein Kosmos der Symbole, die bei einer letzten Einheit der Symbolsprache der Menschheit (wie sie Psychologie und Religionswissenschaft heute gemeinsam immer deutlicher herausstellen[10]) im einzelnen viel-

---

8 Der Gedanke einer letzten Einheit aller Religionen steht vor allem deutlich im Hintergrund der verschiedenen Werke von F. Heiler; siehe zuletzt: Die Religionen der Menschheit (Stuttgart 1959) 52: »Weil die in der Religion erfahrene Wirklichkeit nur eine ist, darum ist auch im Grunde nur eine Religion« (vgl. 877–889); ders., Erscheinungsformen und Wesen der Religion (Stuttgart 1961). Eine ähnliche Einstellung findet sich z. B. bei H. N. Spalding, The Divine Universe (Oxford 1958).
9 Dies ist der Titel eines kleinen Büchleins von J. Thomé, das sich um das Problem der Absolutheit des Christentums müht.
10 Eindrucksvoll dazu vor allem die in den Eranos-Jahrbüchern gesammelten Arbeiten, ferner die verschiedenen Untersuchungen von M. Eliade, bes. Die Religionen und das Heilige (Salzburg 1954); dazu sein großes Spätwerk Geschichte der religiösen Ideen, Bd. I, II, II1 und III2, Freiburg 1978–1991; dazu der von G. Lanczkowski herausgegebene

fältig differieren, aber eben doch alle dasselbe meinen und nur anfangen müßten, ihre tiefe untergründige Einheit zu entdecken. Geschieht dies erst, so ist die Einheit der Religionen ohne Aufhebung ihrer Vielheit verwirklicht – das ist die verheißungsvolle Illusion, die gerade religiös empfindenden Menschen heute als die einzig reale Zukunftshoffnung vor Augen steht. Niemand hat bisher unserer Generation dieses Bild einer Religion der Zukunft, die wieder eine »Zukunft der Religion« schaffen kann, eindrucksvoller, überzeugender, wärmer vorzuhalten vermocht als der indische Staatspräsident Radhakrishnan, dessen Werke immer wieder münden im Ausblick auf die kommende Religion des Geistes, die fundamentale Einheit und vielfältigste Differenzierung in sich verbinden werde.[11] Solchen in prophetischer Haltung gegebenen Aussagen gegenüber, deren menschliches und religiöses Gewicht ganz unverkennbar ist, erscheint der christliche Theologe als steckengebliebener Dogmatiker, der von seiner Rechthaberei nicht loskommt, unabhängig davon, ob er sie in der polternden Art früherer Apologeten ausdrückt oder in der verbindlichen Weise heutiger Theologen, die dem anderen bestätigen, wieviel Christliches er unbewußt schon hat. Immerhin, wenn ihm die Zukunft der Religion am Herzen liegt, wenn er überzeugt ist, daß das Christentum und nicht eine unbestimmte Religion des Geistes die Religion der Zukunft ist, wird er sich gedrängt fühlen, weiterzufragen und weiterzusuchen, um den Sinn der Religionsgeschichte und die Stellung des Christentums in ihr deutlicher zu erkennen.

Band Quellentexte, Freiburg 1981. Wichtig das große Opus von Ph. Rech, Inbild des Kosmos. Eine Symbolik der Schöpfung, 2 Bände (Salzburg 1966). Daniélou macht in diesem Zusammenhang auf das Werk von René Guénon aufmerksam, das ganz von der Idee des Symbols bestimmt ist (Vom Geheimnis der Geschichte, a. a. O. 144–152, sachlich dazu 153–170).
11 Vgl. bes. seine Werke The Hindu View of Life (1926, dt. 1928); Eastern Religions and Western Thought (1939, dt.: Die Gemeinschaft des Geistes 1952); Religion and Society (1947, dt. 1953), Recovery of Faith (1956). Zur Auseinandersetzung mit Radhakrishnan bes. P. Hacker, Ein Prasthānatraya-Kommentar des Neuhinduismus. Bemerkungen zum Werk Radhakrishnans: Orientalistische Literaturzeitung 56 (1961) 565–576; populär: J. Neuner, Gespräch mit Radhakrishnan: Stimmen der Zeit 87 (1962) 241–254. Siehe auch H. Kraemer, Religion und christlicher Glaube (Göttingen 1959) 95–134.

Der Ort des Christentums in der Religionsgeschichte

Der allererste Eindruck, der sich dem Menschen aufdrängt, wenn er in Sachen Religion über die Grenzen des Eigenen hinauszuschauen anfängt, ist der eines unbegrenzten Pluralismus, einer geradezu erdrükkenden Vielfalt, die die Frage nach Wahrheit von vornherein als illusorisch erscheinen läßt. Wir haben indessen vorhin schon darauf angespielt, daß sich dieser Eindruck nicht lange hält, sondern alsbald einem anderen weicht: dem einer verborgenen Identität der religiösen Räume, die sich wohl in den Namen und den vordergründigen Bildern, nicht aber in den großen Grundsymbolen und dem letztlich damit Gemeinten unterscheiden. Dieser Eindruck ist weithin richtig. Es gibt in der Tat einen breiten religiösen Raum, in dem die Gemeinsamkeit der »geistlichen Erfahrung« (mit Radhakrishnan zu sprechen) entscheidender ist als die Unterschiedenheit der äußeren Formen. Ausdrücklich oder unbewußt steht eine Vielzahl von Religionen in einer tiefgehenden geistigen Kommunikation untereinander, die in der Antike sich ausdrückte in der Leichtigkeit, mit der die Göttergestalten von Religion zu Religion ausgetauscht, »übersetzt«, als gleichbedeutend identifiziert werden konnten: Die Verschiedenheit der Religionen ähnelt hier der Verschiedenheit von Sprachen, die ineinander übersetzbar, weil auf dieselbe Denkstruktur bezogen sind. Ein ähnliches, wenn auch nicht ganz gleichartiges Empfinden spricht sich aus, wenn asiatische Religionen gleichzeitig ineinander existieren können: wenn jemand z. B. gleichzeitig Buddhist und Konfuzianer, Buddhist und Shintoist sein kann.

So wächst, wie wir vorhin schon sahen, aus dem Eindruck vollkommener Pluralität, der sozusagen ein erstes Stadium der Betrachtung darstellt, in einem zweiten Stadium der Eindruck letzter Identität hervor. Die moderne Religionsphilosophie ist überzeugt, daß sie sogar den Grund für diese verborgene Identität angeben kann. Nach ihrer Auffassung nimmt alle Religion, die es gibt, soweit sie »echt« ist, ihren Ausgangspunkt aus jener Form innerer Erfahrung des Göttlichen, wie sie in letzter Gemeinsamkeit von den Mystikern aller Zeiten und Zonen immer wieder erlebt wurde und wird. Alle Religion würde im letzten auf dem Erleben des Mystikers beruhen, der allein direkten Kontakt mit dem Göttlichen gewinnt und davon weitergibt an die vielen, die zu solchem

Erfahren nicht befähigt sind.¹² Religion würde demnach in der Menschheit in zweifacher (und nur in zweifacher) Gestalt bestehen: in der direkten Form der Mystik als Religion »erster Hand« und sodann in der indirekten Form der vom Mystiker nur »geliehenen« Erkenntnis, d. h. des Glaubens, und so als Religion »zweiter Hand«. Die artikulierte und formulierte Religion der vielen wäre dann Religion zweiter Hand, bloße Partizipation am an sich bildlosen mystischen Erlebnis, dessen sekundäre Übersetzung in eine vielfältig wechselnde Formensprache, aber ohne zusätzliche eigene Bedeutung.¹³ Es ist klar, daß diese mystische Interpretation der Religion den Hintergrund bildet für das, was vorhin als der Religionsbegriff des heutigen Menschen skizziert wurde, dessen Sinn und Recht mit dieser Reduktion der Religion auf die Mystik steht und fällt.

So wird jetzt endlich der Ansatzpunkt eines theologischen Weiterfragens deutlicher, das wir nunmehr in die ganz konkrete Frage nach dem Recht der mystischen Religionsinterpretation kleiden können. Es steht außer Zweifel, daß diese einen großen Teil des religiösen Phänomens richtig erfaßt, daß es – wie schon gesagt – eine geheime Identität in der vielgestaltigen Welt der Religionen gibt. Aber es ist ebenso sicher, daß sie nicht das Ganze erfaßt, sondern, falls sie das wollte, auf eine falsche Vereinfachung hinausliefe. Wenn man die Gesamtheit der Religionsgeschichte (soweit sie uns bekannt ist) ins Auge faßt, kommt man zu einem viel weniger statischen Eindruck, man stößt auf eine viel größere Dynamik wirklicher Geschichte (die Fortschritt, nicht immerwährende symbolische Wiederholung des Gleichen ist); die einfache Identität, auf die der mystische Gedanke führt, zerbricht zugunsten einer bestimmten, heute durchaus überschaubar gewordenen Struktur, wobei der mystische Weg sich als ein ganz bestimmter unter mehreren herauskristallisiert, an einer ganz bestimmten Stelle der Religionsgeschichte auftritt und eine ganze Reihe von Entwicklungen voraussetzt, die von ihm unabhängig sind.

12 So besonders deutlich O. Spann, Religionsphilosophie auf geschichtlicher Grundlage (Wien 1947). Vgl. dazu die kritischen Ausführungen von A. Brunner, Die Religion (Freiburg 1956) 57ff.
13 Die weitverbreitete Unterscheidung von Religion erster und zweiter Hand scheint zuerst von amerikanischen Religionspsychologen gebraucht worden zu sein; vgl. E. Brunner, Offenbarung und Vernunft (Darmstadt ²1961) 280.

Da ist zunächst das Stadium der frühen (sog. primitiven) Religionen vorgelagert, welches dann in das Stadium der mythischen Religionen übergeht, in denen die verstreuten Erfahrungen der Frühe in eine zusammenhängende Gesamtanschauung gesammelt werden. Beide Stadien haben mit Mystik im engeren Sinn nichts zu tun, beide bilden aber zusammen das breite Vorfeld der Religionsgeschichte, das als Unterstrom des Ganzen fortwährend bedeutsam bleibt. Wenn demnach der erste große Schritt der Religionsgeschichte im Übergang von den verstreuten Erfahrungen der Primitiven zum großangelegten Mythos besteht, so liegt der zweite, entscheidende und die Religion der Gegenwart bestimmende Schritt im Ausbruch aus dem Mythos. Dieser Schritt geschah geschichtlich in drei Weisen:

1. In der Form der *Mystik,* in der der Mythos als bloße symbolische Form desillusioniert und die *Absolutheit* des unnennbaren *Erlebnisses* aufgerichtet wird. Faktisch erweist sich die Mystik dann allerdings als mythen-konservierend, sie gibt eine neue Begründung für den Mythos, den sie nun als Symbol des Eigentlichen auslegt.
2. Die zweite Form ist die der *monotheistischen Revolution,* deren klassische Gestalt in Israel vorliegt. In ihr wird der Mythos als menschliche Eigenmacht abgewiesen. Es wird die *Absolutheit des* im Propheten ergehenden *göttlichen Anrufs* behauptet.
3. Dazu kommt als drittes die *Aufklärung,* deren erster großer Vollzug in Griechenland geschah: In ihr wird der Mythos als vorwissenschaftliche Erkenntnisform überwunden und die *Absolutheit der rationalen Erkenntnis* aufgerichtet. Das Religiöse wird bedeutungslos, höchstens bleibt ihm eine gewisse rein formale Funktion im Sinne eines politischen (= auf die Polis bezogenen) Zeremoniells.

Der dritte Weg ist erst in der Neuzeit, ja eigentlich erst in der Gegenwart zu seiner vollen Kraft gekommen und scheint noch immer seine eigentliche Zukunft erst vor sich zu haben. Sein Besonderes ist, daß er nicht einen Weg im Innern der Religionsgeschichte darstellt, sondern vielmehr deren Beendigung will und aus ihr als aus einer überholten Sache herausführen möchte. Dennoch (oder gerade deshalb) steht er keineswegs beziehungslos zur Religionsgeschichte; im Gegenteil, man wird sagen müssen, daß es für die Zukunft der Religion und ihre Chancen in der Menschheit von entscheidender Bedeutung sein wird, wie sie ihr Verhältnis zu diesem »dritten Weg« einzurichten vermag. Es ist bekannt, daß es in der Zeit der alten Kirche dem Christentum (dem zweiten Weg in unserer Aufstellung) gelungen war, sich verhältnismäßig eng mit den Kräften der Aufklärung zu verbinden. Heute beruht die Wirkung Radhakrishnans und seiner Konzeption sicher nicht nur auf deren religiöser Kraft, sondern auf der erstaunlichen Allianz mit dem, was man heute mutatis mutandis die Kräfte der Aufklärung nennen darf.

Fassen wir das Bisherige zusammen, so stellen wir fest, daß es die generelle Identität der Religionen ebensowenig gibt wie ihre beziehungslose Pluralität, sondern daß sich eine Strukturformel herauskristallisieren läßt, die das Moment der Geschichtlichkeit (des Werdens, der Entwicklung), das Moment durchgängiger Bezogenheit und dasjenige realer, unreduzierbarer Verschiedenheiten umgreift. Schematisch ließe sich diese Geschichte demnach so darstellen:

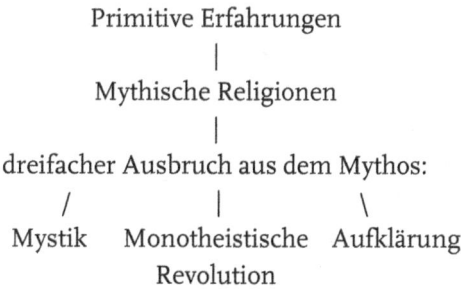

In diesem Grundschema dürfte das Ergebnis eingefangen sein, zu dem eine »Kritik der historischen Vernunft« in Sachen Religion führen kann. Es liegt, wie gesagt, zwischen dem Gedanken einer grenzenlosen Pluralität und einer grenzenlosen Identität, um uns statt dessen auf eine begrenzte Zahl von Strukturen zu verweisen, die einer bestimmten geistigen Entwicklung eingeordnet sind. Ferner hat sich ergeben, daß das Aufstellen einer Absolutheit nicht, wie gewöhnlich angenommen, eine Eigentümlichkeit allein des »montheistischen« Weges ist, sondern allen drei Wegen eignet, auf denen der Mensch den Mythos verlassen hat. Wie der »Monotheismus« die Absolutheit des von ihm gehörten göttlichen Anrufs behauptet, so geht die Mystik von der Absolutheit der »spiritual experience« als dem allein Wirklichen in allen Religionen aus, demgegenüber sie alles Sagbare und Formulierbare als sekundäre, austauschbare Symbolgestalt hinstellt. Hier liegt wohl der eigentliche Punkt des Mißverständnisses zwischen dem von der Identitätstheologie der spiritualistischen Mystik hingerissenen Menschen von heute und dem Christentum. Der heutige Mensch (wir bleiben einfachheitshalber bei dieser Sammelbezeichnung) fühlt sich abgestoßen von der Absolutheitsbehauptung des Christentums, die ihm angesichts so vieler ihm wohlbekannter geschichtlicher Relativitäten wenig glaubhaft erscheint, er fühlt sich um so mehr verstanden und angezogen von dem Symbolismus und Spiritualismus eines Radhakrishnan, der die Relativität aller artikulierbaren religiösen Aussagen und die Letztgültigkeit einzig und allein der nie adäquat zu sagenden geistlichen Erfahrung lehrt, die (obzwar gestuft auftretend) allenthalben ein und dieselbe sei. So einsichtig eine solche Option auch ist, sie beruht dennoch auf einem Kurzschluß. Denn nur scheinbar stellt Radhakrishnan dem Parteistandpunkt des Christen eine überparteiliche Offenheit für alles Religiöse gegenüber; in Wahrheit geht er wie dieser von einer Absolutheitslehre aus, von derjenigen nämlich, die *seiner* religiösen Struktur zugeordnet ist und die für das Christliche (überhaupt für jede Art von eigentlichem »Monotheismus«) keine geringere Zumutung darstellt als die christliche Absolutheit für seinen Weg. Denn er lehrt die Absolutheit des bildlosen geistlichen Erlebens, die Relativität alles Übrigen; der Christ leugnet die Alleingültigkeit der mystischen Erfahrung und lehrt die Absolutheit des in Christus hörbar gewordenen göttlichen Anrufs. Ihm die Absolutheit der Mystik als allein letztverbindlicher Größe aufzudrängen ist für ihn keine geringere Zumutung als dem Nichtchristen die Absolutheit Christi entgegenzuhalten.

Endlich wäre hinzuzufügen, daß auch die dritte der von uns festgestellten Größen, die wir als »Aufklärung« benannten, womit der Durchbruch einer auf streng rationale Wirklichkeitserfassung gerichteten Einstellung bezeichnet werden sollte, ihre eigene Absolutheit hat: die Absolutheit der rationalen (»wissenschaftlichen«) Erkenntnis. Wo Wissenschaft zur Weltanschauung wird (und genau dieser Fall soll hier mit dem Wort »Aufklärung« bezeichnet sein), wird diese Absolutheit exklusiv, sie wird zur These von der Alleingeltung wissenschaftlichen Erkennens und wird von daher zur Bestreitung religiöser Absolutheit, die an sich auf ganz anderer Ebene liegt. In diesem Fall wird der Gläubige bzw. einfach der Fromme auf die Schranken auch dieser Absolutheit hinweisen müssen. Sie bewegt sich innerhalb bestimmter kategorialer Grenzen, innerhalb deren sie strenge Geltung hat; aber zu behaupten, daß der Mensch nur innerhalb dieser Grenzen überhaupt erkenne, ist eine unbegründbare Vorentscheidung, die überdies von der Erfahrung Lügen gestraft wird.[14] Dabei bleibt aber festzuhalten, daß dieser dritte Weg nur mittelbar in die religiöse Entscheidung hineinreicht, die eigentlich innerreligiöse Problematik trägt sich zwischen dem ersten und zweiten Weg (»Mystik« und »monotheistische Revolution«) zu. Dieser Frage muß daher jetzt noch etwas nachgegangen werden.

Mystik und Glaube

Nach dem soeben Gesagten ist klar, daß zwischen den beiden Wegen, die wir »Mystik« und »monotheistische Revolution« genannt haben, nicht auf rationale Weise zugunsten des einen und zuungunsten des anderen entschieden werden kann. Das würde die schlechthinnige Absolutheit des rationalen Weges voraussetzen, die wir gerade in Abrede gestellt haben. Diese Entscheidung ist vielmehr im letzten eine Sache des Glaubens, wenn auch eines Glaubens, der sich vernünftiger Maßstäbe bedient. Was auf dem Felde der Wissenschaft geschehen kann, ist lediglich dies, daß wir versuchen, die Struktur der beiden Wege und ihre gegenseitige Beziehung noch etwas näher zu erkennen.

Hier ist ohne Zweifel zunächst eine genauere Erläuterung dessen vonnöten, was in unserem Zusammenhang mit dem Ausdruck »Mystik« gemeint sein soll. Es dürfte wohl schon im Bisherigen deutlich geworden sein, daß damit nicht einfach eine Form der Frömmigkeit bezeichnet ist, wie sie auch in Einordnung in den christlichen Glauben stattfinden kann. »Mystik« wird hier radikaler verstanden als religions-

---

14 Wichtige Reflexionen zu dieser Frage bietet K. Hübner, Glaube und Denken. Dimensionen der Wirklichkeit (Tübingen 2001).

geschichtlicher Weg, als eine Einstellung, die keine übergeordnete Größe mehr über sich duldet, sondern die geheimnisvollen, bildlosen Erfahrungen des Mystikers als die einzig verbindliche, letzte Wirklichkeit im Bereich des Religiösen ansieht.[15] Diese Einstellung ist für Buddha ebenso kennzeichnend wie für die großen religiösen Denker der hinduistischen Religionsgruppe, selbst wenn sie so gegensätzlichen Positionen anhangen wie Shankara einerseits und Ramanuja auf der anderen Seite.[16] Sie ist der Weg, der in vielfältigen Abwandlungen den einheitlichen Hintergrund der asiatischen Hochreligionen bildet. Charakteristisch für solche Mystik ist die Identitätserfahrung: Der Mystiker sinkt unter im Ozean des All-Einen, gleich ob dieses in betonter theologia negativa als »Nichts« oder positiv als »Alles« geschildert wird. In der letzten Stufe solchen Erlebens wird der »Mystiker« zu seinem Gott nicht mehr sagen »Ich bin Dein«, sondern seine Formel lautet »Ich bin Du«.[17] Die Differenz ist zurückgelassen im Vorläufigen, das Endgültige ist die Verschmelzung, die Einheit. »Der absolute Monismus ist die Vollendung des Dualismus, mit dem das fromme Bewußtsein anfängt«, sagt Radhakrishnan.[18] Diese innere Identitätserfahrung, in der alle Trennung versinkt und zum unwirklichen Schleier für die verborgene Einheit mit dem Grunde aller Dinge wird, ist dann der Grund für die sekundäre Identitätstheologie, von der vorhin eingehend die Rede war, in der alle die verschiedenen Religionen, eben weil sie verschieden sind, der Welt des Vorläufigen zugewiesen werden, in der der Schein

---

15 Selbstverständlich kann auch die Mystik eines Christen zu dieser Haltung übergehen, die Versuchung dazu liegt in gewissem Sinn im Wesen der Mystik. Sie hört dann aber auf, »christlich« zu sein; ihr christlicher Charakter hängt daran, daß sie sich untergeordnet nimmt. Insofern könnte man von hier her geradezu das Wesen christlicher Mystik definieren.

16 Vgl. die Handbücher der Religionsgeschichte, dazu H. Losch, Ramanuja: Religion in Geschichte und Gegenwart (RGG)^2 V 773f; ders., Shankara: RGG3 VI 6f mit weiterer Literatur. Siehe auch Th. Ohm, Die Liebe zu Gott in den nichtchristlichen Religionen (Freiburg ^{2}1957) 230ff.

17 Vgl. J. A. Cuttat, Vergeistigungs-»Technik« und Umgestaltung in Christus: Kairos 1 (1959) 18–30; ders., Östlicher Advent und gnostische Versuchung: ebd. 2 (1960) 145–163; H. W. Gensichen, Die biblische Botschaft gegenüber dem Hinduismus: RGG3 III 349–352 mit ausführlichen Literaturangaben; bei Gensichen 350 die Entgegensetzung »Ich bin Du« und »Ich bin Dein«.

18 Zitiert bei Gensichen: RGG3 III 351.

der Trennung noch das Geheimnis der Identität verdeckt. Die dem Abendländer von heute so sympathische Gleichsetzung aller Religionen enthüllt hier ihre dogmatische Voraussetzung, die in der behaupteten Identität von Gott und Welt, von Seelengrund und Gottheit liegt. Zugleich wird sichtbar, warum für asiatische Religiosität die Person kein Letztes und Gott selber daher nicht personal gefaßt ist: Die Person, das Gegenüber von Ich und Du, gehört der Welt der Trennung an; auch die Grenze, die Ich und Du scheidet, versinkt, enthüllt sich als vorläufig in der All-Eins-Erfahrung des Mystikers.

Der Typus, in dem sich die monotheistische Revolution konkretisiert, ist demgegenüber nicht der Mystiker, sondern der Prophet. Für ihn ist gerade nicht die Identität, sondern das Gegenüberstehen des rufenden und befehlenden Gottes entscheidend. Damit kann jetzt auch endlich verdeutlicht werden, warum bisher fortwährend von monotheistischer »Revolution« gesprochen wurde, wenn das Gegenüber zum religionsgeschichtlichen Weg der Mystik bezeichnet werden sollte. Nicht jede Form von sogenanntem Monotheismus kann als Teil eines eigenständigen Ausbruchs aus dem Mythos der »Mystik« gegenübergestellt werden. Vielmehr müssen wir hier zwei Formen des Monotheismus von vornherein ausklammern: einmal die verschiedenen Formen von Eingottglauben, die im primitiven Bereich anzutreffen sind und die nicht innerhalb der geschichtlichen Dynamik der Hochreligionen stehen, zum anderen jenen evolutiven Monotheismus, wie er sich etwa in Indien seit dem Mittelalter immer stärker herausgebildet hat.[19] Der Monotheismus in Indien unterscheidet sich von demjenigen Israels auf doppelte Weise: Zum ersten ist er der Mystik zugeordnet, das heißt, er ist offen auf den Monismus hin und erscheint so nur als eine Vorstufe des Endgültigeren, der Identitätserfahrung nämlich. Zum anderen ist er nicht wie in Israel durch Revolution, sondern durch Evolution entstanden, und das hat zur Folge, daß es nie zum Sturz der Götter, sondern vielmehr zu verschiedenen Formen friedlichen Ausgleichs zwischen Gott und den Göttern, zwischen Eingott- und Vielgottglauben

---

19 Zum »Monotheismus« in Indien H. v. Glasenapp, Die fünf großen Religionen I (Düsseldorf 1952) 34ff. Über das Problem des Monotheismus überhaupt R. Pettazzoni, Der allwissende Gott (Frankfurt 1957).

kam.[20] Demgegenüber entstand der Monotheismus in Israel (und derjenige Zarathustras) auf dem Weg einer Revolution, der Revolution weniger Menschen, die, erfüllt von einem neuen religiösen Bewußtsein, den Mythos zerbrachen und die Götter stürzten, von denen der Mythos sprach. Einzig und allein dieser völlig eigenständige Ausbruch aus dem Mythos stellt im spezifischen Sinn Monotheismus als einen eigenen religionsgeschichtlichen Weg dar. Er hat sich zugetragen in Israel und von der Wurzel Israels her im Christentum und im Islam, mit weit geringerer geschichtlicher Wirkung auch in der Gestalt Zarathustras.[21]

Schon diese wenigen Andeutungen dürften genügen, um zu zeigen, daß wir in »Monotheismus« und »Mystik« zwei von Anfang an total verschieden gebaute Strukturen vor uns haben. In der Mystik gilt der Primat der Innerlichkeit, die Absolutsetzung der geistlichen Erfahrung. Das schließt ein, daß Gott das reine Passiv in bezug auf den Menschen ist und daß Inhalt von Religion nur sein kann das Eintauchen des Menschen in Gott. Es gibt kein Handeln Gottes, sondern es gibt nur die »Mystik« des Menschen, den Stufenweg der Einung. Der monotheistische Weg geht von einer gegenteiligen Überzeugung aus: hier ist der Mensch das Passiv, an dem Gott handelt, hier ist der Mensch es, der von sich aus nichts kann, aber hier gibt es dafür ein Tun Gottes, einen Anruf von Gott her, und dem Menschen eröffnet sich so das Heil im Gehorsam gegen den Ruf. Insofern könnte man statt der Gegenüberstellung »Mystik – monotheistische Revolution« auch die Gegenüberstellung »Mystik – Offenbarung« wählen, und dies rein religionsphänomenologisch, ohne den Glauben des Monotheisten ins Spiel zu bringen. Für den einen Weg ist es charakteristisch, daß »Mystik« als geistliche Erfahrung des Menschen geschieht und daß solches Geschehen als das Letzte und in Wahrheit Einzige, daher Absolute in der Religionsgeschichte angesehen wird. Es kann bei diesem Ausgangspunkt

---

20 Den religionsgeschichtlichen Unterschied zwischen evolutivem und revolutionärem Monotheismus hat besonders R. Pettazzoni, a. a. O. 109–118, herausgearbeitet. Vgl. auch H. de Lubac, Der Ursprung der Religion: Gott, Mensch, Universum, hg. v. J. Bivort de la Saudée (Graz 1956) 313–346, bes. 339ff.
21 Über die rätselhafte Gestalt Zarathustras bes. R. C. Zaehner, The Dawn and Twilight of Zoroastrianism (London 1961); W. Eilers: RGG3 VI 1866ff (Lit.); G. Widengren, Die Religionen Irans (Stuttgart 1965) 60–93, 98–102.

letztlich gar keine »Offenbarung« Gottes geben, sie wäre unlogisch in diesem Zusammenhang. Für den anderen Weg ist es hingegen ebenso charakteristisch, daß »Offenbarung« ist, daß es einen Anruf Gottes gibt und daß dieser Anruf das Absolute in der Menschheit ist, daß von ihm dem Menschen Heil kommt.[22]

Mit dem Gesagten ist auch der Einwand erledigt, der Monotheismus sei im Grunde nur eine steckengebliebene Mystik[23] oder eine steckengebliebene Aufklärung, in der man vergessen habe, eine Gestalt in den Sturz der Mythen mit einzubeziehen: die Gestalt des einen, einzigen Gottes. In Wirklichkeit ist (auch religionsphänomenologisch) »Gott« etwas anderes als die Götter,[24] und in Wirklichkeit liegt von vornherein, wie gezeigt, eine gänzlich andere Struktur als die der »Mystik« vor: Die Erfahrung der Aktivität und Personhaftigkeit Gottes beruht auf einem gänzlich anderen Gesamtverhältnis zur Wirklichkeit als die Identitätsidee des Mystikers und die damit verbundene Rückführung der Person aufs Impersonale. Der »Monotheist« hält die genau gegenteilige Reduktion für richtig: die Reduktion alles Impersonalen auf die Person. Über das Recht der beiderseitigen Positionen soll hier, wie gesagt, nicht gestritten werden; es kam nur darauf an, ihre Selbständigkeit und Andersartigkeit zu erarbeiten. Freilich glauben neuere Analysen mystischen Erlebens sogar das Gegenteil des vorigen Einwands (der Monotheismus

22 Dieser Unterschied von Passivität des Göttlichen und Aktivität des Menschen einerseits, Primäraktivität Gottes und Passivität bzw. bloß abgeleiteter Aktivität des Menschen auf der anderen Seite bildet m. E. auch den wenig beachteten Hauptgegensatz zwischen griechischem und biblischem Denken; in ihm lag die zentrale Schwierigkeit bei der in der Patristik vollzogenen Synthese beider Welten, deren Nahtstellen in der dogmatischen Gotteslehre und in der ganzen Theologie noch immer deutlich zu spüren sind und heute sozusagen von neuem sich aufzutrennen scheinen. Denn die biblischen Hauptaussagen über Gott sind Schöpfung und Offenbarung (Inkarnation), beide setzen Aktivität Gottes nach außen und Relation nach außen voraus, beides ist von der griechischen Metaphysik her unmöglich. Man spürt, daß die patristische Synthese im Grunde vor den gleichen Problemen stand, die uns heute die Begegnung mit der Religionsgeschichte mit neuer Dringlichkeit auferlegt.
23 Das ist wohl die Vorstellung, die hinter der Anm. 18 zitierten These Radhakrishnans vom Dualismus als Anfang des frommen Bewußtseins steht.
24 Das habe ich zu zeigen versucht in meiner Bonner Antrittsvorlesung: Der Gott des Glaubens und der Gott der Philosophen (München–Zürich 1960); wieder veröffentlicht in: J. Ratzinger, Vom Wiederauffinden der Mitte, hg. v. Schülerkreis (Freiburg 1997) 40–59.

sei steckengebliebene Mystik) herausstellen zu können: Das Identitätserleben sei nur die erste Etappe auf dem mystischen Weg, über die freilich nur wenige hinauskämen und die so zur eigentlichen Versuchung der Mystik würde; erst danach folge das viel schmerzlichere Stadium der Loslösung von sich selbst und der Überschreitung in die eigentliche Transzendenz hinein. Dies Stadium verlange dem Menschen die Kreuzigung der Losgerissenheit von sich und der Ausgeliefertheit ins Ortlose ab, in dem nichts Irdisches mehr trägt, stelle aber so erst den Menschen vor das wahre Angesicht Gottes, so daß ihm, wenn ihm geschenkt wird, auszufahren in diese Mystik des Dunkels und des Glaubens, die vorangegangene Mystik des Lichtes und der Schau wie ein geringes Vorspiel erscheint, das er, nicht ahnend der Tiefe Gottes, vorher versucht war, für das Letzte und Ganze zu nehmen.[25]

Es dürfte deutlich sein, daß in solchen Überlegungen sich am ehesten der Weg für ein fruchtbares Gespräch zwischen beiden Wegen auftut, ein Gespräch, das geeignet ist, die unbefriedigende Dualität von »Monotheismus« und »Mystik« zu überwinden, ohne den Monotheismus in einem unfruchtbaren mystischen Synkretismus aufzusaugen und ohne umgekehrt die der Mystik verpflichteten Religionen einem falschen und kleinlichen Absolutismus westlicher historischer Formen zu unterwerfen. Aber dazu wird noch viel Geduld, Takt und Lauterkeit religiösen Suchens von beiden Seiten nötig sein.

Die Struktur der großen religiösen Wege

Verzichten wir darauf, diese für den Augenblick noch allzu große Aufgabe unmittelbar weiter zu verfolgen, um statt dessen aus den gegebenen Ansätzen noch einige weitere Konsequenzen über die Struktur der

---

25 R. C. Zaehner, Zwei Strömungen der muslimischen Mystik: Kairos 1 (1959) 92–99. Von anderem Ausgangspunkt kommt zu gleichen Ergebnissen P. Hacker, Die Idee der Person im Denken von Vedânta-Philosophen: Studia Missionalia 13 (1963) 30–52. Wichtige Gesichtspunkte zur Frage ferner bei H. U. v. Balthasar, Fides Christi: Sponsa Verbi (Einsiedeln 1961) 45–79. Über Mystik der Finsternis und des Lichts habe ich mich etwas näher zu äußern versucht in meinem Artikel Licht: Handbuch theologischer Grundbegriffe II 44–54, bes. 49 und 52f.

beiden großen Wege abzuleiten und auf diese Weise uns selbst und die Stellung des Christlichen im Ganzen der religiösen Bewegung der Menschheit deutlicher verstehen zu lernen.

a) Als den eigentlichen Unterschied zwischen mystischem und monotheistischem Weg haben wir im vorigen kennengelernt, daß im ersten Fall »Gott« völlig passiv bleibt und das Entscheidende im Erleben des Menschen liegt, der seine Identität mit dem Sein alles Seienden erfährt, während im zweiten Fall die Aktivität Gottes geglaubt wird, der den Menschen ruft. Aus diesem Tatbestand folgt dann ein weiter im Vordergrund liegender Unterschied, der religionsphänomenologisch besonders deutlich ins Auge fällt und seinerseits eine Reihe weiterer Konsequenzen aus sich entläßt. Daraus ergibt sich nämlich der geschichtliche Charakter der auf der prophetischen Revolution aufbauenden Gläubigkeit und der ungeschichtliche Charakter des mystischen Weges. Das Erlebnis, an dem in der Mystik alles hängt, drückt sich nur in Symbolen aus, sein Kern ist für alle Zeiten identisch. Nicht der Zeitpunkt des Erlebens ist wichtig, sondern allein sein Inhalt, der eine Überschreitung und Relativierung alles Zeitlichen bedeutet. Der göttliche Anruf hingegen, von dem der Prophet sich getroffen weiß, ist datierbar, er hat ein Hier und Jetzt, mit ihm beginnt eine Geschichte: eine Beziehung ist gesetzt, und Beziehungen zwischen Personen haben geschichtlichen Charakter, sie *sind* das, was wir Geschichte nennen. Diesen Tatbestand hat besonders Jean Daniélou mit großem Nachdruck herausgearbeitet, wenn er immer wieder betont, daß das Christentum »wesenhaft Glaube an ein Ereignis ist«, während die großen nichtchristlichen Religionen das Dasein einer ewigen Welt behaupten, »die zur Welt der Zeit in Gegensatz steht. Die Tatsache eines Einbruchs des Ewigen in die Zeit, der ihr Bestand verleiht und sie zur Geschichte macht, ist ihnen unbekannt«.[26] Diesen Zug der Geschichtslosigkeit teilt die Mystik übrigens mit dem Mythos und den primitiven Religionen, für die nach Mircea Eliade »ihre Auflehnung gegen die konkrete Zeit, ihr Heimweh nach einer periodischen Rückkehr zur mythischen Urzeit« charakteristisch

---

26 Vom Geheimnis der Geschichte, a. a. O. 128.

ist.²⁷ Umgekehrt wäre dies der Ort, um das Besondere des Christentums innerhalb des monotheistischen Weges herauszustellen, sofern sich wohl zeigen ließe, daß nur hier der geschichtliche Ansatz zu seiner vollen Strenge geführt worden ist, daß also der monotheistische Weg erst hier in seiner vollen Eigentlichkeit zur Auswirkung kam.²⁸

b) Des weiteren wird von dem gezeichneten Grundansatz her der auffällige Unterschied verständlich, der die Patriarchen und Propheten Israels von den großen Religionsstiftern Ostasiens unterscheidet. Wenn man die Träger des Bundesgeschehens in Israel den religiösen Persönlichkeiten Asiens gegenüberstellt, kann einen zunächst ein eigentümliches Unbehagen überkommen. Abraham, Isaak, Jakob, Mose erscheinen mit all ihren Schlichen und ihrer Schläue, mit ihrem Temperament und ihrer Neigung zur Gewaltsamkeit zumindest recht mittelmäßig und armselig neben einem Buddha, Konfutse oder Laotse,²⁹ aber selbst so große prophetische Gestalten wie Hosea, Jeremia, Ezechiel machen bei einem solchen Vergleich keine ganz überzeugende Figur. Das ist eine Empfindung, die schon die Kirchenväter beim Aufeinandertreffen von Bibel und Hellenismus bewegte. Wenn Augustinus, der die Schönheit der Wahrheit in Ciceros *Hortensius* entdeckt und lieben gelernt hatte, die Bibel, nach der er griff, unwürdig fand, mit der »tullianischen Würde« zusammengebracht zu werden, so verbarg sich genau hier der Schock eines solchen Vergleichs: Vor der Erhabenheit mythischen Denkens erscheinen die Träger der Geschichte des Glaubens beinahe pöbelhaft.³⁰ Anderen Kirchenvätern ging es nicht anders: Marius Victorinus hatte

---

27 Ebd. Vgl. M. Eliade, Der Mythos der ewigen Wiederkehr (Düsseldorf 1953) 5.
28 Ausführlich darüber E. Brunner, Offenbarung und Vernunft (Darmstadt ²1961) 242–261, bes. 250–261. Vgl. bezüglich des Islams auch die Hinweise bei Daniélou, a. a. O. 130, der J. Moubarac zitiert: »Das mohammedanische Denken kennt keine stetige Dauer, sondern betrachtet nur Zeitatome, Augenblicke (anat).«
29 Vgl. die Darstellung dieser Gestalten bei K. Jaspers, Die großen Philosophen I (München 1957) 128–185; 898–933. Die Geschichtlichkeit der Gestalt Laotses wird freilich vielfach bestritten (z. B. bei H. Ringgren – A. Ström, Die Religionen der Völker [Stuttgart 1959] 425); für den hier gesuchten Vergleich ist die Frage ohne Belang.
30 Dieses Prädikat hat bekanntlich Nietzsche auf Augustin angewandt, vgl. dazu F. van der Meer, Augustinus der Seelsorger (Köln 1951) 306f; interessanterweise ist Jaspers' Urteil, a. a. O. 394ff, obgleich vornehmer in der Form, doch nicht sehr viel anders in der Sache.

hier seine Schwierigkeit, Synesios von Kyrene desgleichen, und wenn man die umständlichen Reinwaschungsbemühungen in den David-Apologien des heiligen Ambrosius liest, spürt man dieselbe Frage und eine gewisse Hilflosigkeit dazu, die mit solchen Gedanken gewiß nicht überwunden wird. Den »Skandal« zu bestreiten hat hier keinen Sinn, er öffnet vielmehr erst den Zugang zum Eigentlichen. Religionsgeschichtlich gesehen, sind Abraham, Isaak und Jakob wirklich keine »großen religiösen Persönlichkeiten«.[31] Das wegzudeuten hieße genau den Anstoß wegdeuten, der auf das Besondere und Einzigartige der biblischen Offenbarung hinführt. Dieses Besondere und Ganz-Andere liegt darin, daß Gott in der Bibel nicht wie bei den großen Mystikern geschaut, sondern als der Handelnde erfahren wird, der dabei (für das äußere und innere Auge) im Dunkeln bleibt. Und dies wiederum liegt daran, daß hier nicht der Mensch in eigener Aufstiegsbemühung durch die verschiedenen Schichten des Seins durchstößt auf die innerste und geistigste und so das Göttliche an seinem eigenen Orte auffindet, sondern es gilt das Umgekehrte: daß Gott den Menschen mitten in den weltlichen und irdischen Zusammenhängen sucht, daß Gott, den von sich aus niemand entdecken kann, auch der Reinste nicht, seinerseits dem Menschen nachgeht und in Beziehung zu ihm tritt. Man könnte sagen: die biblische »Mystik« ist nicht Bild-, sondern Wortmystik, ihre Offenbarung nicht Schauung des Menschen, sondern Wort und Tat Gottes. Sie ist nicht primär das Finden einer Wahrheit, sondern geschichtsbildendes Tun Gottes selbst. Ihr Sinn ist nicht der, daß dem Menschen göttliche Wirklichkeit sichtbar wird, sondern ist, den Offenbarungsempfänger zum Träger göttlicher Geschichte zu machen. Denn hier ist im Gegensatz zur Mystik Gott der Handelnde, und *er* ist es, der dem Menschen das Heil schafft. Das hat wiederum Jean Daniélou scharfsichtig erkannt. Seine diesbezüglichen Ausführungen sind wert, ausgiebig zitiert zu werden. »Für den Synkretismus«, so sagt er (und wir können statt dessen einsetzen: für die verschiedenen religiösen Wege außerhalb der von den Propheten eröffneten Revolution), »sind die Geretteten die innerlichen Seelen, zu welcher Religion sie auch gehören mögen. Für das

---

31 Vgl. die folgende Anmerkung.

Christentum sind es die Glaubenden, welchen Grad der Innerlichkeit sie auch erreicht haben. Ein kleines Kind, ein mit Arbeit überschütteter Arbeiter stehen, wenn sie glauben, höher als die größten Aszeten. ›Wir sind keine großen religiösen Persönlichkeiten‹, hat Guardini einmal gesagt, ›wir sind Diener des Wortes‹. Schon Christus hatte gesagt, daß der heilige Johannes der Täufer wohl ›der größte unter den Menschenkindern‹ sein konnte, aber ›daß der kleinste unter den Söhnen des Reiches größer ist als er‹ (vgl. Lk 7,28). Es ist möglich, daß es in der Welt große religiöse Persönlichkeiten auch außerhalb des Christentums gibt, es ist sogar sehr gut möglich, daß sich die größten religiösen Persönlichkeiten außerhalb des Christentums finden, aber das ist ohne Bedeutung; was zählt, ist der Gehorsam gegen das Wort Christi.«[32]

c) Endlich wird von hier aus verständlich, warum die oben (im Abschnitt »Der Ort des Christentums in der Religionsgeschichte«) behandelte Unterscheidung von Religion erster und zweiter Hand, die vom Standpunkt der Mystik aus die einzige wirkliche Unterschiedenheit im Bereich der Religionen darstellt, vom Christentum nicht anerkannt wird bzw. innerhalb des Christentums nicht gilt. Gegen die letztere Behauptung könnte sofort eingewandt werden, daß es doch auch im Christentum den Unterschied gebe zwischen dem Heiligen und dem gewöhnlich Frommen, zwischen dem Mystiker und dem einfachen Gläubigen, dem die unmittelbare Erfahrung des Göttlichen versagt ist. Zweifellos, diesen Unterschied gibt es, aber er ist sekundär. Er bewirkt nicht den Unterschied zwischen zweierlei Besitz von Religion, zwischen Haben der religiösen *Wirklichkeit* und bloß gelieheher Religiosität, die sich mit den Symbolen begnügen muß, weil die Kraft der mystischen Versenkung fehlt. Wenn ich als das Wesen der Religion die Mystik ansehe und alles andere nur als sekundären Ausdruck dessen betrachte, was sich im Heiligtum des mystischen Erlebens zugetragen hat, dann ist in der Tat nur der Mystiker der wirkliche Inhaber der Religion; alle anderen müssen sich dann mit der bloßen Schale begnügen, sind »zweiter Hand«. Wenn aber das Entscheidende nicht die eigene geistliche Erfahrung, sondern der göttliche Anruf ist, dann sind letzten Endes alle in der glei-

---

[32] J. Daniélou, a. a. O. 133f.

chen Lage, die diesem Anruf glauben: Ein jeder ist in gleicher Weise gerufen. Während in den mystischen Religionen der Mystiker »erster Hand« und der Gläubige »zweiter Hand« ist, ist hier »erster Hand« überhaupt nur Gott selbst. Die Menschen sind samt und sonders zweiter Hand: Hörige des göttlichen Rufs.

Alles, was gesagt wurde, konnte und sollte nicht dazu dienen, eine handliche rationale Rechtfertigung des christlichen Glaubens im Widerstreit der Religionen zu schaffen. Es ging vielmehr darum, den Ort des Christlichen im Ganzen der Religionsgeschichte etwas deutlicher (und doch noch ungenau genug) zu bestimmen, im Blick auf die anderen uns selbst und unseren eigenen Weg besser zu erkennen. Wenn so das Trennende weitgehend von der Frage her im Vordergrund stand, sollte das Einende doch nicht vergessen sein: daß wir alle Teil einer einzigen Geschichte sind, die auf vielerlei Weisen unterwegs ist zu Gott. Denn das erwies sich uns als die entscheidende Einsicht: Für christliches Glauben ist die Geschichte der Religionen nicht der Kreislauf des ewig Gleichen, der nie das Eigentliche berührt, das stets außerhalb der Geschichte bleibt, sondern der Christ hält die Religionsgeschichte für eine wirkliche *Geschichte*, für einen Weg, dessen Richtung Fortschritt und dessen Haltung Hoffnung heißt. Und so soll er seinen Dienst tun: als ein Hoffender, der unbeirrbar weiß, daß durch alles Versagen und alle Zwietracht der Menschen hindurch sich das Ziel der Geschichte erfüllt – die Verwandlung des »Tohuwabohu«, mit dem die Welt begann, in die ewige Stadt Jerusalem, in der Gott, der eine, ewige Gott unter den Menschen wohnt und ihnen leuchtet als ihr Licht auf immer (vgl. Offb 21,23; 22,5).

ZWISCHENSPIEL

1

Die zentrale Erkenntnis, auf die dieser Beitrag hinausläuft, besteht in der Einsicht, daß uns das Panorama der Religionsgeschichte vor allem vor eine Grundentscheidung zwischen zwei Wegen stellt, die ich – unzulänglich genug – damals als »Mystik« und »Monotheismus« bezeichnet hatte. Heute würde ich stattdessen lieber von Mystik der Identität und personalem Verständnis Gottes sprechen. Letztlich geht es darum, ob das Göttliche, »Gott«, ein Gegenüber zu uns ist, so daß das Letzte der Religion, des Menschseins, Beziehung – Liebe – ist, die Einheit wird (»Gott alles in allem«: 1 Kor 15,28), aber das Gegenüber von Ich und Du nicht aufhebt – oder ob das Göttliche auch noch jenseits der Person liegt und das Ziel des Menschen das Einswerden und Aufgehen im All-Einen ist.[33] Diese Alternative wird uns das ganze Buch hindurch begleiten. An dieser Stelle möchte ich schon auf die dafür grundlegenden Einsichten hinweisen, die J. Sudbrack kürzlich in seinem Buch über Pseudo-Dionysius vom Areopag und dessen Wirkungsgeschichte entfaltet hat. Sudbrack sieht in dem geheimnisvollen Denker des 6. Jahrhunderts, der sich hinter der Chiffre Dionysius vom Areopag versteckt hat, den wichtigsten Brückenbauer zwischen West und Ost, zwischen dem christlichen Personalismus und der asiatischen Mystik. Er formuliert die Alternative, vor der wir stehen, so: »Geht es um das Aufgehen in der All-Einheit oder um das Urvertrauen auf ein unendliches ›Du‹, auf Gott oder mit welchem Namen man dies auch bezeichnen mag?«[34] Er analysiert diese Frage, indem er dem geistigen Weg Martin Bubers nachgeht.

---

33 H. Bürkle, Der Mensch auf der Suche nach Gott – die Frage der Religionen. Amateca Bd. III (Paderborn 1996) 127: »Die Überwindung des für das Individuum tragischen Ganz-für-sich-sein-Müssens ereignet sich in der Entdeckung seiner verborgenen, wesensmäßigen Brahmanatur. Sein Atmen erscheint ihm dann mit dem Seinsgrund, der ›Weltseele‹, eins. Es empfindet sich nicht länger als abgetrenntes Ich, sondern als ein integraler Teil eines geheimen Allzusammenhanges.«
34 J. Sudbrack, Trunken vom hell-lichten Dunkel des Absoluten. Dionysius der Areopagite und die Poesie der Gotteserfahrung (Einsiedeln 2001) 72.

Der große jüdische Denker hatte 1909 in seinem Werk »Ekstatische Konfessionen« einer Art Einheitsmystik das Wort geredet. Nach seiner Bekehrung »verwarf er dies so radikal, daß er die Wiederauflage des Buches verbot.« Seine neue Ansicht war: »Nicht Verschmelzung zur Einheit, sondern Begegnung ist die Grundkonstituente menschlicher Seinserfahrung.« Er war zur Einsicht gekommen, daß im Verständnis der Mystik zweierlei Geschehnisse oft verwechselt werden: »Das Eine ist das Einswerden der Seele, das (den Menschen) zum Werk des Geistes tauglich (macht). Das andere Geschehnis ist jene unausforschliche Art des Beziehungsaktes selbst, darin man Zwei zu Eins werden wähnt.« Sudbrack macht dann darauf aufmerksam, wie Lévinas in seiner Philosophie des »Anderen« diese Einsichten Bubers vertieft hat. Lévinas sieht die Auflösung der Vielfalt in eine alles absorbierende Einheit als eine Verirrung des Denkens an und als eine nicht bis auf den Grund gehende Form geistlicher Erfahrung. Für ihn stellt Hegels »Unendlichkeit« das abschreckende Beispiel einer solchen Sicht von Einheit dar. Dem stellt er entgegen, daß in der Philosophie und Mystik der Identität das »Antlitz des Anderen«, dessen Freiheit nie mein Besitz werden kann, in einer namenlosen »Totalität« aufgelöst wird. In Wirklichkeit werde aber gerade erst im vertrauenden Setzen auf das freie Anders-Bleiben des Anderen wahre Unendlichkeit erfahren. Der Verschmelzungseinheit mit ihrer Auflösungstendenz ist die personale Erfahrung entgegenzustellen: Einheit der Liebe ist höher als die gestaltlose Identität.

H. Bürkle hat die Unverzichtbarkeit des Personbegriffs und seine Letztgeltung nochmals von einer anderen Seite – von der Praxis des gesellschaftlichen Lebens – her aufgewiesen. »Die Entwicklung im neuzeitlichen Hinduismus zeigt, daß auch für das heutige indische Menschenbild dieses Personverständnis unverzichtbar geworden ist ... Die upanishadische Identitätserfahrung des tat tvam asi vermag die bleibende Gültigkeit und Würde der individuellen Einzigartigkeit jedes einzelnen Menschen nicht zu begründen. Sie läßt sich nicht mit der Vorstellung vereinen, dieses Leben sei nur eine Durchgangsphase im Rhythmus wechselnder Wiedergeburtsstufen. Der Eigenwert der Person und ihre Würde lassen sich nicht als Durchgangsstadium und unter den Bedingungen ihrer Variabilität festhalten ... Die Reformen des Hinduismus in der Neuzeit setzen darum auch konsequent in der Frage nach der Menschenwürde ein. Das christliche Personverständnis wird bei ihnen ohne seine Grundlegung im Gottesverständnis in den hinduistischen Gesamtzusammenhang übernommen ...«[35] Es wäre nicht schwierig zu zeigen, daß das Verständnis des einzelnen als Person und so die Verteidigung von Eigenwert und Würde jeder Person sich aber letztlich gerade nicht ohne die Grundlegung im Gottesgedanken selbst durchhalten läßt.

Schließlich macht Sudbrack im Fortgang seiner Überlegungen auf ein nicht minder grundlegendes Unterscheidungskriterium aufmerksam, von dem her die Problematik der All-Einheits-Position grell sichtbar wird: »Das Problem des Bösen als Wenden gegen Gottes absolute Güte macht den Unterschied der Seinsentwürfe am deutlichsten.«[36] In einer Philosophie der All-Einheit wird notwendig die Differenz von gut und böse relativiert. Wichtige Klärungen zu dieser Frage kann man im Denken von Guardini finden. Guardini hat in seiner Philosophie des Gegensatzes den fundamentalen Unterschied zwischen »Gegensatz« und »Widerspruch« herausgearbeitet, auf den es hier letztlich ankommt. Gegensätze sind komplementär, sie machen den Reichtum der Wirklichkeit aus. In seinem wichtigsten philosophischen Werk hat er den »Gegensatz« zum Prinzip seiner Wirklichkeitssicht gemacht, in der vielfältigen Spannung des Lebendigen den Reichtum des Seins geschaut. Gegensätze verweisen aufeinander, brauchen einander und ergeben so erst die Symphonie des Ganzen. Aber der Widerspruch bricht aus dieser Symphonie aus und zerstört sie. Das Böse ist nicht noch einmal – wie Hegel meinte und wie Goethe im *Faust* uns zeigen will – eine Seite des Ganzen, derer wir bedürfen, sondern ist die Zerstörung des Seins.[37] Es kann sich gerade nicht, wie Fausts Mephistopheles, mit den Worten vorstellen: Ich bin »ein Teil von jener Kraft, die stets das Böse will und stets das Gute schafft«. Dann bedürfte das Gute des Bösen, und das Böse wäre gar nicht wirklich böse, sondern eben ein notwendiger Teil der Dialektik der Welt. Mit dieser Philosophie sind die Hekatomben

---

35 H. Bürkle, a. a. O. 130f.
36 J. Sudbrack, a. a. O. 77.
37 Vgl. R. Guardini, Der Gegensatz. Versuche zu einer Philosophie des Lebendig-Konkreten (1. Auflage 1925; 3. Auflage Mainz 1985). Wichtige Klärungen dazu bei H. Kuhn, Romano Guardini – Philosoph der Sorge (St. Ottilien 1987) z. B. 42 und 71f.

von Opfern des Kommunismus gerechtfertigt worden, der auf der Dialektik Hegels aufbaute, die Marx in politische Praxis gewendet hatte. Nein, das Böse gehört nicht zur »Dialektik« des Seins, sondern greift es in seiner Wurzel an. Der Gott, der als dreifaltige Einheit in der Verschiedenheit gerade die höchste Einheit darstellt, ist reines Licht und reine Güte (vgl. Jak 1,17). In der Identitätsmystik dagegen gibt es keine letzte Trennung von gut und böse. »Gut und bös stehen nach dem Buddhismus in ursprünglicher wechselseitiger Abhängigkeit. Es gibt keine Priorität des einen vor dem anderen. Erleuchtung ist eine Realisation meines Seins noch vor der Dualität von Gut und Böse«, sagt Sudbrack dazu.[38] Die Alternative zwischen personalem Gott und Identitätsmystik ist beileibe nicht nur theoretischer Natur – sie reicht von der innersten Tiefe der Seinsfrage ins ganz Praktische hinein.

2

Wie ich in der Vorbemerkung zu diesem Beitrag schon kurz angedeutet habe, werden in der Theologie der Religionen heute drei Grundpositionen unterschieden, die zugleich als die einzig Möglichen angesehen werden: Exklusivismus, Inklusivismus und Pluralismus. Für die exklusivistische Position steht in den üblichen Darstellungen vor allem Karl Barth. Ihr Inhalt wäre, daß exklusiv der christliche Glaube rettet und die Religionen keine Heilswege sind. Dabei muß man aber beachten, daß Barth nicht einfach das Christentum etwa als absolute Religion und alle anderen Religionen gegeneinanderstellt, sondern zwischen Glaube einerseits und Religion andererseits unterscheidet. Er sieht »Religion« als Gegensatz zum Glauben an: Die Religion ist für ihn ein Geflecht menschlicher Haltungen, durch die der Mensch zu Gott aufzusteigen versucht; der Glaube ist demgegenüber eine Gabe von Gott her, der dem Menschen die Hand entgegenstreckt: Nicht unser Tun rettet, sondern allein Gottes gütige Macht. Auch was im Christentum »Religion« ist, fällt unter das Verdikt von Barth. D. Bonhoeffer hat von da aus das Programm eines religionslosen Christentums entworfen, das dann in den 1950er und 1960er Jahren ein lebhaftes Echo gefunden hat. Kürzlich hat der italienische Theologe und Religionsphilosoph G. Baget

38 J. Sudbrack, a. a. O. 78.

Bozzo ein Buch unter dem Titel veröffentlicht: »Prophetie. Das Christentum ist keine Religion.«[39] Übrigens hat auch R. Guardini die wesentliche Differenz von Glaube und Religion unterstrichen, auch wenn er nicht die Radikalität der Position von Barth teilen mochte.[40] Für mich ist der Begriff eines religionslosen Christentums widersprüchlich und unrealistisch. Der Glaube muß sich auch als Religion und in Religion ausdrücken, ist freilich nicht auf sie rückführbar. Unter diesem Betracht sollte man die Tradition beider Begriffe neu studieren. Für Thomas von Aquin ist zum Beispiel »Religion« eine Unterabteilung der Tugend der Gerechtigkeit und als solche notwendig, aber natürlich etwas ganz anderes als die »eingegossene Tugend« des Glaubens. Mir scheint, daß es ein vorrangiges Postulat für eine differenzierte Theologie der Religionen wäre, die Begriffe Religion und Glaube präzis zu klären, die meist verschwommen ineinander übergehen und beide gleichermaßen generalisiert werden. So spricht man von »Glauben« im Plural und will damit alle Religionen bezeichnen, obwohl der Begriff Glaube keineswegs in allen Religionen vorkommt, schon gar nicht für alle konstitutiv ist und bei ihnen – soweit er vorkommt – je sehr Verschiedenes bedeutet. Umgekehrt ist auch die Ausweitung des Begriffs Religion als Gesamtbezeichnung des Verhältnisses der Menschen zur Transzendenz erst in der zweiten Hälfte der Neuzeit erfolgt.[41] Gerade für das rechte Selbstverständnis des Christentums und die Weise seiner Beziehung zu den Weltreligionen ist eine solche Klärung dringlich. Wir werden später auf dieses Problem zurückkommen.

Wie Barth als Hauptvertreter der exklusivistischen Position angesehen wird, so gilt Rahner als der klassische Repräsentant des Inklusivismus: Das Christentum sei in allen Religionen gegenwärtig, oder umgekehrt: Alle Religionen gehen – ohne es zu wissen – ihm entgegen.

---

39 Ital.: Profezia. Il cristianesimo non è una religione, Segrate–Milano 2002.
40 Vgl. R. Guardini, Die Offenbarung. Ihr Wesen und ihre Formen (Würzburg 1940); ders., Religion und Offenbarung I (Würzburg 1958).
41 Vgl. U. Dierse, Religion, in: Historisches Wörterbuch der Philosophie, hg. v. J. Ritter und K. Gründer VIII 632f. Wichtig zum Thema vor allem die verschiedenen Veröffentlichungen von E. Feil, z. B. Religio. Die Geschichte eines neuzeitlichen Grundbegriffs vom Frühchristentum bis zur Reformation (Göttingen 1986); Religio II. Die Geschichte eines neuzeitlichen Grundbegriffs zwischen Reformation und Rationalismus (Göttingen 1997).

Aus dieser inneren Zuordnung beziehen sie ihre Heilskraft: Sie führen zur Rettung, insofern und weil sie verborgen das Geheimnis Christi in sich tragen. Mit dieser Sicht bleibt einerseits bestehen, daß allein Christus und die Verbindung mit ihm rettende Kraft hat; andererseits kann man den Religionen einen – freilich gleichsam geliehenen – Heilswert zuerkennen und so die Rettung der Menschen außerhalb der »einen Arche des Heils« erklären, von der die Väter sprechen. Zugleich läßt sich doch noch – wenn auch weniger radikal als auf exklusivistischer Basis – die Notwendigkeit der Mission erklären: Was alle Religionen nur ungenau, unter dunklen Chiffren und zum Teil auch entstellt darbieten, ist im Glauben an Jesus Christus sichtbar geworden. Erst er reinigt die Religionen und führt sie ihrem eigenen Wesen, ihrer tiefsten inneren Sehnsucht entgegen.

Schließlich ist vor allem mit dem in Amerika wirkenden anglikanischen Theologen J. Hick und mit P. Knitter als Drittes die pluralistische Position in Erscheinung getreten, als deren stärkster Anwalt im deutschen Sprachraum sich P. Schmidt-Leukel profiliert hat.[42] Der Pluralismus bricht klar mit dem Glauben, daß allein von Christus das Heil kommt und daß zu Christus seine Kirche gehört. Die pluralistische Position ist der Meinung, daß der Pluralismus der Religionen von Gott selbst gewollt ist und daß sie alle Heilswege sind oder wenigstens sein können, wobei im einzelnen Christus durchaus eine herausgehobene, aber eben keine exklusive Stellung zugesprochen werden kann. Der Varianten sind hier wie bei der sogenannten inklusivistischen Position viele, so daß da und dort die Positionen nahezu ineinander übergehen.

Deswegen fehlt es auch nicht an Vermittlungsversuchen, zu denen etwa das Buch von B. Stubenrauch »Dialogisches Dogma« zu zählen wäre.[43] Als herausragender Vertreter eines Vermittlungsversuchs ist aber vor allem J. Dupuis zu nennen, den freilich die Pluralisten den-

---

42 Vgl. bes. P. Schmidt-Leukel, Grundkurs Fundamentaltheologie. Eine Einführung in die Grundfragen des christlichen Glaubens (München 1999). In allen hier nur kurz angedeuteten Fragen ist zu vergleichen Kern–Pottmeyer–Seckler, Handbuch der Fundamentaltheologie Bd. I, Traktat Religion (Tübingen-Basel ²2000).
43 B. Stubenrauch, Dialogisches Dogma. Der christliche Auftrag zur interreligiösen Begegnung. QD 158 (Freiburg 1995).

noch klar als »Inklusivisten« einstufen.[44] Mit seinem Werk hat sich auch die Glaubenskongregation befaßt, da der durchschnittliche Leser daraus – bei aller Treue zur Einzigkeit Jesu Christi – dennoch ein Gefälle zu pluralistischen Positionen entnehmen mußte. Der Dialog führte zu einer »Notifikation«, in der einvernehmlich die Punkte geklärt wurden, die für P. Dupuis theologisch wesentlich sind und damit auch die Abgrenzung zum Pluralismus deutlich markieren.

Der Disput dieser drei Positionen ist nicht Sache dieses Buches; die Problematik selbst wird uns freilich durchgehend begleiten, wobei der Glaube an Jesus Christus als den einzigen Retter und an die Untrennbarkeit von Christus und Kirche Grundlage dieses Buches ist. An der Fragestellung, die den drei Positionen zugrunde liegt, übe ich freilich insofern Kritik, als ihr meiner Überzeugung nach eine voreilige Identifizierung der Problematik der Religionen mit der Heilsfrage und eine zu undifferenzierte Betrachtung der Religionen als solcher zugrunde liegt, wie schon eingangs angedeutet. Woher weiß man, daß das Thema Heil allein an den Religionen festzumachen ist? Muß es nicht viel differenzierter vom Ganzen der menschlichen Existenz her angegangen werden, und muß nicht immer auch der letzte Respekt vor dem Geheimnis von Gottes Handeln führend bleiben? Müssen wir unbedingt eine Theorie erfinden, wie Gott retten kann, ohne der Einzigkeit Christi Abbruch zu tun? Ist es nicht vielleicht wichtiger, diese Einzigkeit von innen her zu verstehen und damit zugleich auch die Weite ihrer Ausstrahlung zu erahnen, ohne daß wir sie im einzelnen definieren können? Dazu kommt die undifferenzierte Behandlung der Religionen, die ja keineswegs den Menschen in die gleiche Richtung führen, die aber vor allem auch in sich selbst nicht in einer Gestalt existieren. Heute haben wir zum Beispiel sehr deutlich verschiedene Weisen vor Augen, wie Islam gelebt und verstanden werden kann – zerstörerische Formen und solche, in denen wir eine gewisse Nähe zum Geheimnis Christi zu erkennen glauben. Kann oder muß ein Mensch sich einfach mit der von ihm vorgefundenen, in seinem Umfeld praktizierten Gestalt der ihm

---

44 J. Dupuis, Verso una teologia cristiana del pluralismo religioso (Brescia 1997); dazu Congregazione per la Dottrina della Fede, Notificazione a proposito del libro di J. Dupuis, »Verso una teologia del pluralismo religioso« (Città del Vaticano 2001).

zugefallenen Religion abfinden, oder muß er nicht auf jeden Fall ein Suchender sein, der nach den Reinigungen des Gewissens strebt und so auf die reineren Formen seiner Religion – mindestens das – zugeht? Wenn wir nicht ein solches inneres Unterwegssein voraussetzen dürfen und müssen, fällt auch die anthropologische Grundlage für die Mission dahin. Die Apostel, überhaupt die frühe Christengemeinde konnte in Jesus den Retter nur finden, weil sie nach der »Hoffnung Israels« Ausschau hielten – weil sie nicht einfach die ererbten religiösen Formen ihrer Umgebung für in sich genügend ansahen, sondern wartende, suchende Menschen des offenen Herzens waren. Die Heidenkirche konnte nur entstehen, weil es die »Gottesfürchtigen« gab, die Menschen, die ihre traditionellen Religionen überschritten und nach Größerem Ausschau hielten. Diese Dynamisierung der »Religion« gilt ja in gewissem Sinn auch – das ist das Richtige an Barth und Bonhoeffer – im Christentum selbst. Nicht einfach ein Gefüge von Einrichtungen und Ideen ist weiterzugeben, sondern im Glauben doch immer nach seiner innersten Tiefe, nach der wahren Berührung mit Christus zu suchen. So bildeten sich – um es nochmals zu sagen – im Judentum die »Armen Israels«, so müssen sie sich auch in der Kirche immer wieder bilden, und so können und sollen sie sich in den anderen Religionen bilden: Die Dynamik des Gewissens und seiner stillen Anwesenheit Gottes darin ist es, die die Religionen aufeinander zuführt und die Menschen auf den Weg zu Gott bringt, nicht die Kanonisierung des jeweils Bestehenden, die den Menschen der tieferen Suche enthebt.

2. KAPITEL

Glaube, Religion und Kultur[45]

Das letzte Wort des auferstandenen Herrn an seine Jünger ist ein Wort der Sendung bis an die Enden der Erde: »Geht hinaus und macht alle Völker zu Jüngern; tauft sie ... und lehrt sie alles halten, was ich euch geboten habe« (Mt 28,19f.; vgl. Apg 1,8). Das Christentum ist mit dem Bewußtsein eines universalen Auftrags in die Welt getreten. Die Gläubigen Jesu Christi wußten sich vom ersten Augenblick an unter der Pflicht, ihren Glauben an alle Menschen weiterzugeben; sie sahen im Glauben ein Gut, das ihnen nicht allein gehörte, auf das vielmehr alle einen Anspruch hatten. Es wäre Veruntreuung gewesen, das Empfangene nicht in die letzten Winkel der Erde zu tragen. Nicht Machttrieb war der Ausgangspunkt des christlichen Universalismus, sondern die Gewißheit, die rettende Erkenntnis und die erlösende Liebe empfangen zu haben, auf die alle Menschen Anspruch haben und auf die sie im Innersten ihres Wesens warten. Die Mission wurde nicht als Zugewinn von Menschen für den eigenen Machtbereich betrachtet, sondern als pflichtgemäßes Weitergeben dessen, was für alle bestimmt war und wessen alle bedurften.

Heute sind Zweifel an der Universalität des christlichen Glaubens aufgetaucht. Die Geschichte der weltweiten Mission wird von vielen nicht mehr als Geschichte der Ausbreitung befreiender Wahrheit und Liebe gesehen, sondern weithin als Geschichte einer Entfremdung und einer Vergewaltigung. Seinen wohl stärksten Ausdruck innerhalb der

---

45 Dieser Text wurde in verschiedenen Variationen auf den Salzburger Hochschulwochen 1992, bei einer Begegnung der Glaubenskongregation (Rom) mit den Glaubenskommissionen der asiatischen Bischofskonferenzen in Hongkong 1993 und bei einer Bildungsveranstaltung in Sassari (Sardinien) vorgetragen. Die »Variationen« wurden für dieses Buch neu verfaßt; der Salzburger Grundtext blieb im wesentlichen unverändert.

Kirche hat dieses neue Bewußtsein in dem Text für die »europäische Bußprozession '92« gefunden, in dem wir lesen: »1492–1992 sind Daten, die in der Perspektive der eingeborenen und der schwarzen Lateinamerikaner einen Kreuzweg mit unzähligen Leidensstationen und einen Karfreitag bezeichnen, der nun seit 500 Jahren andauert. Die europäischen Christen ... eroberten mit dem Schwert die Leiber und beherrschten mit dem Kreuz die Seelen ... Das Christentum erschien für die Eingeborenen und für die versklavten Afrikaner als die Religion der Feinde, die unterwarfen und töteten. Das Evangelium konnte für sie nicht Botschaft der Freude sein, sondern war eine üble Nachricht, die Unglück brachte ... Das Jahr 1992 könnte sich darstellen als die Wiederaufnahme ihrer Religionen, die rechtmäßig und würdig waren, daß Gott durch sie seinen Völkern entgegenkam und die Völker durch sie ihren Weg zu Gott nahmen ...«[46] Der Protest, der in diesen Worten aufbricht, geht weit über das Problem Evangelium und Kultur hinaus; er beinhaltet auch weit mehr als die berechtigte Anklage gegen alle Sünden Europas im Zusammenhang mit der Entdeckung Amerikas: Er wirft letztlich die Frage nach der Wahrheit des christlichen Glaubens und nach der Rechtmäßigkeit der Mission überhaupt auf. Insofern verlangt das neue Bewußtsein, das sich darin ausdrückt, eine radikale Besinnung der Christen auf das, was sie sind oder nicht sind, was sie glauben oder nicht glauben, was sie zu geben und nicht zu geben haben. Nur ein kleiner Teilschritt dieser großen Besinnung kann in dem hier vorgegebenen Rahmen versucht werden. Jedenfalls geht es dabei nicht um die Beurteilung der historischen Vorgänge beim Aufeinandertreffen von Europa und Amerika in den Jahrhunderten seit 1492; nicht um eine Festrede »500 Jahre Amerika«, für die ich mich nicht zuständig weiß und um die ich auch nicht gebeten wurde.

Meine Absicht ist bescheidener und anspruchsvoller zugleich: eine Überlegung über Recht und Fähigkeit des christlichen Glaubens, sich anderen Kulturen mitzuteilen, sie in sich aufzunehmen und sich ihnen zu übereignen. Im Grunde sind darin alle Fragen der Grundlegung

---

46 L. Boff, I cinquecento anni della conquista dell'America Latina: Un »venerdì santo« che dura ancora oggi; zitiert nach der von der Nachrichtenagentur Adista am 25. Januar 1992 verbreiteten italienischen Version des Textes.

christlicher Existenz eingeschlossen: Warum eigentlich Glauben? Gibt es Wahrheit für den Menschen, Wahrheit, die als solche allen zugänglich ist und allen gehört, oder berühren wir immer nur in unterschiedlichen Symbolen das Geheimnis, das sich uns nie entschleiert? Ist das Reden von Wahrheit des Glaubens Anmaßung oder ist es Pflicht? Auch diese Fragen können an dieser Stelle nicht frontal angegangen und in ihrer ganzen Größe erörtert werden; in anderen Abschnitten dieses Buches werden wir uns ausführlicher damit auseinandersetzen müssen. Hier müssen sie nur als Hintergrund unserer Probleme mit Glaube und Kultur bewußt bleiben. In diesem Kapitel geht es unmittelbar nur darum, wie sich der eine Glaube zur Vielheit der Kulturen verhält und wie in dieser Vielheit der Kulturen wirkliche Universalität möglich ist, ohne daß eine Kultur sich als die allein gültige ausgibt und zur Unterdrückung der anderen wird. Es braucht wohl kaum eigens erwähnt zu werden, daß diese Frage sich auf die ganze Breite der Geschichte und die ganze Weite aller Kontinente bezieht. Seit der weltverändernden Fahrt des Kolumbus sind 500 Jahre vergangen, aber auch die erste nähere Begegnung zwischen Christentum und Schwarzafrika im damaligen Königreich Kongo, dem heutigen Angola, führt uns in die gleiche Periode und ebenso der Beginn der portugiesischen Mission in Indien, das freilich schon eine lange christliche Geschichte hinter sich hatte, die möglicherweise bis in die Zeit der Apostel zurückreicht. Amerika – Afrika – Asien sind die drei großen Kulturräume, die nun dem Wort von den Enden der Erde und von allen Völkern einen ganz neuen Sinn und dem Auftrag der Mission neue Dimensionen gaben.

Vielleicht aber ist das Bewußtsein des Ungenügens der bisherigen Versuche christlicher Universalität deshalb heute so drängend geworden, weil es inzwischen eine andere Universalität gibt, die wirklich in die letzten Winkel der Erde vorgedrungen ist: die Einheit der technischen Kultur, die sich durch die Macht ihres Könnens und ihrer Erfolge aufdrängt, zugleich aber durch ihre Weise der Zentrierung von Macht und durch ihre Vernutzung der Erde jene Teilung der Welt in Nord und Süd, in Arm und Reich geschaffen hat, die die eigentliche Not unserer Stunde bildet. Immer stärker wird daher heute betont, der Glaube müsse sich, um bestehen zu können, auch in die moderne technisch-rationale Kultur inkulturieren. Aber da steht natürlich die Frage auf:

Kann man die technische Einheitszivilisation im gleichen Sinn als Kultur bezeichnen wie die großen Kulturgestalten, die in den verschiedenen Lebensräumen der Menschheit gewachsen sind? Kann sich der Glaube gleichzeitig in das eine und in das andere inkulturieren? Welche Identität soll er dann überhaupt noch behalten?

Kultur – Inkulturation – Begegnung der Kulturen

Wir werden auf diese Fragen noch einmal wenigstens indirekt zurückkommen; einstweilen sollte mit dem Gesagten nur die Größe des Problems angedeutet werden, dem wir uns jetzt endlich stellen müssen: Was ist das eigentlich – Kultur? Wie steht sie zur Religion, und auf welche Weise kann sie mit religiösen Gestalten in Verbindung treten, die ihr ursprünglich fremd waren? Darauf müssen wir zunächst sagen, daß erst das neuzeitliche Europa einen Begriff von Kultur entwickelt hat, der sie als einen von der Religion unterschiedenen oder gar ihr entgegengesetzten eigenen Bereich erscheinen läßt. In allen bekannten geschichtlichen Kulturen ist Religion wesentliches Element der Kultur, ja, ihre bestimmende Mitte; sie ist es, die das Wertgefüge und damit das innere Ordnungssystem der Kulturen bestimmt. Wenn es aber so steht, erscheint Inkulturation des christlichen Glaubens in andere Kulturen nur um so schwieriger. Denn es ist nicht zu sehen, wie die mit der Religion verflochtene, in ihr webende und lebende Kultur sozusagen in eine andere Religion transplantiert werden könne, ohne daß beide dabei zugrunde gehen. Nimmt man aus einer Kultur die ihr eigene, sie zeugende Religion heraus, so beraubt man sie ihres Herzens; pflanzt man ihr ein neues Herz – das christliche – ein, so scheint es unausweichlich, daß der ihm nicht zugeordnete Organismus das fremde Organ abstößt. Ein positiver Ausgang der Operation scheint schwer vorstellbar. Sinnvoll kann sie eigentlich nur sein, wenn der christliche Glaube und die jeweilige andere Religion samt der aus ihr lebenden Kultur nicht in einem Verhältnis der schlechthinnigen Andersheit zueinander stehen, sondern eine innere Offenheit aufeinander hin in ihnen liegt, oder anders gesagt: wenn die Tendenz, aufeinander zuzugehen und sich zu vereinigen ohnedies in ihrem Wesen begründet ist.

Inkulturation setzt also die potentielle Universalität jeder Kultur voraus. Sie setzt voraus, daß in allen das gleiche menschliche Wesen am Werk ist und daß in diesem eine gemeinsame Wahrheit des Menschseins lebt, die auf Vereinigung abzielt. Nochmals anders ausgedrückt: Das Vorhaben der Inkulturation ist nur dann sinnvoll, wenn einer Kultur nicht Unrecht dadurch geschieht, daß sie aus der gemeinsamen Hinordnung auf die Wahrheit des Menschen heraus durch eine neue kulturelle Kraft geöffnet und weiterentwickelt wird. Denn dasjenige an einer Kultur, was solche Öffnung und solchen Austausch ausschließt, ist zugleich das Unzulängliche an ihr, weil Ausschließung des anderen dem Menschen wesenswidrig ist. Die Höhe einer Kultur zeigt sich in ihrer Offenheit, in ihrer Fähigkeit, zu geben und zu empfangen, in ihrer Kraft, sich zu entwik-keln, sich reinigen zu lassen und dadurch wahrheitsgemäßer, menschengemäßer zu werden.

An dieser Stelle können wir nun so etwas wie eine Definition von Kultur versuchen. Wir könnten sagen: Kultur ist die geschichtlich gewachsene gemeinschaftliche Ausdrucksgestalt der das Leben einer Gemeinschaft prägenden Erkenntnisse und Wertungen. Versuchen wir nun, die einzelnen Elemente dieser Definition etwas näher zu bedenken, um so auch den möglichen Austausch der Kulturen besser begreifen zu können, der unter dem Stichwort Inkulturation gemeint sein muß.

a) Kultur hat zunächst einmal mit Erkenntnis und mit Werten zu tun. Sie ist ein Versuch, die Welt und in ihr die Existenz des Menschen zu verstehen, aber ein Versuch nicht rein theoretischer Art, sondern vom fundamentalen Interesse unserer Existenz geleitet. Das Verstehen soll uns zeigen, wie man das macht, das Menschsein, wie der Mensch sich richtig in diese Welt einfügt und auf sie antwortet, um so sich selbst zu gewinnen, seine Existenz zum Gelingen, zum Glück zu führen. Diese Frage wiederum ist in den großen Kulturen nicht individualistisch gemeint, als könne der jeweils einzelne für sich ein Modell der Bewältigung von Welt und Leben erdenken. Er kann es nur mit den anderen; die Frage nach der rechten Erkenntnis ist also Frage auch nach der rechten Gestaltung der Gemeinschaft. Diese ist ihrerseits die Voraussetzung dafür, daß das Leben des einzelnen glücken kann. In der Kultur geht es um ein Verstehen, das Erkenntnis ist, die Praxis eröffnet, also um eine Erkenntnis, zu der die Dimension der Werte, des Moralischen, unabdingbar gehört. Noch eins müssen wir hinzufügen, was für die alte Welt selbstverständlich war: In der Frage nach dem Menschen und nach der Welt ist immer die Frage nach der Gottheit als die vorausgehende und eigentlich grundlegende Frage eingeschlossen. Man kann gar nicht die Welt verstehen, und man kann nicht richtig leben, wenn die Frage nach dem Göttlichen unbeantwortet bleibt. Ja, der Kern der großen Kulturen ist es, daß sie Welt interpretieren, indem sie die Beziehung zum Göttlichen ordnen.

b) Kultur im klassischen Sinn schließt also die Überschreitung des Sichtbaren, des Erscheinenden auf die eigentlichen Gründe hin ein und ist in ihrem Kern Öffnung der Tür zum Göttlichen. Damit ist (wie wir schon gesehen haben) das andere verbunden, daß in ihr der einzelne sich überschreitet und sich in einem größeren gemeinschaftlichen Subjekt mitgetragen findet, dessen Erkenntnisse er gleichsam zu leihen nehmen und dann freilich auch seinerseits forttragen und entfalten kann. Kultur ist immer gebunden an ein gemeinschaftliches Subjekt, das die Erfahrungen der einzelnen in sich aufnimmt und sie umgekehrt vorprägt. Das gemeinschaftliche Subjekt verwahrt und entfaltet Erkenntnisse, die über das Vermögen des einzelnen hinausgehen – Einsichten, die als vorrational und überrational gekennzeichnet werden können. Die Kulturen berufen sich dabei auf die Weisheit der »Alten«, die den Göttern näher standen; auf anfängliche Überlieferungen, die Offenbarungscharakter haben, also nicht nur aus dem Fragen und Nachdenken des Menschen stammen, sondern aus einer ursprünglichen Berührung mit dem Grund aller Dinge, auf einer Mitteilung vom Göttlichen her.[47] Die Krise eines Kultursubjekts entsteht dann, wenn es ihm nicht mehr gelingt, diese überrationale Vorgabe mit kritischer neuer Erkenntnis in eine überzeugende Verbindung zu bringen. Dann wird der Wahrheitscharakter der Vorgabe zweifelhaft, sie wird aus Wahrheit zu bloßer Gewohnheit und verliert ihre Lebenskraft.

---

47 Vgl. dazu J. Pieper, Überlieferung. Begriff und Anspruch (München 1970); ders., Über die platonischen Mythen (München 1965).

c) Damit ist ein Weiteres schon angedeutet: Gemeinschaft schreitet in der Zeit voran, und deshalb hat Kultur mit Geschichte zu tun. Kultur entfaltet sich auf ihrem Weg durch die Begegnung mit neuer Wirklichkeit und die Verarbeitung neuer Erkenntnis. Sie steht nicht abgeschlossen in sich selbst, sondern in der Dynamik des Zeitflusses, zu dem wesentlich das Zueinanderfließen der Ströme, Prozesse der Einigung gehören. Geschichtlichkeit der Kultur bedeutet ihre Fähigkeit weiterzugehen, und daran hängt ihre Fähigkeit, sich zu öffnen, durch Begegnung Verwandlung zu empfangen. Zwar unterscheidet man zwischen kosmisch-statischen und geschichtlichen Kulturen. Die alten vorschriftlichen Kulturen würden danach wesentlich das immer gleichbleibende Geheimnis des Kosmos abbilden, während besonders die jüdische und die christliche Kulturwelt den Weg mit Gott als Geschichte verstehe und daher von Geschichte als Grundkategorie geprägt sei. Das ist bis zu einem gewissen Grade richtig, sagt aber doch nicht alles, denn auch die kosmisch ausgerichteten Kulturen verweisen auf Tod und Wiedergeburt, auf das Menschsein als Weg. Als Christen würden wir sagen: Sie tragen eine adventliche Dynamik in sich, auf die wir noch näher zu sprechen kommen müssen.[48]

Dieser kleine Versuch, Grundkategorien des Begriffs Kultur zu klären, hilft uns nun bereits, die Frage nach der möglichen Weise ihrer Berührung und Verschmelzung besser zu verstehen. Wir können jetzt sagen, daß die Bindung von Kultur an eine kulturelle Individualität, an ein bestimmtes Kultursubjekt, die Vielheit der Kulturen und auch ihre jeweilige Besonderheit, ihre Partikularität begründet. Wir können umgekehrt feststellen, daß ihre Geschichtlichkeit, ihre Bewegung mit der Zeit und in der Zeit ihre Offenheit einschließt. Die einzelnen Kulturen leben nicht nur ihre eigene Erfahrung von Gott, Welt und Mensch, sondern sie treffen auf ihrem Weg notwendig mit den anderen Kultursubjekten zusammen und müssen sich deren andersgearteten Erfahrungen stellen. So kommt es je nach Verschlossenheit oder Öffnung, je

---

48 Den Begriff des Adventlichen im vorchristlichen »Heidentum« hat besonders Th. Haecker mit Nachdruck in den Raum gestellt; vgl. Th. Haecker, Vergil. Vater des Abendlandes (Leipzig 1931; Neudruck München 1947).

nach der inneren Enge oder Weite eines Kultursubjekts zur Vertiefung und Reinigung der eigenen Erkenntnisse und Wertungen. Das kann zu einer tiefgehenden Umwandlung der bisherigen Kulturgestalt führen, die aber keineswegs Vergewaltigung oder Entfremdung sein muß. Im positiven Fall erklärt sie sich aus der potentiellen Universalität aller Kulturen, die sich in der Aufnahme des anderen und in der Veränderung des eigenen konkretisiert. Ein solcher Vorgang kann geradezu dazu führen, daß die stillen Entfremdungen des Menschen von der Wahrheit und von sich selbst aufgebrochen werden, die in einer Kultur liegen. Er kann das heilende Pascha einer Kultur sein, die im scheinbaren Sterben aufersteht und erst ganz sie selber wird.

Demnach sollten wir nun eigentlich nicht mehr von Inkulturation, sondern von Begegnung der Kulturen oder – wenn ein Fremdwort nötig sein sollte – von Interkulturalität sprechen. Denn Inkulturation setzt voraus, daß ein gleichsam kulturell nackter Glaube sich in eine religiös indifferente Kultur versetzt, wobei sich zwei bisher fremde Subjekte begegnen und nun eine Synthese miteinander eingehen. Aber diese Vorstellung ist zunächst einmal künstlich und irreal, weil es den kulturfreien Glauben nicht gibt und weil es die religionsfreie Kultur außerhalb der modernen technischen Zivilisation nicht gibt. Vor allem aber ist nicht zu sehen, wie zwei einander an sich völlig fremde Organismen in einer Transplantation, die zunächst beide verstümmelt, plötzlich ein lebensfähiges Ganzes werden sollten. Nur wenn die potentielle Universalität aller Kulturen und ihre innere Offenheit aufeinander hin gilt, kann Interkulturalität zu fruchtbaren neuen Gestalten führen.

Mit allem Bisherigen haben wir uns sozusagen im Phänomenologischen aufgehalten, das heißt wir haben registriert, wie Kulturen wirken und sich entwickeln, und wir haben dabei als wesentlichen Grundgedanken für eine Geschichte, die auf Vereinigungen abzielt, die potentielle Universalität aller Kulturen festgestellt. Aber nun steht die Frage auf: Warum ist das so? Warum sind alle Kulturen einerseits nur partikulär und daher alle voneinander verschieden; warum sind sie aber zugleich alle aufeinander offen, zu gegenseitiger Reinigung und Verschmelzung befähigt? Ich möchte hier nicht auf die positivistischen Antworten eingehen, die es natürlich auch gibt. Mir scheint, daß gerade hier der Verweis auf das Metaphysische gar nicht abzubiegen ist. Begegnung der Kulturen ist möglich, weil der Mensch in allen Verschiedenheiten seiner Geschichte und seiner Gemeinschaftsbildungen ein einziger ist, ein und dasselbe Wesen. Dieses eine Wesen Mensch wird aber in der Tiefe seiner Existenz von der Wahrheit selber berührt. Nur aus dem verborgenen Angerührtsein unserer Seelen von der Wahrheit erklärt sich die grundsätzliche Offenheit aller aufeinander und erklären sich die wesentlichen Übereinstimmungen, die es auch zwischen den entferntesten Kulturen gibt. Die Verschiedenheit aber, die bis zur Verschlossenheit führen kann, rührt zunächst einmal aus der Endlichkeit des menschlichen Geistes: Keiner faßt das Ganze, aber in vielfältigen Erkenntnissen und Gestalten formen sie sich zu einer Art Mosaik zusammen, das die Komplementarität aller aufeinander hin anzeigt: Um zum Ganzen zu kommen, bedürfen alle aller. Nur im Zueinander aller großen kulturellen Schöpfungen nähert sich der Mensch der Einheit und Ganzheit seines Wesens.

Freilich kann es bei dieser optimistischen Diagnose allein nicht bleiben. Denn die potentielle Universalität der Kulturen findet sich immer wieder vor schier unübersteiglichen Hindernissen, wenn sie in eine faktische Universalität übergehen soll. Es gibt nicht nur die Dynamik des Gemeinsamen, es gibt auch durchaus das Trennende, die Sperre gegeneinander, den ausschließenden Widerspruch, die Unmöglichkeit des Übergangs, weil die trennenden Wasser viel zu tief sind. Wir haben vorhin von der Einheit des menschlichen Wesens und von seinem verborgenen Berührtsein durch die Wahrheit, durch Gott gesprochen. Wir sind nun zur Feststellung geführt, daß es demgegenüber auch einen Negativ-Faktor in der menschlichen Existenz geben muß: eine Entfremdung, die Erkenntnis hindert und die Menschen wenigstens partiell von der Wahrheit und damit auch voneinander abschneidet. In diesem unleugbaren Faktor der Entfremdung liegt die Not allen Ringens um Begegnung der Kulturen. Daraus ergibt sich auch, daß unrecht hat, wer in den Religionen der Erde nur tadelnswerten Götzendienst sieht, daß aber auch unrecht hat, wer die Religionen nur positiv werten möchte und plötzlich die Religionskritik vergißt, die uns bis vor kurzem nicht nur von Feuerbach und Marx, sondern von so großen Theologen wie Karl Barth und Dietrich Bonhoeffer in die Seele gebrannt war.

Glaube und Kultur

Mit alledem sind wir nun beim zweiten Teil unserer Überlegungen angelangt. Wir hatten bisher das Wesen von Kultur und von da aus die Bedingungen kultureller Begegnung und Verschmelzung in neuen Kulturgestalten erörtert. Nun müssen wir uns aus dem Bereich des Grundsätzlichen in den der Tatsachen vorwagen. Vorher müssen wir aber noch einmal das wesentliche Ergebnis unserer Überlegungen zusammenfassen und fragen: Was kann Kulturen miteinander so verbinden, daß sie nicht äußerlich aneinander geheftet werden, sondern innere Befruchtung und Reinigung aus ihrem Begegnen wird? Das Medium, das sie beide zueinander bringt, kann nur die gemeinsame Wahrheit über den Menschen sein, bei der die Wahrheit über Gott und über die Wirklichkeit im Ganzen immer im Spiele ist. Je menschlicher eine Kultur ist, je höher sie steht, desto mehr wird sie auf Wahrheit ansprechen, die ihr bisher verschlossen geblieben war; desto mehr wird sie fähig sein, solche Wahrheit sich zu assimilieren und sich ihr zu assimilieren. An dieser Stelle wird nun das besondere Selbstverständnis des christlichen Glaubens sichtbar. Er weiß, wenn er wach und unbestechlich ist, sehr wohl darum, daß in seinen einzelnen kulturellen Ausprägungen viel Menschliches am Werk ist, vieles, das der Reinigung und der Öffnung bedarf. Aber er ist auch gewiß, daß er in seinem Kern das Sich-Zeigen der Wahrheit selbst und darum Erlösung ist. Denn das Wahrheitsdunkel ist die eigentliche Not des Menschen. Es verfälscht unser Tun und bringt uns gegeneinander auf, weil wir mit uns selbst im Unreinen, uns selbst entfremdet sind, abgeschnitten vom Grund unseres Wesens, von Gott. Wenn Wahrheit sich schenkt, bedeutet dies Herausführung aus den Entfremdungen und damit aus dem Trennenden; Aufleuchten des gemeinsamen Maßstabs, der keiner Kultur Gewalt antut, sondern jede zu ihrer eigenen Mitte führt, weil jede letztlich Erwartung von Wahrheit ist. Das bedeutet nicht Uniformierung, im Gegenteil: nun erst, wenn dies geschieht, kann Gegensatz zu Komplemen- tarität werden, weil alle, vom zentralen Maßstab geordnet, nun ihre je eigene Fruchtbarkeit entfalten können.

Das ist der hohe Anspruch, mit dem der christliche Glaube in die Welt getreten ist. Aus ihm folgt die innere Verpflichtung, alle Völker in die Schule Jesu zu schicken, weil er die Wahrheit in Person und damit der Weg des Menschseins ist. Wir wollen einstweilen nicht in den Streit um das Recht dieses Anspruchs eintreten, müssen aber darauf später selbstverständlich noch einmal zurückkommen. Zunächst fragen wir: Was folgt daraus für das konkrete Verhältnis des christlichen Glaubens zu den Kulturen der Welt?

Als erstes müssen wir feststellen: Der Glaube selbst ist Kultur. Es gibt ihn nicht nackt, als bloße Religion. Einfach indem er dem Menschen sagt, wer er ist und wie er das Menschsein anfangen soll, schafft Glaube Kultur, ist er Kultur. Dieses sein Wort ist nicht ein abstraktes Wort, es ist in einer langen Geschichte und in vielfältigen interkulturellen Verschmelzungen gereift, in denen es eine ganze Gestalt des Lebens, den Umgang des Menschen mit sich selbst, mit dem Nächsten, mit der Welt, mit Gott geformt hat. Der Glaube ist selbst Kultur. Das bedeutet dann auch, daß er ein eigenes Subjekt ist: eine Lebens- und Kulturgemeinschaft, die wir »Volk Gottes« nennen. In diesem Begriff kommt der geschichtliche Subjektcharakter des Glaubens wohl am deutlichsten zum Ausdruck. Steht nun deshalb der Glaube als *ein* Kultursubjekt unter anderen, so daß man wählen müßte, ob man ihm – diesem Volk als Kulturgemeinschaft – oder einem anderen Volk zugehören möchte? Nein. An dieser Stelle wird das ganz Besondere und Eigene der Kultur des Glaubens sichtbar. Von den klassischen Kultursubjekten, die stammlich, völkisch oder sonstwie durch die Grenzen eines gemeinsamen Lebensbereiches definiert sind, weicht das Subjekt Volk Gottes dadurch ab, daß es in verschiedenen Kultursubjekten besteht, die ihrerseits dabei nicht aufhören, auch für den einzelnen Christen erstes und unmittelbares Subjekt seiner Kultur zu sein. Auch als Christ bleibt man Franzose oder Deutscher, Amerikaner oder Inder usw. In der vorchristlichen Welt, auch in den Hochkulturen Indiens, Chinas, Japans gilt die Identität und Untrennbarkeit des Kultursubjekts. Doppelte Zugehörigkeit ist im allgemeinen unmöglich, wobei freilich der Buddhismus eine Ausnahme bildet, der sich mit anderen Kultursubjekten sozusagen als deren innere Dimension verbinden kann. Aber in aller Konsequenz tritt die Doppelung erst im Christlichen auf, so daß der Mensch nun in zwei Kultursubjekten lebt: in seinem historischen und in dem neuen des Glaubens, die sich in ihm begegnen und durchdringen. Dieses Miteinander wird nie eine ganz fertige Synthese sein; es schließt die Notwendigkeit fortwährender Versöhnungs- und Reinigungsarbeit ein. Immer wieder muß die Überschreitung ins Ganze, ins Universale eingeübt werden, das nicht empirisches Volk, sondern eben Volk Gottes und daher der Raum aller Menschen ist. Immer wieder muß umgekehrt dieses Gemeinsame ins Eigene hereingeholt und am konkreten Ort der Geschichte gelebt oder auch gelitten werden.

Aus dem Gesagten folgt etwas sehr Wichtiges. Man könnte meinen, daß die Kultur jeweils Sache des einzelnen Geschichtssubjektes (Deutschland, Frankreich, Amerika usw.) sei, während der Glaube erst auf der Suche nach kulturellem Ausdruck wäre. Die einzelnen Kulturen würden ihm sozusagen erst seinen kulturellen Körper zuteilen. Der Glaube müßte dann immer nur von Leihkulturen leben, die ihm aber auch irgendwie alle äußerlich blieben und wieder abgestreift werden könnten. Vor allem würde die eine Leihform von Kultur den anderen nichts angehen, der in einer anderen lebt. Die Universalität müßte dabei letztlich fiktiv werden. Solches Denken ist im Grunde manichäisch: Es erniedrigt die Kultur zu bloßem, austauschbarem Körper; es verflüchtigt den Glauben in bloßen und letztlich wirklichkeitslosen Geist. Freilich ist eine solche Auffassung typisch für die nachaufklärerische Geisteshaltung. Kultur wird ins bloß Formale, Religion ins Ausdruckslose des bloßen Gefühls oder des reinen Gedankens verwiesen. So entfällt die fruchtbare Spannung, die durch die Koexistenz zweier Subjekte an sich entstehen müßte. Wenn Kultur mehr ist als bloße Form oder bloße Ästhetik, wenn sie vielmehr Ordnung von Werten in einer geschichtlichen Lebensgestalt ist und von der Frage nach dem Göttlichen gar nicht absehen kann, dann ist nicht daran vorbeizukommen, daß Kirche für den Gläubigen ein eigenes Kultursubjekt ist. Dieses Kultursubjekt Kirche, Volk Gottes, fällt auch in Zeiten scheinbar völliger Verchristlichung einzelner Völker, wie man sie in Europa gegeben glaubte, mit keinem dieser historischen Einzelsubjekte zusammen, sondern behält seine eigene übergreifende Gestalt und ist gerade dadurch bedeutsam.

Wenn es so steht, dann kann es in der Begegnung zwischen dem Glauben und seiner Kultur mit einer ihm bisher fremden Kultur nicht darum gehen, diese Zweiheit der Kultursubjekte nach der einen oder nach der anderen Seite hin aufzulösen. Sowohl die Preisgabe des eigenen kulturellen Erbes zugunsten eines Christentums ohne konkrete menschliche Färbung wie das Verschwinden der eigenen kulturellen Physiognomie des Glaubens in der neuen Kultur wäre verfehlt. Gerade die Spannung ist fruchtbar, erneuert den Glauben und heilt die Kultur. Demgemäß wäre es auch unsinnig, ein sozusagen vorkulturelles oder dekulturiertes Christentum anzubieten, das seiner eigenen geschichtlichen Kraft beraubt und zu einer leeren Sammlung von Ideen degradiert würde. Wir dürfen nicht vergessen, daß das Christentum bereits im Neuen Testament die Frucht einer ganzen Kulturgeschichte in sich trägt, eine Geschichte des Annehmens und Abstoßens, des Begegnens und des Veränderns. Die Glaubensgeschichte Israels, die in ihm aufgehoben ist, hat im Ringen mit der ägyptischen, der hethitischen, der sumerischen, der babylonischen, der persischen, der griechischen Kultur ihre Form gefunden. All diese Kulturen waren zugleich Religionen, umfassende geschichtliche Lebensformen, die im Ringen Gottes mit Israel, im Ringen seiner großen prophetischen Gestalten leidvoll aufgenommen und verwandelt wurden, um ein immer reineres Gefäß für das Neue der Offenbarung des einen Gottes bereitzustellen, aber gerade so fanden auch jene Kulturen zu ihrer bleibenden Erfüllung. Sie wären inzwischen alle in ferne Vergangenheit versunken, wenn sie nicht im Glauben der Bibel gereinigt und erhöht Gegenwart geblieben wären. Gewiß, die Glaubensgeschichte Israels beginnt mit dem Ruf an Abraham: »Zieh weg aus deinem Land, von deiner Verwandtschaft und aus deinem Vaterhaus« (Gen 12,1); sie beginnt mit einem Kulturbruch. Ein solcher Bruch mit der eigenen Vorgeschichte, ein solches Ausziehen wird immer am Beginn einer neuen Stunde der Glaubensgeschichte stehen. Aber dieser neue Anfang erweist sich dann als eine Kraft der Heilung, die eine neue Mitte schafft und alles wahrhaft Menschengemäße, wahrhaft Gottgemäße an sich zu ziehen vermag. »Wenn ich erhöht sein werde von der Erde, werde ich alle an mich ziehen« (Joh 12,31) – dieses Wort des erhöhten Herrn gehört auch in unseren Zusammenhang herein: Das Kreuz ist zuerst Bruch, Ausgestoßenwerden, von der Erde weg Erhöhtsein, aber gerade so wird es zum neuen, nach oben ziehenden Gravitationspunkt der Weltgeschichte, zur Sammlung des Getrennten.

Wer in die Kirche eintritt, muß sich bewußt sein, daß er in ein eigenes Kultursubjekt mit einer eigenen historisch gewachsenen und vielfältig geschichteten Interkulturalität eintritt. Ohne einen gewissen Exodus, einen Umbruch des Lebens in all seinen Bezügen kann man nicht Christ werden. Der Glaube ist ja nicht ein Privatweg zu Gott; er führt in das Volk Gottes und in seine Geschichte hinein. Gott hat sich selbst an eine Geschichte gebunden, die nun auch die seinige ist und die wir nicht abstreifen können. Christus bleibt Mensch in Ewigkeit, behält Leib in Ewigkeit; Menschsein und Leibsein schließen aber Geschichte und Kultur ein, diese ganz bestimmte Geschichte mit ihrer Kultur, ob es uns gefällt oder nicht. Wir können nicht den Vorgang der Inkarnation beliebig in dem Sinn wiederholen, daß wir sozusagen immer wieder Christus sein Fleisch wegnehmen und ihm ein anderes statt dessen anbieten. Christus bleibt er selbst, auch seinem Leibe nach. Aber er zieht uns an sich. Das bedeutet: Weil das Volk Gottes kein einzelnes Kulturgebilde ist, sondern aus allen Völkern versammelt wird, daher hat auch die erste Identität, auferstehend aus dem Bruch, in ihm Platz und nicht nur das, sie ist notwendig, um die Menschwerdung Christi, des Logos, zu ihrer ganzen Fülle kommen zu lassen. Die Spannung der vielen Subjekte in dem einen Subjekt gehört wesentlich zum unabgeschlossenen Drama der Menschwerdung des Sohnes. Sie ist die eigentliche innere Dynamik der Geschichte und steht freilich auch immer unter dem Zeichen des Kreuzes, das heißt sie hat immer auch mit dem entgegengesetzten Schwergewicht der Abschließung und der Verweigerung zu kämpfen.

Glaube, Religion und Kultur in der technischen Welt

Das alles trifft dann zu, wenn Jesus von Nazareth wirklich der menschgewordene Sinn der Geschichte, der Logos, das Sichzeigen der Wahrheit selber ist. Dann ist klar, daß diese Wahrheit der offene Raum ist, in dem alle zueinander finden können und nichts seinen eigenen Wert und seine eigene Würde verliert. An dieser Stelle setzt heute Kritik ein. Für die konkreten Glaubensaussagen einer Religion den Anspruch der Wahrheit zu erheben, erscheint heute nicht nur als Anmaßung, sondern als Zeichen mangelnder Aufklärung. Hans Kelsen hat den Geist unserer Epoche ausgedrückt, wenn er den großen sittlichen und religiösen Problemen der Menschheit gegenüber für die Gestaltung der staatlichen Gemeinschaft die Pilatusfrage »Was ist Wahrheit?« als einzig angemessene Haltung darstellt. Die Wahrheit ist durch den Mehrheitsentscheid ersetzt, so sagt er, eben weil es Wahrheit als gemeinsam verbindlich zugängliche Größe für den Menschen nicht geben könne.[49] So wird die Vielheit der Kulturen zum Nachweis der Relativität aller. Kultur wird der Wahrheit entgegengestellt. Dieser Relativismus, der heute als Grundgefühl des aufgeklärten Menschen bis weit in die Theologie hineinreicht, ist das tiefste Problem unserer Zeit. Er ist auch der Grund dafür, daß nun Wahrheit durch Praxis ersetzt und damit die Achse der Religionen verschoben wird: Was wahr ist, wissen wir nicht, aber was wir machen müssen, wissen wir: eine bessere Gesellschaft heraufführen, das »Reich«, wie man mit einem der Bibel entnommenen und ins Profan-Utopische gewendeten Wort gerne sagt. Ekklesiozentrik, Christozentrik, Theozentrik – sie scheinen nun alle überholt durch die Regno-Zentrik, die Zentrierung auf das Reich als gemeinsame Aufgabe der Religionen, und nur unter diesem Gesichtspunkt und nach diesem Maßstab sollten sie sich begegnen.[50] So besteht nun kein Grund mehr, sie in ihrem Kern, in ihrer sittlichen und religiösen Weisung aufeinander zuzubewegen; wohl aber werden sie alle in ihrem tiefsten Wesen umgeformt, sofern sie als Instrumente einer Zukunftsgestaltung dienen sollen, die ihnen bisher als Aufgabe fremd war und die ihre Inhalte letztlich gegenstandslos werden läßt.

Das Relativismusdogma wirkt aber auch noch in eine andere Richtung: Der in der Mission konkret vollzogene christliche Universalismus ist nicht mehr pflichtgemäße Weitergabe eines Gutes, das für alle bestimmt ist, der Wahrheit und der Liebe nämlich; die Mission wird unter

---

49 Vgl. V. Possenti, Le società liberali al bivio. Lineamenti di filosofia della società (Marietti, 1991) 315–345, bes. 345f; W. Waldstein, Teoria generale del diritto (Pont. Univ. Lat., Roma 2001).
50 Vgl. die Hinweise bei J. Dupuis, The Kingdom of God and World Religions, in: Vidyajyoti, Journal of theological reflection 51 (1987) 530–544; ders., Verso una teologia cristiana del pluralismo religioso (Brescia 1997).

dieser Voraussetzung zur blanken Anmaßung einer sich überlegen dünkenden Kultur, die schändlicherweise eine Vielzahl religiöser Kulturen zertreten und so den Völkern ihr Bestes, ihr Eigenes genommen hätte. Von da kommt der Imperativ: Gebt uns unsere Religionen wieder als die rechtmäßigen Wege, wie die einzelnen Völker zu ihrem Gott und Gott zu ihnen kommt; tastet die Religionen nicht an, wo sie noch bestehen! Ist diese Forderung angemessen? An ihr muß sich jedenfalls Sinn oder Unsinn des Relativismus-Dogmas im Bereich der Kulturen und Religionen erweisen.[51]

Zumindest müßte man bei solchen Forderungen sorgsam auf die einzelnen Religionen hinsehen, ob denn wirklich ihre Wiederherstellung wünschenswert sei. Wenn wir zum Beispiel daran denken, daß bei

---

[51] Von großer Bedeutung für diese Fragen ist der Beitrag von Chr. Gnilka, La conversione della cultura antica vista dai Padri della chiesa, in: Cristianesimo nella storia 11 (1990) 593–615, der die großen Einsichten der Väter zur Frage der Inkulturation im Ringen mit dem spätantiken Relativismus herausstellt. Hier wird sichtbar, daß der heutige Relativismus nur eine Rückkehr zur spätantiken Theorie der Religion darstellt. Sie spiegelt sich z. B. im Dialog *Octavius* des Minucius Felix (um 200), wo der heidnische Partner sagt, in der menschlichen Existenz sei alles unsicher, eher wahr-scheinlich als wahr und deshalb müsse man sich an die alten religiösen Traditionen halten. Die Christen werden ironisch als »Vorsteher der Wahrheit« (antistites veritatis) bezeichnet. Die klassische Formulierung dieses auf dem Wahrheitsdunkel gründenden Pluralismus der Religionen findet sich in der berühmten Denkschrift des Symmachus († 402): »uno itinere non potest perveniri ad tam grande secretum (man kann nicht auf nur einem Weg zu einem so großen Geheimnis gelangen)«. Julian der Apostat geht von der gleichen Philosophie aus und betont, daß man die Verschiedenheit der nationalen Kulturen und Lebensstile und demnach die Vielheit der Gottheiten und der Religionen achten müsse. Sein Hauptvorwurf gegen das Christentum und sein einziger Einwand gegen das Judentum liegt in seinem Nein zum ersten Gebot: Im Monotheismus, in der Absage an die Götter sieht er die Erbsünde der christlichen und jüdischen Religion. Die Christen stellen dieser Theorie von den vielen Wegen die Lehre von den zwei Wegen (Mt 7,13) entgegen: dem Weg zum Heil und dem Weg zum Verderben; die vielen Wege der heidnischen Religionen sind in Wirklichkeit nur *ein* Weg – die breite Straße, von der das Evangelium spricht. Gnilka zeigt dann, wie die Väter sehr bewußt von der Bekehrung der Kulturen sprechen; Bekehrung, so sagen sie, ist Umformung (Verwandlung), nicht Zerstörung. Sie schließt als Verwandlung immer auch Bewahrung mit ein – ein Gedanke, der dann auch konkret für den Umgang mit Tempeln und Götterbildern wie für Erneuerung und Kontinuität der Sprache und des Denkens ausgearbeitet wird. Ausführlicher und umfassender hat Chr. Gnilka die ganze Problematik dargestellt in seinem Buch Chrêsis. Die Methode der Kirchenväter im Umgang mit der antiken Kultur, Bd. 2. Kultur und Conversion (Basel 1993).

der Weihe des letzten Umbaus des Haupttempels der Azteken im Jahre 1487 »nach den geringsten Schätzungen in vier Tagen 20.000 Menschen auf den Altären Tenochtitlans« (der Hauptstadt der Azteken im Hochtal von Mexiko) als Menschenopfer für den Sonnengott verbluteten, so wird es schwerfallen, die Wiederherstellung dieser Religion zu fordern.[52] Solche Opferung geschah, weil die Sonne vom Blut menschlicher Herzen lebte und nur durch Menschenopfer der Untergang der Welt aufgehalten werden konnte. So waren denn auch die Kriege, in denen man die Gefangenen gewann, die als Opfer dienten, göttliches Gebot. Den Erd- und Vegetationsgöttern brachten die Azteken »Männer und Frauen dar, denen meist die Haut abgezogen wurde«; den zwerghaft gedachten Regengöttern opferte man kleine Kinder, die man in Quellen, Wasserlöchern und bestimmten Stellen des Sees von Tetzcoco ertränkte. Es gab Rituale, zu denen das Menschenschinden gehörte. All dies rührte, wie W. Krickeberg feststellt, nicht aus einem angeborenen »Hang zur Grausamkeit«, sondern aus dem fanatischen Glauben an die Pflicht der Menschen, auf diese Weise für den Fortbestand der Welt zu sorgen.[53] Dies ist gewiß ein extremes Beispiel, aber es zeigt immerhin, daß man nicht ohne weiteres in allen Religionen Wege Gottes zu den Menschen und des Menschen zu Gott sehen kann.

Wir müssen aber die Frage grundsätzlicher anfassen. Kann man die Religionen überhaupt einfach so stehen lassen, sozusagen bei ihnen die Geschichte anhalten? Offenkundig ist, daß man nicht Menschen zu einer Art von religions- und kulturgeschichtlichem Naturschutzpark erklären kann, in den die Neuzeit nicht eindringen dürfe. Solche Versuche sind nicht nur unwürdig und im letzten menschenverachtend, sie sind auch völlig unrealistisch. Die Begegnung der Kulturen und das allmähliche Zusammenwachsen der einzelnen Geschichtsräume zu einer einzigen gemeinsamen Menschheitsgeschichte liegt im Wesen des Menschen selbst begründet. Man kann auch nicht selber die Möglichkeiten der technischen Zivilisation ausnutzen und zugleich den anderen seinen eigenen romantischen Traum von der vortechnischen Welt

---

52 Vgl. W. Krickeberg – H. Trimborn – W. Müller – O. Zerries, Die Religionen des alten Amerika (Stuttgart 1961) 49.
53 A. a. O. 50f.

aufdrängen. In der Tat ist ja heute wohl unbestritten, daß die Ausbreitung der Zivilisation der Neuzeit nicht nur faktisch unaufhaltsam ist, sondern daß es eine Frage der Gerechtigkeit bedeutet, den von ihr nicht berührten Kulturen deren Instrumente anzubieten. Daß man dabei behutsamer verfahren und mehr Achtung vor den eigenen Überlieferungen dieser Menschen zeigen muß, als es bisher geschah, steht auf einem anderen Blatt. Nicht die Ausweitung der technischen Möglichkeiten als solche ist schlecht, wohl aber die aufklärerische Anmaßung, mit der man vielfach dabei gewachsene Strukturen zertreten hat und auf den Seelen der Menschen herumgetrampelt ist, deren religiöse und ethische Überlieferungen achtlos beiseite geschoben wurden. Die seelische Entwurzelung und die Zerstörungen des Gemeinschaftsgefüges, die dabei geschehen sind, sind sicher ein Hauptgrund, warum Entwicklungshilfe bisher nur in den seltensten Fällen zu positiven Ergebnissen geführt hat. Man glaubte, es genüge, technisches Können zu entwikkeln; daß der Mensch auch Überlieferung, von innen tragende Werte braucht, wurde und wird weithin ausgeklammert.

Aber nun könnte man fragen: Soll man also nicht doch so vorgehen, daß man die Technik behutsam weitergibt, aber die Religionen stehen läßt? Dieser auf den ersten Blick so einleuchtende Gedanke führt dennoch in die Irre. Denn man kann nicht in ganz anderen Situationen gewachsene Religionen als solche konservieren, in die Statik einer Art von religiösem Naturschutz einschließen, und gleichzeitig das technische Weltbild daraufsetzen. Die technische Zivilisation ist ja nicht einfach religiös und moralisch neutral, auch wenn sie glaubt, es zu sein. Sie verändert die Maßstäbe und die Verhaltensweisen. Sie ändert die Interpretation der Welt von ihrem Grunde her. Der religiöse Kosmos kommt durch sie unweigerlich in Bewegung. Das Ankommen dieser neuen Möglichkeiten der Existenz ist wie ein Erdbeben, das die geistige Landschaft in ihren Grundfesten erschüttert. Allerdings gibt es in zunehmendem Maß den Vorgang, daß der christliche Glaube als europäisches Kulturerbe der eigenen Authentizität willen abgeschüttelt und religiös die heidnischen Religionen wiederhergestellt werden, während man gleichzeitig die Technik, obgleich nicht weniger westlich, leidenschaftlich aufnimmt und ausnutzt. Diese Teilung des westlichen Erbes in das Nützliche, das man akzeptiert, und in das Fremde, das man fallen läßt, führt allerdings gerade nicht zur Rettung der alten Kulturen. Denn nun zeigt sich, daß das Große, Vorwärtsweisende, ich möchte sagen: die adventliche Dimension der alten Religionen dabei zu Fall kommt, weil sie mit den neuen Erkenntnissen über Welt und Mensch unvereinbar scheint und ihr Interesse verliert, während das Magische im weitesten Sinn des Wortes, alles, was Macht über die Welt verspricht, erhalten bleibt und erst vollends lebensbestimmend wird. Die Religionen verlieren so ihre Würde, weil das Beste von ihnen abgeschnitten wird und das, was ihre Gefährdung war, als einziges übrigbleibt. Das ließe sich sehr gut am Beispiel des Vodun zeigen. In seiner originären Form ist er letztlich von einem Vorgriff auf das Pascha-Mysterium, auf Tod und Auferstehung geprägt; die Frage der Initiation ins Menschsein, der Hochzeit der Geschlechter, der Sündenvergebung – all die großen sakramentalen Grundfiguren bestimmen ihn in seinem Wesensgefüge.[54] Aber diese mythologische Form bedarf einer neuen rationalen Vermittlung, einer neuen Mitte, die Vodun selber sich nicht geben kann. In seiner geschichtlichen Stunde streckte es sich aus nach dem noch Unbekannten hin. Wo aber einfach Technik und Vodun aufeinandergesetzt werden, zerbricht diese nach vorwärts weisende Gebärde und übrig bleiben die magischen Potentiale, die sich nun als eine arationale Nebenwelt neben die technische und ihre einseitige Rationalität stellen. Immer mehr Europäer, denen der christliche Glaube zerbricht, nehmen diese irrationalen Kräfte auf, und so erst geschieht wirkliche Paganisierung: ein Abgeschnittenwerden des Menschen von Gott; der Mensch sucht nur noch nach verschiedenen Machtsystemen und zerstört dabei sich selbst und die Welt. Dies aber ist genau die falsche Art von Begegnung der Kulturen, im Grund eine Nicht-Begegnung, in der Rationalismus und Irrationalismus sich auf eine fatale Weise miteinander verbinden. Die Religionen können in der geschichtlich bewegten Welt gar nicht einfach stehen bleiben, wie sie waren oder sind. Aber der christliche Glaube, der das ganze große Erbe der Religionen in sich trägt und es zugleich auf den Logos, auf die wahre Vernunft hin öffnet,

---

54 Vgl. dazu B. Adoukonou, Jalons pour une théologie africaine. Essai d'une herméneutique chrétienne du Vodun dahoméen. 2 Bände (Paris–Namur 1980); Y. K. Bamunoba – B. Adoukonou, La mort dans la vie africaine (Unesco Paris 1979).

könnte ihrem tiefsten Wesen neuen Bestand geben und zugleich die wahre Synthese von technischer Rationalität und Religion ermöglichen, die nicht durch die Flucht ins Irrationale, sondern nur durch die Öffnung der Vernunft zu ihrer wahren Höhe und Weite geschehen kann. An dieser Stelle liegen die großen Aufgaben des gegenwärtigen geschichtlichen Augenblicks. Zweifellos muß christliche Mission die Religionen in einer viel tieferen Weise verstehen und aufnehmen als bisher geschehen, aber umgekehrt bedürfen die Religionen, um in ihrem Besten weiterzuleben, der Anerkennung ihres eigenen adventlichen Charakters, der sie nach vorne, auf Christus verweist. Wenn wir in diesem Sinn auf eine interkulturelle Spurensuche nach der einen gemeinsamen Wahrheit gehen, dann wird sich Unerwartetes zeigen: Die Gemeinsamkeiten des Christentums mit den alten Kulturen der Menschheit sind größer als die Gemeinsamkeiten mit der relativistisch-rationalistischen Welt, die sich aus den tragenden Grunderkenntnissen der Menschheit gelöst hat und so den Menschen in ein Sinnvakuum verweist, das tödlich zu werden droht, wenn ihm nicht rechtzeitig Antwort wird. Denn quer durch die Kulturen geht das Wissen um die Verwiesenheit des Menschen auf Gott und auf das Ewige; das Wissen um Sünde, Buße und Vergebung; das Wissen um Gottesgemeinschaft und ewiges Leben und schließlich das Wissen um die sittlichen Grundordnungen, wie sie im Dekalog Gestalt gefunden haben. Nicht der Relativismus wird bestätigt, sondern die Einheit des Menschseins und sein gemeinsames Angerührtsein von einer Wahrheit, die größer ist als wir.

VARIATIONEN ZUM THEMA
GLAUBE, RELIGION UND KULTUR

Inklusivismus und Pluralismus

Nach diesen Überlegungen über das Verhältnis von Religion, Glaube, Kultur kann die Typologie der Lösungen des Religionsproblems neu aufgegriffen werden, die uns bereits in den drei Begriffen Exklusivismus, Inklusivismus und Pluralismus begegnet war. Der Exklusivismus in dem Sinn, daß allen Nichtchristen das Heil abgesprochen würde, wird heute wohl von niemandem vertreten – das war übrigens auch nicht die Ansicht von Karl Barth. Daß sein »Exklusivismus« sich auf das Phänomen »Religion« überhaupt und gar nicht spezifisch auf »die Religionen« bezog und insofern auch die Heilsfrage für die Nichtchristen gar nicht direkt tangierte, hatte ich ja schon anzudeuten versucht. Insofern gehört seine Position letztlich einer anderen Fragestellung zu, die heute wohl zu sehr vergessen ist. Für die Frage nach dem Verhältnis des christlichen Glaubens zu den Religionen der Welt bleiben so im wesentlichen die zwei Positionen Inklusivismus und Pluralismus stehen. Es ist inzwischen gängig geworden, auch den »Inklusivismus« als eine Art von christlichem Imperialismus, als eine Anmaßung den Religionen gegenüber abzulehnen: Es gehe nicht an, die Religionen auf Christus hin finalisiert zu sehen und sie so letztlich christlich zu vereinnahmen. Nun, Karl Rahner hatte gesagt – wir hörten es –, daß wir als Christen auf diese »Anmaßung nicht verzichten können«. Wer sie uns nehmen will, bestreitet den Christen das Recht auf ihren Glauben und auf den Glauben daran, daß alles auf Christus hin geschaffen ist und daß er als der »Sohn«, als der wirkliche, ins Fleisch herabgestiegene Gott, der Erbe des Alls sei – dies einfach deswegen, weil er als Gottes schöpferisches Wort die Wahrheit aller Dinge und Menschen ist. Durch die Wahrheit aber wird niemand vergewaltigt. Wenn man diesen Gedanken weiter vertieft, kann wohl auch der Begriff der »Anmaßung« von innen her aufgelöst werden. Wir hatten von der potentiellen Universalität der Kulturen gesprochen: Die Kulturen der

Menschheit, die mit ihren Religionen jeweils ein Ganzes bilden, sind gar nicht beziehungslos nebeneinander oder gegeneinander stehende Blöcke. In ihnen allen ist das eine Wesen Mensch wirksam, in dem es unterschiedliche geschichtliche Erfahrungen und Wege, unterschiedliche Verirrungen und Gefahren gibt; aber überall ist es letztlich der Mensch, der sich darin ausdrückt. Weil in allen Menschen das eine Wesen Mensch wirksam ist, sind sie alle fähig, ja, gerufen, miteinander in Kommunion zu treten. Keine wahre Kultur ist letztlich impenetrabel für die andere, alle sind zur Berührung miteinander fähig und einander zugeordnet. Daher hat es – wir sprachen davon – in der Geschichte immer den interkulturellen Austausch, die Verschmelzung der Kulturen gegeben. »Inklusivismus« gehört zum Wesen der Kultur- und Religionsgeschichte der Menschheit, die nun gerade nicht in der Form eines strengen Pluralismus gebaut ist. Der Pluralismus in seiner radikalen Form leugnet letztlich die Einheit der Menschheit und leugnet die Dynamik der Geschichte, die ein Prozeß der Vereinigungen ist.

Bis hierher bewegen wir uns noch im rein phänomenologischen Bereich; der Glaube ist für diese Aussagen nicht in Anspruch genommen. Er tritt erst mit der Aussage in Erscheinung, daß in diesem Prozeß der Vereinigungen die in Christus ergangene Offenbarung deren eigentlicher Bezugspunkt ist, eben deswegen, weil der Glaube an diese Offenbarung nicht aus einer einzelnen Kultur, sondern durch einen Eingriff von oben zustande kommt und daher nichts einfach »absorbiert«. In einer vielfältigen Symphonie läßt er allen großen spirituellen Menschheitserfahrungen Raum: Eben dies sieht der Christ in der Geschichte vom Pfingstwunder vorgebildet, bei dem nicht wie in Babylon (Typus der Kultur des Machens und der Macht) eine Einheitssprache (Einheitszivilisation) allen anderen vorgeschrieben wird, sondern Einheit in der Vielheit geschieht. Die vielen Sprachen (Kulturen) verstehen sich im einen Geist. Sie werden nicht aufgehoben, sondern in einer Symphonie zueinander geführt. Phänomenologisch betrachtet ist es als das Neue und Besondere des Christentums anzusehen, daß es sich nicht einfach in der Religionsgeschichte, als »absolute Religion« unter den »relativen Religionen« angesiedelt hat – obgleich man eine solche Begriffsbildung auch recht verstehen könnte. Der christliche Glaube hat seine Vorgeschichte in den ersten Jahrhunderten mehr in der Aufklärung, also in der Bewegung der Vernunft gegen eine zum Ritualismus tendierende Religion gesucht. Die Vätertexte von den »Samen des Wortes« (und ähnliche Gedankenfiguren), die man heute als Belege für den Heilscharakter der Religionen anführt, beziehen sich im Original gerade nicht auf die Religionen, sondern auf die Philosophie, auf eine »fromme« Aufklärung, für die Sokrates steht, der gleichzeitig Gottsucher und Aufklärer war. Wir werden auf all das noch ausführlicher zu sprechen kommen. In diesem »aufklärerischen« religionskritischen Zug der frühen christlichen Verkündigung liegt auch der Grund dafür, daß man es von staatlicher Seite her als Atheismus, als Absage an die pietas und die den Staat erhaltenden Rituale eingestuft hat. Freilich darf man hier keiner Einseitigkeit verfallen. Obwohl das Christentum, wie gesagt, seine innere Vorgeschichte in der Aufklärung und nicht in den Religionen sah, hat es doch an das religiöse Suchen der Menschen angeknüpft, hat in der Gestaltung von Gebet und Kult auf das Erbe der Religionen zurückgegriffen. Seine innere Vorgeschichte – das Alte Testament – besteht demgemäß in einer immerwährenden Auseinandersetzung zwischen dem Aufgehen in den religiösen Formen der Völker und der prophetischen Aufklärung, die die Götter beiseite schiebt, um das Gesicht Gottes zu finden. So gibt es eine ganz eigentümliche Stellung des Christentums in der geistigen Geschichte der Menschheit. Wir könnten sagen, sie besteht darin, daß der christliche Glaube Aufklärung und Religion nicht getrennt, nicht gegeneinander gesetzt, sondern als ein Gefüge zusammengebunden hat, in dem immer wieder beide sich gegenseitig reinigen und vertiefen müssen. Dieser Wille zur Rationalität, der doch auch stets die Vernunft aufbricht zu einer Selbstüberschreitung, der sie sich gern verweigern möchte, gehört zum Wesen des Christentums. Wir könnten auch sagen: Der christliche Glaube, der aus dem Glauben Abrahams gewachsen ist, dringt unerbittlich auf die Wahrheitsfrage und so auf das, was auf jeden Fall alle Menschen angeht und sie miteinander verbindet. Denn Pilger der Wahrheit müssen wir alle sein.[55]

Der bloße Pluralismus der Religionen als für immer nebeneinander

---

55 Wichtig zu dieser Frage bes. M. Fiedrowicz, Apologie im frühen Christentum. Die Kontroverse um den christlichen Wahrheitsanspruch in den ersten Jahrhunderten (Paderborn ²2001) bes. 227–315.

stehender Blöcke kann in der heutigen Geschichtsstunde das letzte Wort nicht sein. Vielleicht müssen wir das Wort »Inklusivismus«, das übrigens in der religionsgeschichtlichen Forschung bis vor kurzem in einem anderen Sinn verwendet wurde, durch bessere Begriffe ersetzen. Gewiß, nicht Absorption der Religionen durch eine einzelne ist angesagt, aber Begegnung in einer Einheit, die Pluralismus in Pluralität wandelt, ist notwendig. Sie wird heute auch durchaus gesucht. Wenn ich recht sehe, gibt es gegenwärtig drei Modelle dafür: Der spirituelle Monismus Indiens – die Identitätsmystik, wie Radhakrishnan sie zuerst klassisch formuliert hatte – sieht sich als den übergreifenden Weg an: Er kann allen anderen Religionen Raum bieten, sie in ihrer symbolischen Bedeutung stehen lassen, so scheint es, und überschreitet sie zugleich in eine letzte Tiefe hinein. Er »relativiert« alles andere und läßt es zugleich in seiner Relativität stehen; das Absolute, mit dem er sie umgreift, liegt außerhalb jeder Benennbarkeit, ist strikt »nicht-kategorial«. Es darf daher ebensogut Sein wie Nichtsein, Wort wie Nichtwort heißen. Es ist offenkundig, daß diese Lösung heute eine breite Anhängerschaft findet, zumal sie den Relativismus auf ihre Weise bestätigt, der in gewisser Hinsicht geradezu die Religion des modernen Menschen geworden ist.

Daneben steht die christliche Weise der Universalität, die als das Letzte nicht das schlechthin Unnennbare ansieht, sondern jene geheimnisvolle Einheit, die die Liebe schafft und sich jenseits aller unserer Kategorien in der Dreieinheit Gottes darstellt, welche ihrerseits das höchste Bild der Versöhnung von Einheit und Vielfalt bedeutet. Das letzte Wort des Seins ist nicht mehr das absolut Unnennbare, sondern die Liebe, die sich dann konkret in dem Gott versichtbart, der selbst Geschöpf wird und so das Geschöpf dem Schöpfer eint. Diese Form erscheint in vieler Hinsicht komplizierter als die »asiatische«. Aber ist es nicht doch so, daß wir im Grund alle begreifen, daß Liebe das höchste Wort, das wahrhaft letzte Wort alles Wirklichen ist? Alle bisherigen Überlegungen und alle folgenden dienen dazu, dieses christliche »Modell« weiter als wahre Kraft der Vereinigung, als die innere Finalität der Geschichte zu verdeutlichen.

Endlich steht der Islam im Raum mit der These, daß er die »letzte« Religion ist, die über Judentum und Christentum hinausführt in die wahre Einfachheit des einzigen Gottes, während das Christentum mit dem Glauben an die Gottheit Christi und die Dreieinigkeit Gottes in heidnische Irrtümer zurückgefallen sei. Der Islam komme ohne Kult und Geheimnis aus als die universale Religion, in der die religiöse Entwicklung der Menschheit an ihr Ziel gekommen sei. Zweifellos verdient die Frage, die der Islam an uns stellt, eine eingehende Auseinandersetzung. Sie liegt aber nicht in der Absicht dieses Buches, das sich auf die – meiner Meinung nach – grundlegendere Alternative zwischen Identitätsmystik und Mystik der personalen Liebe beschränkt.

Das Christentum – eine europäische Religion?

In den Auseinandersetzungen um die Geschichte der christlichen Mission ist es heute gängig geworden zu sagen, mit der Mission habe Europa (der Westen) der Welt seine Religion aufzudrängen versucht: Es habe sich um religiösen Kolonialismus als Teil des Kolonialsystems überhaupt gehandelt. Der Verzicht auf den Eurozentrismus müsse also auch den Verzicht auf die Mission beinhalten. An dieser These ist zunächst historisch einiges zu kritisieren. Das Christentum ist – wie man weiß – nicht in Europa entstanden, sondern im vorderen Asien, an dem geographischen Punkt, an dem sich die drei Kontinente Asien, Afrika und Europa berühren. Dies war nie nur eine geographische Berührung, sondern eine Berührung der geistigen Ströme der drei Kontinente. Insofern gehört »Interkulturalität« zur Ursprungsgestalt des Christlichen. Auch die Mission hat sich in den ersten Jahrhunderten ebenso nach Osten wie nach Westen erstreckt. Der Brennpunkt des Christentums lag in Kleinasien, dem Vorderen Orient, aber früh drang das Christentum auch nach Indien vor; die nestorianische Mission reichte bis nach China, und zahlenmäßig kam das asiatische Christentum dem europäischen mehr oder weniger gleich. Erst die Ausbreitung des Islam hat das Christentum im Vorderen Orient seiner vitalen Kraft weithin beraubt und zugleich die christlichen Gemeinden in Indien und Asien von den Zentren in Syrien, Palästina, Kleinasien abgeschnitten und so weithin zum Verschwinden gebracht.

Gut, kann man sagen, aber von da an ist eben das Christentum doch europäisch geworden. Die Antwort lautet Ja und Nein zugleich. Denn das Erbe des Ursprungs, das nicht in Europa gewachsen war, blieb als die Lebenswurzel des Ganzen und blieb so auch immer Krise und Kritik des bloß Eigenen, Europäischen. Und wiederum – das »Europäische« ist ja nicht eine monolithische Masse. Es ist temporal und kulturell äußerst vielschichtig. Da steht zunächst der Prozeß der »Inkulturierung« in die griechische und in die römische Welt, dem die »Inkulturierung« in die verschiedenen Ausprägungen des Germanischen, des Slawischen und der neuen lateinischen Völker folgt. Alle diese Kulturen haben vom Altertum über das Mittelalter zur Neuzeit und zur Moderne hin weite Wegstrecken durchschritten, in denen das Christentum sozusagen immer neu geboren werden mußte und nie einfach aus dem Eigenen da war. Es tut gut, sich das an einigen Beispielen vor Augen zu führen. Für die Griechen war das Christentum, wie Paulus sagt, »Torheit«, das heißt Barbarei gegenüber der eigenen Kulturhöhe. Der griechische Geist hat dem christlichen Glauben wesentliche Formen des Denkens und Redens geliefert, aber nicht ohne große Widerstände: Das christliche Verstehen mußte dem griechischen Geist in schweren Auseinandersetzungen abgerungen werden, die das griechische Erbe aufnahmen und zugleich tiefgreifend umgestalteten. Dies war ein Prozeß von Sterben und neuer Geburt. Ja, es gibt den Plato christianus, aber es gab immer auch den Plato antichristianus: Der Platonismus hat von Plotin bis in seine späten Gestaltungen hinein dem Christentum den stärksten Widerstand entgegengesetzt, sich als sein Gegenpol verstanden. Im lateinischen Bereich sehen wir Ähnliches. Es genügt, an die Bekehrungsgeschichte Augustins (wir hatten sie weiter oben bereits angesprochen) zu erinnern: Die Lektüre von Ciceros Buch *Hortensius* hatte in ihm Sehnsucht nach der ewigen Schönheit, die Sehnsucht nach der Begegnung und Berührung mit Gott zum Durchbruch gebracht. Von seiner ganzen Erziehung her war ihm klar, daß die Antwort auf diese Sehnsucht, die die Philosophie geweckt hatte, im Christentum liegen müsse. So geht er von Hortensius zur Bibel und erlebt einen Kulturschock. Cicero und die Bibel – zwei Welten – prallen aufeinander, zwei Kulturen stoßen zusammen. Nein – das kann es nicht sein, war Augustins Erfahrung. Die Bibel erschien ihm als die reine Barbarei, die der Höhe des geistigen Anspruchs nicht standhalten konnte, den ihm die römische Philosophie vermittelt hatte. Dieser Kulturschock bei Augustin kann symptomatisch stehen für die Neuheit und Andersheit des Christentums, das wahrhaftig nicht aus dem Eigenen des lateinischen Geistes kam, obwohl es andererseits doch gerade auch in ihm ein Warten auf Christus gab. Um Christ werden zu können, mußte Augustinus – mußte die griechisch-römische Welt – einen Exodus vollziehen, bei dem sie dann freilich das Verlorene neu geschenkt bekam.

Der Exodus, der Kulturbruch mit seinem Stirb und Werde, ist – wie in der »Problemstellung« eingangs dieses Buches schon kurz angerissen – eine Grundfigur des Christlichen. Seine Geschichte beginnt bei Abraham, mit dem von Gott kommenden Imperativ: »Zieh weg aus deinem Land, von deiner Verwandtschaft und aus deinem Vaterhaus« (Gen 12,1). Der Exodus Israels aus Ägypten, das eigentliche Gründungsereignis des Volkes Israel, ist vorweggenommen im Exodus Abrahams, der als solcher auch ein Kulturbruch gewesen ist. Auf der Linie des Abrahamsglaubens können wir über den christlichen Glauben sagen, daß niemand ihn einfach als sein Eigenes vorfindet. Er kommt nie aus dem bloß Eigenen. Er bricht von außen ein. Das bleibt immer so. Niemand wird als Christ geboren, auch nicht in einer christlichen Welt und von christlichen Eltern. Immer kann sich Christentum nur als neue Geburt ereignen. Das Christsein beginnt mit der Taufe, die Tod und Auferstehung ist (Röm 6), nicht mit der biologischen Geburt.

Vor allem Romano Guardini hat auf einen wichtigen Aspekt dieser Grundfigur des christlichen, ja des biblischen Glaubens verwiesen, der nicht aus dem eigenen Inneren aufsteigt, sondern uns von außen zukommt: Das Christentum, der christliche Glaube, so sagt er uns, ist nicht Produkt unserer inneren Erfahrungen, sondern Ereignis, das von außen her auf uns zutritt.[56] Der Glaube beruht darauf, daß uns etwas

---

[56] Es scheint mir bezeichnend, daß die evangelische Schriftstellerin Eva Zeller in ihrem autobiographischen Roman *Nein und Amen* auf die Vorlesungen Guardinis zu sprechen kommt, die sie vor dem Krieg in Berlin gehört hatte und dabei folgendes mitteilt, das sich ihrem Gedächtnis eingeprägt hat: »Aus inneren Erfahrungen – Guardini sagt's mit leiser Stimme – ist Gott nie und nimmer abzuleiten, im Gegenteil, nur allen Erfahrungen zum Trotz kann er einbrechen von einem ganz anderen Ursprung her, der unsere Fähigkeit, ergriffen zu sein, voraussetzt.« Vgl. J. Sudbrack, a. a. O. 222. Eindrucksvoll auch die abschließende Wertung der Religionen und der religiösen Erfahrungen der Menschheit in Guardinis Buch Religion und Offenbarung I (Würzburg 1958) 227f: »Als letzter Eindruck

(oder jemand) begegnet, an das unsere Erfahrungsfähigkeit von sich aus nicht heranreicht. Nicht Erfahrung weitet sich aus oder vertieft sich – das ist bei den streng »mystischen« Modellen der Fall; sondern es *geschieht* etwas. Die Kategorien »Begegnung«, »Andersheit« (Lévinas: »altérité«), Ereignis beschreiben den inneren Ursprung des christlichen Glaubens und verweisen auf die Grenzen des Begriffs Erfahrung. Freilich, was uns da berührt, bewirkt in uns Erfahrung, aber Erfahrung als Frucht eines Ereignisses, nicht einer Vertiefung ins Eigene. Genau dies ist mit dem Begriff Offenbarung gemeint: Das Nicht-Eigene, im Eigenen nicht Vorkommende, tritt auf mich zu und reißt mich aus mir heraus, über mich hinaus, schafft Neues. Damit ist auch die Geschichtlichkeit des Christlichen gegeben, das auf Ereignissen beruht und nicht auf der Wahrnehmung der Tiefe des eigenen Inneren, die man dann »Erleuchtung« nennt.[57] Trinität ist nicht Gegenstand unserer Erfahrung, sondern etwas, was von außen gesagt werden muß, als »Offenbarung« von außen her an mich herantritt. Das gleiche gilt von der Menschwerdung des Wortes, die eben ein Ereignis ist und nicht in innerer Erfahrung gefunden werden kann. Dieses Zukommen von außen ist für den Menschen skandalös, der nach Autarkie und Autonomie strebt; es ist

---

bleibt der einer tiefen Vergeblichkeit. Hohes steht neben Niedrigem, Freies neben Verängstigtem, Edles neben Gemeinem ... Es ist, als ob etwas ratlos suche, beinahe finde, das Gefundene wieder aus den Händen verliere, in die Irre gerate, neu anfange. Eine große Schwermut liegt in der religiösen Geschichte der Menschheit; freilich auch eine große Sehnsucht und eine immer wieder ausschauende Erwartung.« Zum Thema religiöse Erfahrung ist auch wichtig der Beitrag von R. Brague, Was heißt christliche Erfahrung? in: Internationale katholische Zeitschrift Communio 5 (1976) 481–496, sowie H. U. von Balthasar, Gotteserfahrung biblisch und patristisch, ebd. 497–509.

57 Lehrreich dazu die Gegenüberstellung von Gnosis und Pseudo-Dionysius vom Areopag, wie sie H. Ball in seinem berühmten Essay über Pseudo-Dionysius formuliert hat, z. B.: »Es ist nun für den Gnostizismus charakteristisch ... daß im Mittelpunkt der Erlösung nicht das Leiden und Sterben Christi, nicht die Kreuzigung steht, sondern ›die Botschaft des heiligen Weges‹, die Lehre. Nicht durch den Schmerz, sondern durch Mitteilung eines Wissens erfolgt die Erleuchtung«. In: Dionysius Areopagita, Die Hierarchie der Engel und der Kirche. Einführung von Hugo Ball (München–Planegg 1955) 53. Vgl. 59: »In noch heftigeren Gegensatz zum Gnostizismus trat Paulus mit seiner irdischen Erlösungslehre ... Der wissende, wundertätige, der mitteilsame Jesus der Gnostiker tritt hinter den gehorsamen, den gemarterten, abgetöteten und darum auferstandenen Christus. Die Taufe ist nicht mehr ein Feuer- und Lichtbeschwören. Sie ist ein Eintauchen in Christi Tod.«

für *jede* Kultur eine Zumutung: Wenn Paulus sagt, das Christentum sei für die Juden ein Skandal, für die »Völker« Torheit (1 Kor 1,23), so will er damit eben dies Eigentümliche des christlichen Glaubens ausdrücken, der für *alle* »von außen« kommt. Aber gerade dieser neue Eingriff, der unseren Erfahrungsraum, unser Bewußtsein der Identität mit allem durchbricht, führt uns in die Weite der größeren Wirklichkeit und eröffnet uns gerade so auch die Möglichkeit, den Pluralismus zu überwinden und zueinander zu kommen.

Hellenisierung?

Die Ansicht, daß das katholische und auch das östliche Christentum nicht das Christentum der Bibel sei, sondern auf einer Amalgamierung der Bibel mit der griechischen Philosophie und römischem Recht beruhe, ist heute gängige Meinung. Die Reform des 16. Jahrhunderts hatte mit ihrem Grundsatz »die Schrift allein« eine Perspektive dieser Art eröffnet, die allerdings dadurch gemildert war, daß man das altchristliche Dogma beibehielt, das in griechischer Sprache und mit griechischen Denkmitteln formuliert worden war. Seit der Aufklärung hat sich diese Unterscheidung zwischen biblischem und historischem Christentum radikalisiert; in dem Stichwort von der »Hellenisierung« des Christentums hat diese Auffassung gebündelt Ausdruck gefunden. Am konsequentesten hat der große Dogmenhistoriker Adolf von Harnack diesen Gedanken historisch und sachlich durchgearbeitet: Die Gnosis war nach ihm die akute Hellenisierung des Christentums, das katholische Christentum die historisch wirksam gewordene, langsam entwickelte Form desselben Prozesses.[58] Heute besteht unter den Hi-

---

58 Vgl. A. v. Harnack, Lehrbuch der Dogmengeschichte I (Tübingen [5]1931) 243–290: Gnosis als »acute Verweltlichung des Christenthums«, 496–796: »Fixierung und allmähliche Hellenisirung des Christentums als Glaubenslehre«. Die Abwendung von dieser Sicht ist deutlich im jüngsten Entwurf einer Dogmengeschichte aus evangelischer Perspektive: W. Bienert, Dogmengeschichte (Stuttgart 1997) 27–115. Zum Thema Hellenisierung insgesamt: J. Drumm, Hellenisierung, in LThK[3] IV 1407–1409; dort Literatur. Ich möchte besonders auf die Beiträge von Grillmeier, Scheffczyk, Lutz-Bachmann verweisen.

storikern Einmütigkeit darüber, daß diese Interpretation von Gnosis und katholischem Christentum nicht haltbar ist. Aber das Stichwort von der Hellenisierung hat nichts von seiner Faszination verloren; es ist weiter verbreitet und angenommen als je zuvor. Von der Befreiungstheologie bis zur pluralistischen Religionstheologie wirkt es in unterschiedlichen Oszillationen.[59] Der Inhalt des Stichwortes ist nun sehr einfach und einleuchtend geworden: Die Bibel sei Ausdruck religiöser Erfahrungen und habe eine Praxis des rechten Lebens entwickelt; die von der griechischen Kultur geprägte alte Kirche habe diese Praxis mit einer philosophischen Theorie überlagert und daraus eine Buchstabenorthodoxie entwickelt, die heute niemandem mehr zumutbar sei. Selbst Theologen, die sich innerhalb des Konsenses der Gesamtkirche bewegen wollen und versuchen, das altkirchliche Dogma zu verstehen, deuten doch an, daß es ja seine Bedeutung für eine bestimmte Epoche und in bestimmten kulturellen Konstellationen gehabt haben könne, aber doch nicht die Kirche im ganzen in den verschiedenen Kulturen angehe, zu denen der Glaube unterwegs ist. Dies sei eben *eine* Kulturgestalt – die griechische oder die griechisch-lateinische des Christentums, aber andere Kulturen könnten darauf nicht verpflichtet werden.

Hier steht natürlich wieder das ganze Problem von Kultur und Glaube zur Debatte, das nun nicht noch einmal aufgerollt werden soll. Das Problem der Hellenisierung wird uns in diesem Buch immer wieder von verschiedenen Seiten her begegnen und so auch von verschiedenen Seiten her Antwort finden. So mögen an dieser Stelle zwei Andeutungen genügen, die in anderen Kapiteln wieder aufgegriffen werden sollen.

1

Die Begegnung zwischen griechischem Denken und biblischem Glauben hat sich nicht erst in der frühen Kirche, sondern innerhalb des biblischen Weges selbst vollzogen. Mose und Platon, Götterglaube und aufgeklärte Götterkritik, theologisches Ethos und ethische Weisung aus

---

59 Bezeichnend ist die Bedeutung des Hellenisierungsglaubens in der Christologie von J. Sobrino, La fe en Jesucristo. Ensayo desde las victimas (San Salvador 1999) 437–465, wie in verschiedenen Beiträgen der Zeitschrift Vidyajyoti (Delhi 1975ff).

der »Natur« sind sich schon innerhalb der Bibel selbst begegnet. Der endgültige Durchbruch zum klaren Ein-Gott-Glauben im Exil, das Ringen um eine neue Grundlegung des Ethos nach dem Scheitern des Tun-Ergehen-Zusammenhangs (Ijob, verschiedene Psalmen usw.) wie endlich die Kritik an den Tieropfern des Tempels und die Suche nach einem gottgemäßen Verständnis von Kult und Opfer waren Vorgänge, in denen sich die Berührung der beiden Welten von selbst ergab. Die griechische Übersetzung des Alten Testaments, die Septuaginta, die die Bibel des Neuen Testaments war, ist – wie wir heute wissen – nicht als eine hellenisierende Übertragung der Masora (des hebräischen Alten Testaments) anzusehen, sondern bildet eine eigenständige Überlieferungsgröße; die beiden Texte stehen als eigenwertige Zeugnisse der Entfaltung des biblischen Glaubens vor uns.[60] Die alte Kirche hat konsequent eine interkulturelle Begegnung weiter entfaltet, die im Kern des biblischen Glaubens selbst verankert ist.

2

Die großen Grundentscheidungen der alten Konzilien, die sich in den Glaubensbekenntnissen niedergeschlagen haben, biegen nicht den Glauben in eine philosophische Theorie um, sondern geben zwei wesentlichen Konstanten des biblischen Glaubens sprachliche Gestalt: Sie stehen ein für den Realismus des biblischen Glaubens und wehren einer bloß symbolistisch-mythologischen Deutung; sie stehen ein für die Rationalität des biblischen Glaubens, der zwar das Eigene der Vernunft und ihrer möglichen »Erfahrungen« überschreitet, aber doch an die Vernunft appelliert und mit dem Anspruch auftritt, Wahrheit auszusagen – dem Menschen den Zugang zum eigentlichen Kern der Wirklichkeit zu eröffnen. Ich möchte das – wie ich es schon öfters getan habe – an einem zentralen Beispiel kurz darstellen, an dem einen rein philosophischen und gewiß nicht biblischen Wort, das in das große Credo Ein-

---

60 Wichtig dazu A. Schenker, L'Ecriture sainte subsiste en plusieurs formes canoniques simultanées, in: L'interpretazione della Bibbia nella Chiesa. Atti del Simposio promosso dalla Congregazione per la dottrina della fede (Città del Vaticano 2001) 178–186. Bedenkenswert sind in diesem Zusammenhang die Reflexionen von E. Lévinas über Hebräisch als Erstsprache und Griechisch als notwendige Zweitsprache der Bibel; vgl. dazu J. Wohlmut, Die Tora spricht die Sprache der Menschen (Paderborn 2002) 28–35.

gang gefunden hat und daher auch zum Paradebeispiel für die »Hellenisierung« des Christentums geworden ist. Ich meine die Aussage, daß Jesus Christus Gottes eingeborener Sohn, »homoousios« mit dem Vater ist – eines Wesens mit ihm. Es ist bekannt, wie um dieses Wort gestritten wurde, wie man Abschwächungen, Kompromisse – aus politischen Gründen wie in der Suche nach Vermittlung zwischen den Gegensätzen, nach Frieden in der Kirche – suchte, am Ende aber eben doch dieses Wort als Gewähr für die Treue zum biblischen Glauben festgehalten hat.[61] Wird hier eine glaubensfremde Philosophie kanonisiert, eine Metaphysik zum Dogma erhoben, die eben doch nur *einer* Kultur zugehört? Um darauf zu antworten, müssen wir uns die Frage vergegenwärtigen, um die es ging. Das Neue Testament sprach von Jesus als dem Sohn Gottes. Nun, von Gottes- und Göttersöhnen sprachen auch die Religionen, in deren Welt die christliche Mission hineintrat. War dieser Jesus von Nazareth ein Gottessohn dieser Art? War das also eine poetisch-übersteigernde, »mythologische« Redensart, wie sie vielleicht unter Verliebten üblich ist, die ihren Geliebten für sich absolut setzen, aber natürlich nicht über die Wirklichkeit selbst und im Ganzen eine Entscheidung treffen wollen? War dies Bildrede, oder welche Art von Realismus war damit beansprucht? An dieser Frage hängt die Entscheidung, was das Christentum überhaupt ist – ob Jesus zu den »Avataras«, zu den vielgestaltigen Erscheinungsformen der Gottheit in der Welt zählt, ob Christentum eine Religionsvariante unter anderen ist oder ob hier ein anderer Realismus vorliegt. Das Homoousios antwortet auf diese Frage. Es sagt: Das Wort »Sohn« ist nicht poetisch-allegorisch (mythologisch, symbolisch), sondern ganz realistisch zu verstehen. Jesus *ist* es wirklich und wird nicht bloß so genannt. Der Realismus des biblischen Glaubens wird verteidigt, nichts sonst; der Ernst des Ereignisses, des neuen, von außen kommenden Geschehens. In diesem »Ist« klingt das »Ich bin« der Dornbuschformel nach (Ex 3,14), was immer ihr historischer Ursprungssinn gewesen sein mag. »Ich bin es« hat Jesus mehr als einmal gesagt und den ganzen Realismus des biblischen Glaubens darin ausgedrückt: Die scheinbar so vorgeschobene Formel

---

61 Vgl. Ch. Kannengiesser, Homoousios, in: LThK³ V 252f (Lit.); M. Simonetti, Homoousios, in: Dictionnaire encyclopédique du Christianisme ancien I 1190f.

des Credo, das Homoousios, sagt uns letztlich nur, daß wir die Bibel beim Wort nehmen dürfen, daß sie in ihren letzten Aussagen wörtlich gilt und nicht bloß allegorisch.[62] Bei ihrer Entscheidung hatten die Väter sehr genau begriffen, daß die Bibel nicht bloß irgendeine »Orthopraxie« einführen wollte. Ihr Anspruch ist höher. Sie hält den Menschen für wahrheitsfähig und will ihn mit der Wahrheit selbst konfrontieren, ihm die Wahrheit eröffnen, die in Jesus Christus als Person vor den Menschen steht. Das Auszeichnende der griechischen Philosophie war es, daß sie sich nicht mit den überlieferten Religionen und nicht mit den Bildern des Mythos begnügte, sondern in allem Ernst die Frage nach der Wahrheit stellte. Und so kann man an dieser Stelle vielleicht doch den Finger der Vorsehung erkennen – warum die Begegnung zwischen dem Glauben der Bibel und der griechischen Philosophie wahrhaft »providentiell« gewesen ist.

Abraham und Melchisedek

Im Römischen Kanon, dem ersten Hochgebet des von Papst Paul VI. reformierten Meßbuches, wird an Gott die Bitte gerichtet, er möge auf die Gaben der Kirche »versöhnt und gütig« niederschauen, wie er einst auf die Gaben seines »gerechten Dieners Abel«, auf »das Opfer unseres Vaters Abraham« und auf »die heilige Gabe, das reine Opfer seines höchsten Priesters Melchisedek« geblickt hatte. Diese Bitte hat den Zorn Luthers hervorgerufen und wurde auch in den Kreisen der Liturgischen Bewegung kräftig kritisiert als Mißverständnis des christlichen Gottesdienstes, als »Rückfall« ins Alte Testament, ins Vorchristliche. Die alte Kirche, deren Glauben und Beten sich in diesem Text ausspricht, dachte anders. Für sie gab es keinen Bruch zwischen dem Beten der Völker, dem Beten Israels und dem Beten der Kirche. Gewiß, die »Neuheit« des Christlichen war eine grundlegende Kategorie des christlichen Glaubens: Der Herr hatte wahrhaft Neues, das Neue schlechthin gebracht, aber dieses Neue war vorbereitet, und die Geschichte war in all ihren Wirrnissen und Verirrungen doch auf dem Weg dahin. Es galt freilich

---

62 Ausführlicher dazu J. Ratzinger, Der Gott Jesu Christi (München 1976) 70–76.

zu unterscheiden zwischen dem, was zu Christus hinführte, und dem, was ihm entgegenstand. Es galt, dies Ganze einem Prozeß der Reinigung und Erneuerung auszusetzen, der aber eben doch nicht Zerstörung und absoluter Bruch, sondern Erneuerung und Heilung war. Der Glaube erscheint als Krise und Kritik der Religionsgeschichte, aber nicht als deren totale Verneinung. Das Gebet »Supra quae«, dem die vorigen Zitate entnommen sind, ist so eine Einübung in die Unterscheidung der Geister, eine kritische und zugleich positive Deutung der vorchristlichen Wege der Gottesverehrung. Die Auswahl der Figuren ist in vieler Hinsicht bezeichnend. Abel ist der erste Märtyrer – einer, der nicht getötet hat, sondern sich töten ließ und selbst zum »Lamm« wurde, das Geschick Christi, des wahren Osterlammes antizipierte. Abraham ist bereit, den einzigen Sohn, Isaak, zu opfern und so seine Zukunft, den Inhalt der Verheißung wegzugeben; an die Stelle des Sohnes tritt das Lamm, der Widder – in vielfältigen Brechungen wirft das Licht Christi seine Strahlen voraus. Melchisedek, der König von Salem, ist Priester des El Eljon – des »höchsten Gottes«; er opfert Brot und Wein. Diese geheimnisvolle Gestalt hat sowohl das frühe Judentum wie die werdende Kirche immer neu beschäftigt; der Brief an die Hebräer sieht in ihm das Priestertum Jesu Christi im Gegenüber zum aaronitischen Priestertum dargestellt. Beachten wir die zwei Prädikate, die von ihm ausgesagt werden: »Sedek« bedeutet Gerechtigkeit, Recht; »Salem« verweist auf Jerusalem und ist eine Abwandlung von »Shalom«: Friede. Recht und Friede sind seine Kennzeichen. Er verehrt den »höchsten Gott« – nicht irgendwelche Götter, sondern den einen Gott über den Göttern. Er opfert nicht Tiere, sondern die reinsten Gaben der Erde – Brot und Wein. Wiederum scheint auf vielfältige Weise Christus durch. Zu Recht haben die Väter in den drei genannten Gestalten »Typen« Christi gesehen. Heute ist es Mode, auf die Typologie als Vergewaltigung der Texte einzuschlagen, und gewiß gab es auch verfehlte Anwendungen der Typologie. Aber ihr berechtigter Kern und ihre wesentliche Aussage erscheint gerade an dieser Stelle mit großer Deutlichkeit: Es gibt eine durchlaufende Linie in der Geschichte des Glaubens und der Gottesverehrung. Es gibt innere Entsprechungen, es gibt Abwege, aber es gibt auch den Weg, der eine Richtung hat; der innere Gleichklang mit der Gestalt Jesu Christi, seiner Botschaft und seinem Sein ist einfach nicht abzustreiten, trotz der Verschiedenheit der geschichtlichen Kontexte und Stufen. Der richtige Sinn dessen, was man »Inklusivismus« nennt, wird gerade hier sichtbar: Es handelt sich nicht um eine äußerliche, von einem dogmatischen Postulat her konstruierte Absorption, die dem Phänomen Gewalt antun würde, sondern um eine Korrespondenz von innen her, die wir durchaus als eine Finalität bezeichnen können: Christus ist in diesen Gestalten unterwegs in der Geschichte, wie wir es – wiederum mit den Vätern – ausdrücken können.

Noch etwas müssen wir an diesen Gestalten beobachten: Abel und Melchisedek sind – nach der klassischen Sprechweise – »Heiden«, das heißt sie gehören nicht direkt der besonderen Glaubensgeschichte Israels zu. Abraham ist der Stammvater Israels – unser Vater, sagt der Kanon von paulinischer Theologie her darum. Christwerden heißt, in die mit Abraham eröffnete Glaubensgeschichte einzutreten und so ihn zum Vater zu empfangen. Das Opfer Abrahams, auf das der Römische Kanon abzielt, bezeichnet den Übergang von den »heidnischen« Kulten, zu dem gereinigten Kult Israels und mit dem Lammopfer (das Abraham auch mit Abel verbindet) das Zugehen auf den christlichen Kult, in dessen Mittelpunkt das geopferte Lamm steht (Offb 5,6): Christus, der sich in der Nacht des Leidens Gott gegeben hat und uns in seiner Liebe versöhnt und zu Gott hinaufzieht. Insofern ist in diesem Text die ganze Religionsgeschichte angesprochen, zunächst auf Abraham (Israel) und damit auf Christus zugeführt und von ihm her gedeutet – von ihm her, der uns zugleich den Maßstab für die nötigen Unterscheidungen schenkt, ja, selbst dieser Maßstab ist.

Hier gilt es wohl, noch ein in der Geschichte immer wieder wirksam gewordenes Mißverständnis der Bitte des »Supra quae« abzuweisen. Daß wir Gott um das gütige und versöhnte Niederschauen auf unsere Gaben bitten, bedeutet nicht – wie man meinen könnte –, daß wir den geopferten Christus wie eine Sache ansehen, die wir Gott, etwa in der Weise des Lammopfers, hinhalten, ungewiß, ob ihm dieses Opfer – Christus – gefällt oder nicht. Eine solche Deutung, auf die man bei bloß äußerem Lesen des Textes verfallen könnte und verfallen ist, läuft seiner inneren Logik völlig zuwider. Es geht vielmehr darum, daß wir für uns genau die Gesinnung Abels, Abrahams, Isaaks erbitten und so darum bitten, auf Christus zuzugehen, in seine Gesinnungen hineinzugehen, eins zu werden mit ihm, wie Abel, Abraham, Isaak, Melchisedek seine Typen, seine vorlaufende Gegenwart in der Geschichte waren. Und so bitten wir darum, daß der Blick der Versöhnung, der im letzten immer Christus galt und gilt, uns treffe, weil wir selber mit seiner Gesinnung eins geworden sind (Phil 2,5).

Melchisedek steht im alttestamentlichen Bericht nicht einfach in sich selber da, sondern wir lernen ihn nur kennen in der Begegnung mit Abraham. Abraham hat sich auf den Ruf Gottes hin getrennt von den Göttern seiner Heimat und hielt sich getrennt von den kanaanäischen Göttern und ihren Kulten. Er folgt »seinem Gott«, dem Gott, der ihn gerufen hat. Aber er begegnet Melchisedek – dem König, der dem höchsten Gott als Priester dient und durch die Attribute Gerechtigkeit und Friede gekennzeichnet ist. Den Kult dieses Königs anerkennt er als seinen Kult; seinen Gott betet er mit an, von ihm empfängt er Segen, und ihm gibt er »den Zehnten von allem« (Gen 14,18–20), wie man es allein einem rechtmäßigen Priester gegenüber tut. Es geschieht Begegnung im Glauben. Aber das bedeutet nun gerade nicht, daß die »Religionen« als ein einziges Paket behandelt und alle miteinander als gleich eingestuft werden. Ja, es gibt Begegnung der Religionen, aber in dieser Begegnung ist auch Unterscheidung enthalten. Beides lehrt uns der Römische Kanon: die innere Berührung der Religionen und die Notwendigkeit der Unterscheidung, für die Christus – der Sohn des höchsten Gottes, der König der Gerechtigkeit und des Friedens – der Maßstab ist.

Bereits im Inneren des Alten Testaments können wir die Überzeugung finden, daß der Mensch in seiner Beziehung zu Gott nicht völlig ohne Maßstab ist; in allen Entfremdungen ist ihm ein inneres Wissen möglich, das ihm den Weg zeigen kann. Unter diesem Betracht finde ich die Jona-Geschichte besonders lehrreich. Jona kündigt dem sündigen Ninive den Untergang an. »Und die Leute von Ninive glaubten Gott«, sagt uns der biblische Text (Jona 3,5). Ninive war eine heidnische Stadt, eine Stadt mit vielen Göttern. Aber auf den Ruf des Propheten hin glauben sie Gott. Sie wissen im Innersten, daß es ihn gibt, den einen Gott, und sie erkennen die Stimme dieses Gottes in der Predigt des fremden Propheten. Im Herzen des Menschen ist auch durch die Sünde die Fähigkeit nicht ganz erloschen, die Stimme des einen Gottes zu erkennen.

Unterscheidung des Christlichen

Im Jahr 1994 eröffneten das Amt für interreligiöse Beziehungen des Weltkirchenrates und der Päpstliche Rat für den interreligiösen Dialog eine gemeinsame Reflexion über das »interreligiöse Gebet«. Ein erstes Studium war einer Umschau in den religiösen Erfahrungen verschiedener Kirchen mit diesem Thema gewidmet. Eine zweite, 1996 durchgeführte Etappe bestand in einer in Bangalore, Indien, gemachten Konsultation, an der eine begrenzte Anzahl von Personen aus »verschiedenen christlichen Überlieferungen« teilnahm, die Erfahrungen mit dem interreligiösen Gebet gesammelt hatten. Einzelne Theologen trugen dort ihre Einsichten und Ansichten vor. Das Ganze schloß mit einem »final statement«: Findings of an exploratory consultation on interreligious prayer.[63] Schließlich hat 1997 in Bose (Italien) eine kleine Gruppe von Theologen aus verschiedenen Kirchen ein Dokument über die theologischen Grundlagen des interreligiösen Betens erarbeitet.[64]

Während das Dokument von Bose – trotz vieler Fragen, die zu stellen sind – als eine saubere und wirklich weiterführende Arbeit angesehen werden kann, macht der Text von Bangalore auf mich einen beklagenswerten Eindruck von Oberflächlichkeit und Dilettantismus. Nur ein Beispiel dafür möchte ich anführen:

Das interreligiöse Gebet wird unter anderem mit der Kategorie der Gastlichkeit (hospitality) gerechtfertigt. Bangalore sagt uns dazu, das interreligiöse Gebet sei nicht nur eine Antwort auf die Anforderungen gewisser Situationen, sondern »Ausdruck unserer Treue zum Evangelium selbst«. Als biblischer Beleg dafür wird Lk 10,7 angeführt: Jesus selbst dränge uns, Gastlichkeit ebenso von anderen zu empfangen als sie zu geben. Dieses Empfangen von Gastfreundschaft beschränke sich nicht auf Essen und Trinken, sondern erstrecke sich auf das, was unseren Nachbarn kostbar ist – Gebet und Gottesdienst.[65] Wer nach diesen Behauptungen das Neue Testament aufschlägt und Lk 10,1–12, die Aussendung der 72 Jünger durch Jesus, liest, kann sich ob solcher Ex-

---

63 Pontificium Consilium pro dialogo inter religiones. Bulletin 98, 1998/2, 231–236.
64 Ebd. 237–243.
65 Findings, 233.

egese nur verwundert die Augen reiben. Jesus trägt den Jüngern auf, den Menschen die Nähe von Gottes Reich durch Wort und Tat (Heilungen) zu verkünden. Bei diesem Dienst haben sie Anspruch auf Gastfreundschaft (10,5–7). »Wenn ihr aber in eine Stadt kommt, in der man euch nicht aufnimmt, dann stellt euch auf die Straße und ruft: Selbst den Staub eurer Stadt, der an unseren Füßen klebt, lassen wir euch zurück; doch das sollt ihr wissen: Das Reich Gottes ist euch nahe. Ich sage euch: Sodom wird es an jenem Tag nicht so schlimm ergehen wie dieser Stadt« (10,10–12). Die Sendung der 72 (70 bzw. 72 galt als die Zahl der Völker der Erde) ist eine Vorausdarstellung der nachösterlichen Mission, in der die Jünger gerufen sind, das Evangelium vom Reich zu allen Völkern zu bringen – wobei sich nach Ostern klärt, daß Jesus das Reich in Person ist, die Botschaft vom Reich also *ihn* zu verkündigen hat. Die Nichtannahme der Boten und ihrer Botschaft steht unter der Drohung des Gerichts. Aus der für die Boten geforderten Gastfreundschaft Kult- und Gebetsaustausch zu machen, hat nun wirklich nichts mit dem biblischen Text mehr gemein. Ein wenig mehr an Seriosität in der Argumentation sollte man erwarten dürfen.

Aber von solchen Argumentationsproblemen abgesehen geht es im Text um Grundlegenderes, nämlich um die Frage: Wer oder was ist Gott? Wie antworten wir auf ihn? Kennt er uns? Der Bangalore-Text sagt dazu, das interreligiöse Gebet stelle einige wichtige theologische Motive zur Diskussion, »zum Beispiel, was heißt es, wenn wir sagen Gott ist einer? Beten wir alle zu ein und demselben Gott, auch wenn unsere Bilder und unsere Auffassungen (understandings) von Gott verschieden und unterschiedlich sind? Wie wägen wir unsere Lehre von Gott in nichttheistischen Konstellationen?« Wir müssen, so sagt der Text, neue Wege finden, um unseren Glauben im Blick auf den Platz der Religionen in der Heilsökonomie zu artikulieren und über die Kategorien von Exklusivismus, Inklusivismus und Personalismus hinauskommen, kreative Wege finden, um theologisch das Wirken des Geistes in anderen Religionen zu sehen.[66] Zugegeben – hier werden keine Thesen, sondern nur Fragen vorgelegt. Aber diese Fragen insinuieren doch, daß die Grenzen zwischen Gott und den Göttern, zwischen personalem und

---

66 Ebd. 234.

impersonalem Gottesverständnis nicht letztlich unterscheidend sein müssen – daß dahinter doch von allen letztlich das Gleiche gemeint sei. Wir sollen denken, daß der Unterschied zwischen Gott und Göttern, zwischen personalem Gottesbild und impersonaler Identitätsmystik ein Unterschied zwischen Bild- und Begriffsgestalten sei, also ein Unterschied im Vorletzten, der das Eigentliche nicht berührt, weil alle Begriffe und Bilder hinter der unaussprechlichen Wirklichkeit des Absoluten zurückbleiben. Der eigentliche Unterschied – so könnte man schluß- folgern – sei gar nicht derjenige zwischen diesen unterschiedenen Verstehensformen und Bildern, sondern zwischen allem wie auch immer gearteten menschlichen Reden von Gott und der dabei letztlich stets nur von fern in verschiedenen Annäherungen berührten Wirklichkeit des Unbekannten jenseits der Worte. Diese Auffassung hat gerade für den Menschen von heute etwas Faszinierendes an sich; sie scheint auch die größere Ehrfurcht vor dem Geheimnis Gottes auszudrücken, die größere Demut des Menschen vor dem Absoluten zu sein und in ihrer alles verbindenden Toleranz sowohl religiös wie denkerisch größer als das Beharren auf der Personalität Gottes als einer unverzichtbaren, aus der Offenbarung kommenden Gabe. Es ist unbestreitbar, daß sich diese Vorstellungen inzwischen, gerade unter Christen, ausbreiten und im »interreligiösen Gebet« zur Praxis werden.

Ist diese Auffassung wirklich »frömmer« und vor allem: ist sie wahrer? Fragen wir praktisch: Was ändert sich dabei? Was geschieht mit unserem Glauben und Beten? Zunächst einmal: wenn personale und impersonale Gottesvorstellung gleichrangig sind, austauschbar, dann wird das Gebet zur Fiktion, denn wenn Gott kein sehender und hörender Gott ist, wenn er nicht erkennt und nicht mir gegenübersteht, dann geht das Gebet ins Leere. Dann ist es nur eine Form der Selbstbesinnung, des Umgangs mit sich selber, kein Dialog. Es mag dann Einübung ins Absolute, versuchtes Aussteigen aus dem Getrenntsein des Ich in ein Unendliches sein, mit dem ich im Tiefsten identisch bin und in dem ich versinken will. Aber es hat keinen Bezugspunkt, der mir Maß ist und von dem ich in irgendeiner Weise Antwort erwarten dürfte. Mehr noch: wenn ich den Glauben an Gott als »Person« hinter mir lassen darf, als eine mögliche Vorstellungsgestalt neben der impersonalen, dann ist dieser Gott nicht nur kein erkennender, hörender, redender Gott (Logos) – dann hat er erst recht auch keinen Willen. Erkennen und Wollen sind die beiden wesentlichen Inhalte des Begriffs Person. Dann gibt es keinen Willen Gottes. Dann gibt es auch keinen letzten Unterschied zwischen gut und böse: Gut und böse ist dann – wie wir schon sahen – kein Widerspruch mehr, sondern nur noch Gegensatz, in dem beides komplementär zueinander steht. Dann ist das eine wie das andere Wellenschlag des Seins, dann stehe ich unter keinem Maß. Dann aber ist nicht nur irgendein Bild oder ein Begriffsschema geändert, sondern dann ist im Tiefsten alles anders. Wenn aber Gott Person ist, dann ist das Allerletzte und Allerhöchste zugleich das Konkreteste – dann stehe ich unter den Augen Gottes und im Raum seines Willens, seiner Liebe.

Weil es so steht, ist das »Sh^{e}ma Israel« für Israel wie für die Kirche gleichermaßen die unverrückbare Grundlage unserer Existenz: »Höre, Israel! Der Herr, unser Gott, der Herr ist einzig. Darum sollst du den Herrn, deinen Gott, lieben mit ganzem Herzen, mit ganzer Seele, mit ganzer Kraft« (Dtn 6,4f). Für diesen Glauben sind die Martyrer Israels wie die Martyrer Jesu Christi gestorben. Das erste Gebot »Du sollst keine fremden Götter neben mir haben« (Ex 20,3; Dtn 5,7) ist nicht nur numerisch, sondern seinem inneren Rang nach das erste Gebot, auf dem alles Weitere steht. Christus hat es in der Versuchungsgeschichte neu lapidar als Fundament christlicher Existenz vor uns hingestellt: »Den Herrn, deinen Gott, sollst du anbeten und ihm allein dienen« (Mt 4,10). Zwischen Gott und Göttern, zwischen personalem und impersonalem Gottesverständnis gibt es keine letzte Vermittlung, so sehr es wahr ist, daß sich auch im Polytheismus wie in der Identitätsmystik Wahrheit findet, die im christlichen Glauben einen Platz hat, aber erst dann in ihrer wahren Bedeutung erscheinen kann, wenn zuerst die Unterscheidung des Christlichen geübt und das »Gesicht Gottes« dabei nicht aus dem Blick, nicht aus dem Herzen verloren wird.

Nur von hier aus, vom Gottesglauben her, kann der Christusglaube der Kirche richtig verstanden werden. Die Einzigkeit Christi ist an die Einzigkeit Gottes gebunden und deren konkrete Gestalt. Christus ist nicht ein – vielleicht besonders beeindruckender – Avatar Gottes, eine der vielfältigen endlichen Erscheinungsformen des Göttlichen, in denen wir das Unendliche zu erahnen lernen. Er ist nicht eine »Erscheinung« des Göttlichen, sondern er *ist* Gott. In ihm hat Gott sein Gesicht gezeigt. Wer ihn sieht, hat den Vater gesehen (Joh 14,9). Hier kommt es wirklich auf das »Ist« an – es ist die eigentliche Unterscheidungslinie der Religionsgeschichte und gerade so auch die Kraft ihrer Vereinigung. Darum ist die Begegnung mit der Ontologie der Griechen – mit der Frage nach dem »Ist« – nicht eine philosophische Verfremdung des christlichen Glaubens, sondern ihr unerläßlicher Ausdruck geworden.

Von da aus sind zuletzt noch zwei Grundbegriffe des christlichen Glaubens zu verstehen, die heute geradezu zu verbotenen Wörtern geworden sind: Bekehrung (conversio) und Mission. Heute ist die Meinung fast allgemein geworden, daß man mit Bekehrung nur Umbrüche des inneren Weges, nicht aber den Übergang von einer Religion zur anderen, also auch nicht den Übergang zum Christentum verstehen dürfe. Die Vorstellung der letzten Äquivalenz aller Religionen scheint ein Gebot der Toleranz und der Achtung vor dem anderen zu sein; wenn es so ist, muß man zwar den Entscheid des einzelnen respektieren, der sich zu einem Religionswechsel entschließt, aber Bekehrung darf man dies nicht nennen: Das würde ja dem christlichen Glauben einen höheren Rang einräumen und damit dem Gleichheitsgedanken widersprechen. Der Christ muß dieser Gleichheitsideologie widerstehen. Nicht als ob er sich selber zu etwas Höherem machen würde – keiner ist Christ aus sich selbst, sagten wir; jeder ist es nur durch »Bekehrung«. Aber dies freilich glaubt der Christ, daß uns der lebendige Gott in Christus auf eine einzigartige Weise ruft, die Gehorsam und eben Bekehrung verlangt. Vorausgesetzt ist dabei, daß im Verhältnis der Religionen die Wahrheitsfrage eine Rolle spielt und daß die Wahrheit für jeden eine Gabe und für niemanden Entfremdung ist. Dieser Grundfrage wird der zweite Teil des Buches gewidmet sein.

Damit ist auch schon das Wesentliche zum Begriff »Mission« gesagt. Wenn die prinzipielle Gleichheit der Religionen gilt, dann kann Mission nur eine Art von religiösem Imperialismus sein, dem man widerstehen muß. Wenn uns aber in Christus eine neue Gabe, die wesentliche Gabe – Wahrheit – geschenkt ist, dann ist es Pflicht, sie auch dem anderen anzubieten, in Freiheit natürlich, denn anders kann Wahrheit nicht wirken und Liebe nicht sein.

Multireligiöses und interreligiöses Gebet

Im Zeitalter des Dialogs und der Begegnung der Religionen ist notwendigerweise die Frage aufgestanden, ob man miteinander beten könne. Man unterscheidet dabei heute multireligiöses und interreligiöses Gebet. Das Modell für das multireligiöse Gebet bieten die beiden Weltgebetstage für den Frieden 1986 und 2002 in Assisi an. Angehörige verschiedener Religionsgemeinschaften versammeln sich. Ihnen ist gemeinsam das Leiden unter den Nöten der Welt und ihrer Friedlosigkeit, gemeinsam die Sehnsucht nach Hilfe von oben gegen die Mächte des Bösen, damit Friede und Gerechtigkeit in die Welt kommen können. Daraus folgt die Absicht, ein öffentliches Zeichen dieser Sehnsucht zu setzen, das alle Menschen aufrütteln und den guten Willen stärken soll, der Bedingung des Friedens ist. Die Versammelten wissen aber auch, daß ihr Verständnis des »Göttlichen« und daher ihre Weise, sich ihm zuzuwenden, so verschieden sind, daß ein gemeinsames Beten Fiktion wäre, nicht in der Wahrheit stünde. Sie versammeln sich, um ein Zeichen einer gemeinsamen Sehnsucht zu geben; aber sie beten – wenn auch gleichzeitig – doch an getrennten Orten, je auf ihre Weise. Natürlich heißt »Beten« im Falle eines impersonalen (mit dem Polytheismus häufig verbundenen) Gottesverständnisses etwas ganz anderes als Beten im Glauben an den einen, personalen Gott. Der Unterschied wird sichtbar dargestellt, aber in einer Weise, daß er zugleich wie ein Schrei nach der Heilung unserer Trennungen werden soll.

Im Anschluß an Assisi – 1986 sowohl wie 2002 – ist wiederholt und durchaus in sehr ernsthafter Weise die Frage gestellt worden: Kann man das? Wird nicht doch für die allermeisten eine Gemeinsamkeit vorgetäuscht, die es in Wirklichkeit nicht gibt? Wird so nicht doch der Relativismus gefördert – die Meinung, daß es im Grunde eben nur vorletzte Unterschiede seien, die zwischen den »Religionen« stehen? Und wird damit nicht doch der Ernst des Glaubens geschwächt und so letztlich Gott weiter von uns weggerückt, unser Alleingelassensein verstärkt? Solche Frage darf man nicht leichtfertig beiseite schieben. Die Gefahren sind unleugbar, und daß Assisi, besonders 1986, von vielen falsch ausgelegt wurde, kann man nicht bestreiten. Umgekehrt wäre es aber auch verkehrt, das multireligiöse Gebet im beschriebenen Sinn total und bedingungslos zu verwerfen. Richtig scheint es mir demgegenüber, es an Bedingungen zu knüpfen, die den Erfordernissen der inneren Wahrheit und der Verantwortung einer so großen Sache entsprechen, wie es das offene Rufen zu Gott vor aller Welt nun einmal ist. Ich sehe zwei Grundbedingungen:

1. Solches multireligiöses Beten kann nicht der Normalfall des religiösen Lebens sein, sondern nur als Zeichen in außergewöhnlichen Situationen bestehen, in denen gleichsam ein gemeinsamer Notschrei aufsteigt, der die Herzen der Menschen aufrüttelt und zugleich am Herzen Gottes rütteln soll.
2. Ein solcher Vorgang verführt fast zwangsläufig zu falschen Interpretationen, zur Gleichgültigkeit gegenüber dem Inhalt des Geglaubten oder nicht Geglaubten und damit zur Auflösung wirklichen Glaubens. Deswegen müssen – wie unter 1 gesagt – solche Vorgänge Ausnahmen bleiben, deswegen ist vor allem eine sorgsame Klärung dessen, was hier geschieht und nicht geschieht, von höchster Wichtigkeit. Diese Klärung, in der deutlich werden muß, daß es »die Religionen« überhaupt nicht gibt, daß es den gemeinsamen Gottesgedanken und -glauben nicht gibt, daß der Unterschied nicht bloß den Bereich der wechselnden Bilder und Begriffsgestalten, sondern die Letztentscheidungen selbst berührt – diese Klärung ist wichtig, nicht nur für die Teilnehmer des Geschehens selbst, sondern für alle, die Zeugen davon werden oder sonstwie darüber Informationen erhalten. Das Geschehen muß so klar in sich und vor der Welt stehen, daß es nicht zur Demonstration des Relativismus wird, durch den es sich in seinem Sinn selber aufheben würde.

Während beim multireligiösen Gebet zwar im gleichen Kontext, aber doch getrennt gebetet wird, bedeutet interreligiöses Gebet ein Miteinanderbeten von Personen oder Gruppen mit verschiedener Religionszugehörigkeit. Ist das überhaupt in aller Wahrheit und Redlichkeit möglich? Ich bezweifle es. Jedenfalls müssen drei elementare Bedingungen gestellt werden, ohne deren Beachtung solches Beten zur Glaubensverleugnung würde:

1. Miteinander beten kann man nur, wenn Einmütigkeit darüber besteht, wer oder was Gott ist und darum auch grundsätzlich Einmütigkeit darüber vorliegt, was Beten heißt: ein dialogischer Vorgang, in dem ich zu einem Gott rede, der zu hören und zu erhören vermag. Anders gesagt: Gemeinsames Beten setzt voraus, daß der Adressat und damit auch der auf ihn bezogene innere Akt grundsätzlich gemeinsam verstanden wird. Wie im Fall von Abraham und Melchisedek, von Ijob und Jona muß klar sein, daß man mit dem einen Gott über den Göttern spricht, mit dem Schöpfer des Himmels und der Erde – meinem Schöpfer. Es muß also klar sein, daß Gott »Person« ist, das heißt erkennen und lieben kann; daß er Macht hat, mich zu hören und zu antworten; daß er gut und der Maßstab des Guten ist und das Böse keinen Anteil an ihm hat. Von Melchisedek her können wir sagen, es muß klar sein, daß er der Gott des Friedens und der Gerechtigkeit ist. Jede Vermischung von personalem und impersonalem Verständnis, zwischen Gott und den Göttern muß ausgeschlossen sein. Das erste Gebot gilt gerade auch im eventuellen interreligiösen Gebet.
2. Es muß aber – vom Gottesbegriff her – auch ein grundlegendes Einverständnis darüber bestehen, was gebetswürdig ist und was Inhalt von Gebet werden kann. Als Maßstab dessen, was wir rechtens von Gott erbitten dürfen, um gotteswürdig zu beten, sehe ich die Bitten des Vaterunser an: In ihnen wird sichtbar, wer und wie Gott ist und wer wir selber sind. Sie reinigen unser Wollen und zeigen, mit welcher Art von Wollen wir auf dem Weg zu Gott sind und welche Art von Wünschen uns von Gott entfernt, uns gegen ihn stellen würde. Bitten, die gegen die Richtung der Vaterunser-Bitten stehen, können für einen Christen nicht Gegenstand interreligiösen Betens, überhaupt keiner Art von Beten sein.
3. Das Ganze muß so erfolgen, daß die relativistische Mißdeutung von Glaube und Gebet darin keinerlei Anhalt findet. Dieses Kriterium bezieht sich nicht nur auf die Christen, die nicht irregeführt werden dürfen, sondern genauso auch auf die Nichtchristen, für die nicht der Eindruck einer Austauschbarkeit von »Religionen«, einer vorletzten und daher ersetzbaren Bedeutung etwa des christlichen Grundbekenntnisses entstehen darf. Abwesenheit solcher Irreführ-

rung verlangt deshalb auch, daß für den Nichtchristen nicht eine Verdunkelung des Glaubens der Christen an die Einzigkeit Gottes und an die Einzigkeit Jesu Christi, des Retters aller Menschen, folgen darf. Das oben erwähnte Dokument von Bose sagt dazu mit Recht, daß Teilnahme am interreligiösen Gebet nicht unseren Einsatz für die Verkündigung Christi an alle Menschen in Frage stellen darf.[67] Wenn der Nichtchrist aus der Teilnahme eines Christen eine Relativierung des Glaubens an Jesus Christus, den einzigen Retter aller, heraushören könnte oder müßte, dann kann solche Teilnahme nicht stattfinden. Denn dann wiese sie in die falsche Richtung, wiese rückwärts statt vorwärts in der Geschichte der Wege Gottes.

---

67 Theological Reflections on Interreligious Prayer: Final Statement (Bose, Italy), a. a. O. 241.

ZWEITER TEIL

Die Wahrheitsfrage und die Religionen

VORBEMERKUNG

Der erste Teil dieses Buches war der Frage nach dem Verhältnis zwischen dem christlichen Glauben und den Kulturen und Religionen der Welt gewidmet. Wir versuchten, zu verstehen, was das ist: »Religion«, was Glaube bedeutet und was mit dem Begriff Kultur näherhin gemeint ist, um die Möglichkeiten einer fruchtbaren Begegnung dieser drei Wirklichkeiten auszuloten. Dabei zeigte es sich immer deutlicher, daß die Problematik der Begegnung, des Dialogs wie auch der Mission uns unausweichlich vor die Frage nach der Wahrheit stellt: An ihr führt kein Weg vorbei, so unmodern sie auch zu sein scheint. Die einzelnen Abschnitte dieses zweiten Teils, in denen ich mich mit dieser Frage auseinanderzusetzen versuche, sind aus den Anforderungen meines Dienstes und aus der Reflexion auf seine Grundlagen entstanden; sie umkreisen das Thema von verschiedenen Seiten her und versuchen so, die einzelnen Aspekte des Problems auszuleuchten.

Das erste Kapitel des zweiten Teils dieses Buches habe ich für das Treffen zwischen der Glaubenskongregation und den Präsidenten der Glaubenskommissionen der verschiedenen Bischofskonferenzen Lateinamerikas 1996 in Guadalajara, Mexiko, vorbereitet und dort vorgetragen; es sollte eine Einführung in die neuen Problemstellungen bieten, wie sie sich nach dem Umschwung von 1989 entwickelt hatten. Das zweite Kapitel versucht die Frage direkt anzugehen, ob, in welcher Weise und in welcher Bedeutung von Wahrheit im Bereich des Glaubens gesprochen werden kann. Den ersten Abschnitt (Glaube zwischen Vernunft und Gefühl) habe ich 1998 in Hamburg vorgetragen, den zweiten 1999 in Paris. Der dritte Abschnitt war ursprünglich einfach als eine Einführung in die Enzyklika *Fides et ratio* – Glaube und Vernunft – entstanden und hat sich dann in Vorträgen in Paderborn, San Francisco, Krakau, Madrid langsam zu der hier vorliegenden Gestalt entwickelt.

Weil der Anspruch auf die Erkenntnis von Wahrheit heute weithin als Bedrohung von Toleranz und Freiheit erscheint, mußte auch diese Problematik aufgegriffen werden. Den ersten Abschnitt des dritten Kapitels habe ich im Jahr 2002 in Lugano und Neapel vor einem größeren Publikum zur Diskussion gestellt; den zweiten Abschnitt habe ich, einer Einladung aus Padua folgend, dort 1995 vorgetragen.

1. KAPITEL

Die in den 1990er Jahren aufgebrochenen neuen Fragestellungen
Zur Lage von Glaube und Theologie heute

Die Krise der Theologie der Befreiung

In den 1980er Jahren erschien die Befreiungstheologie in ihren radikalen Formen als die dringendste Herausforderung an den Glauben der Kirche, die Antwort und Klärung verlangte. Denn sie bot eine neue, plausible und zugleich praktische Antwort auf die Grundfrage des Christentums an: die Frage nach der Erlösung. Das Wort Befreiung sollte ja nur auf andere, verständlichere Weise dasselbe ausdrücken, was in der herkömmlichen Sprache der Kirche Erlösung genannt worden war. In der Tat liegt immer dieselbe Frage zugrunde: Wir erfahren eine Welt, die nicht so ist, daß sie einem guten Gott entspricht. Armut, Unterdrückung, Unrechtsherrschaft aller Art, das Leid der Gerechten und der Unschuldigen sind die Zeichen der Zeit – aller Zeit. Und jeder einzelne leidet, keiner kann einfach zu dieser Welt und zu seinem eigenen Leben sagen: Verweile doch, du bist so schön. Die Befreiungstheologie sagte auf diese unsere Erfahrungen hin: Dieser Zustand, der nicht bleiben darf, kann nur überwunden werden durch radikale Veränderung der Strukturen unserer Welt, die Strukturen der Sünde, Strukturen des Bösen sind. Wenn also die Sünde ihre Macht über die Strukturen ausübt und von ihnen her die Verelendung vorprogrammiert ist, dann kann ihre Überwindung nicht durch individuelle Bekehrung geschehen, sondern nur durch den Kampf gegen die Strukturen des Unrechts. Dieser Kampf aber, so wurde gesagt, müsse ein politischer Kampf sein, weil die Strukturen durch die Politik verfestigt und gehalten werden. So wurde Erlösung zu einem politischen Prozeß, für den die marxistische Philosophie die wesentlichen Wegweisungen bot. Sie wurde zu einer Aufgabe, die die Menschen selbst in die Hand nehmen können, ja, müssen, und sie wurde damit zugleich zu einer ganz praktischen Hoffnung:

Glaube wurde aus »Theorie« zu Praxis, zu konkretem, erlösendem Tun im Befreiungsprozeß. Der Zusammenbruch der marxistisch inspirierten Regierungssysteme Europas war für diese Theologie erlösender politischer Praxis eine Art Götterdämmerung: Gerade dort, wo die marxistische Befreiungsideologie konsequent angewandt worden war, war die radikale Unfreiheit entstanden, deren Schrecknisse nun unbeschönigt vor den Augen der Weltöffentlichkeit sichtbar wurden. Wo Politik Erlösung sein will, verspricht sie zuviel. Wo sie das Werk Gottes tun möchte, wird sie nicht göttlich, sondern dämonisch. Die politischen Ereignisse von 1989 haben damit auch die theologische Szenerie verändert. Der Marxismus war der bisher letzte Versuch gewesen, eine allgemein gültige Formel für die richtige Gestaltung geschichtlichen Handelns zu geben. Er glaubte, die Baugestalt der Weltgeschichte zu kennen und daher zeigen zu können, wie diese Geschichte endgültig auf den richtigen Weg gebracht werden könne. Daß er dies mit scheinbar streng wissenschaftlichen Methoden untermauerte und daher Glauben ganz durch Wissen ersetzte und Wissen zu Praxis machte, verlieh ihm seine ungeheure Faszination. Alle unerfüllten Verheißungen der Religionen schienen durch eine wissenschaftlich begründete politische Praxis einlösbar. Der Sturz dieser Hoffnung mußte eine ungeheure Ernüchterung mit sich bringen, die noch längst nicht verarbeitet ist. Ich halte es für durchaus denkbar, daß neue Formen des marxistischen Weltbildes auf uns zukommen werden. Fürs erste blieb Ratlosigkeit zurück. Das Versagen des einzigen Systems einer wissenschaftlich fundierten Lösung der menschlichen Probleme konnte nur den Nihilismus oder jedenfalls den totalen Relativismus ins Recht setzen.

Relativismus – die herrschende Philosophie

So ist in der Tat der Relativismus zum zentralen Problem für den Glauben in unserer Stunde geworden. Er erscheint freilich keineswegs nur als Resignation vor der Unermeßlichkeit der Wahrheit, sondern definiert sich auch positiv von den Begriffen der Toleranz, der dialogischen Erkenntnis und der Freiheit her, die durch die Behauptung einer für alle gültigen Wahrheit eingeschränkt würde. Relativismus erscheint so zugleich als die philosophische Grundlage der Demokratie, die eben darauf beruhe, daß niemand in Anspruch nehmen dürfe, den richtigen Weg zu kennen; sie lebe davon, daß alle Wege einander als Bruchstücke des Versuchs zum Besseren hin anerkennen und im Dialog nach Gemeinsamkeit suchen, zu der aber auch der Wettbewerb der letztlich nicht in eine gemeinsame Form zu bringenden Erkenntnisse gehöre. Ein System der Freiheit müsse seinem Wesen nach ein System sich verständigender relativer Positionen sein, die überdies von geschichtlichen Konstellationen abhängen und neuen Entwicklungen offenstehen müssen. Eine freiheitliche Gesellschaft sei eine relativistische Gesellschaft; nur unter dieser Voraussetzung könne sie frei und nach vorne hin offen bleiben.

Im politischen Bereich hat diese Konzeption weitgehend recht. Die einzig richtige politische Option gibt es nicht. Das Relative, die Konstruktion des freiheitlich geordneten Zusammenlebens der Menschen, kann nicht absolut sein – das zu meinen, war gerade der Irrtum des Marxismus und der politischen Theologien. Freilich kommt man auch im politischen Bereich mit dem totalen Relativismus nicht zu Rande: Es gibt Unrecht, das nie Recht werden kann (zum Beispiel Unschuldige zu töten; einzelnen oder Gruppen das Recht auf ihre Menschenwürde und auf entsprechende Verhältnisse zu versagen); es gibt Recht, das nie Unrecht werden kann. Man kann demnach im politisch-gesellschaftlichen Bereich dem Relativismus ein gewisses Recht nicht absprechen. Das Problem beruht darauf, daß er sich selbst grenzenlos setzt. Er wird nun ganz bewußt gerade auch auf das Feld der Religion und der Ethik angewendet. Nur in ein paar Andeutungen kann ich auf die Entwicklungen verweisen, die hier heute das theologische Gespräch bestimmen. Die sogenannte pluralistische Theologie der Religionen hatte sich zwar schon seit den fünfziger Jahren allmählich entfaltet, ist aber erst jetzt voll ins Zentrum des christlichen Bewußtseins gerückt.[68] Sie nimmt heute in etwa, was die Wucht ihrer Problematik wie auch ihre Präsenz in den ver-

---

68 Einen Überblick über die wichtigsten Autoren der pluralistischen Theologie der Religionen bietet P. Schmidt-Leukel: Das Pluralistische Modell in der Theologie der Religionen. Ein Literaturbericht, in: Theologische Revue 89 (1993) 353–370. Zur Auseinander-

schiedensten Kulturräumen angeht, die Stellung ein, die in den 1980er Jahren der Theologie der Befreiung zukam; übrigens verbindet sie sich vielfach mit ihr und versucht, ihr eine neue, aktuelle Gestalt zu geben. Ihre Spielarten sind sehr verschieden, so daß es nicht möglich ist, sie auf eine Kurzformel zu bringen und ihr Wesentliches in Kürze darzustellen. Sie ist einerseits ein typisches Kind der westlichen Welt und ihrer philosophischen Denkformen, berührt sich aber andererseits mit den philosophischen und religiösen Intuitionen Asiens, besonders des indischen Subkontinents in erstaunlicher Weise, so daß gerade die Berührung dieser beiden Welten ihr im gegenwärtigen geschichtlichen Augenblick eine besondere Stoßkraft gibt.

Relativismus in der Theologie – die Rücknahme der Christologie

Das wird deutlich sichtbar an einem ihrer Gründer und herausragenden Vertreter, dem amerikanischen Presbyterianer J. Hick, dessen philosophischer Ausgangspunkt in Kants Unterscheidung zwischen Phainomenon und Noounmenon liegt: Wir können nie die letzte Wirklichkeit in sich selbst, sondern immer nur ihr Erscheinen in unserer Weise des Wahrnehmens durch verschiedene »Linsen« hindurch sehen. Alles von uns Wahrgenommene ist nicht die eigentliche Realität, die sie in sich selber ist, sondern eine Spiegelung nach unseren Maßen. Diesen Ansatz, den Hick zunächst noch in einem christozentrischen Kontext

---

setzung damit: M. von Brück – J. Werbick, Der einzige Weg zum Heil? Die Herausforderung des christlichen Absolutheitsanspruchs durch pluralistische Religionstheologien (QD 143, Freiburg 1993); K.-H. Menke, Die Einzigkeit Jesu Christi im Horizont der Sinnfrage (Freiburg 1995) bes. 75–176. Menke bietet eine vorzügliche Einführung in die Ideen zweier Hauptvertreter dieser Strömung: J. Hick und P. F. Knitter, auf die ich mich im folgenden weitgehend stütze. Die Auseinandersetzung Menkes mit dieser Frage im zweiten Teil seines Werkes enthält viel Wichtiges und Bedenkenswertes, bleibt aber leider aufs Ganze gesehen unbefriedigend. Einen interessanten systematischen Versuch, das Problem der Religionen von der Christologie her neu anzugehen, bietet B. Stubenrauch, Dialogisches Dogma. Der christliche Auftrag zur interreligiösen Begegnung. QD 158 (Freiburg 1995). Vgl. zum Problem der pluralistischen Religionstheologie besonders auch das 1996 veröffentlichte Dokument der Internationalen Theologenkommission.

durchzuführen versucht hatte, hat er nach einem einjährigen Aufenthalt in Indien in einer, wie er selber sagt, kopernikanischen Wendung des Denkens in eine neue Form von Theozentrik umgewandelt. Die Identifikation einer einzelnen historischen Gestalt, Jesu von Nazareth, mit dem »Realen« selbst, dem lebendigen Gott, wird nun als Rückfall in den Mythos abgelehnt; Jesus wird bewußt zu einem der religiösen Genies unter anderen relativiert. Das Absolute bzw. den Absoluten selbst kann es in der Geschichte nicht geben, nur Modelle, nur Idealgestalten, die uns auf das ganz Andere ausrichten, das in der Geschichte eben als solches nicht zu fassen ist. Es ist klar, daß damit Kirche, Dogma, Sakramente gleichfalls ihre Unbedingtheit verlieren müssen. Solche endliche Vermittlungen absolutzusetzen, sie gar als reale Begegnungen mit der für alle gültigen Wahrheit des sich offenbarenden Gottes anzusehen, heißt dann, das Eigene absolutzusetzen und damit die Unendlichkeit des ganz anderen Gottes zu verfehlen.

Der Glaube, daß es tatsächlich Wahrheit, die verbindliche und gültige Wahrheit in der Geschichte selbst, in der Gestalt Jesu Christi und des Glaubens der Kirche gebe, wird von solcher Sicht her, wie sie weit über die Theorien von Hick hinaus das Denken beherrscht, als Fundamentalismus qualifiziert, der als der eigentliche Angriff auf den Geist der Neuzeit und als die in vielen Gestalten erscheinende grundlegende Bedrohung ihres höchsten Gutes, der Toleranz und der Freiheit erscheint. So hat auch weithin der Begriff Dialog, der durchaus in der platonischen und in der christlichen Tradition einen bedeutenden Stellenwert hatte, eine veränderte Bedeutung erhalten. Er wird geradezu zum Inbegriff des relativistischen Credo und zum Gegenbegriff gegen »Konversion« und Mission: Dialog im relativistischen Verständnis bedeutet, die eigene Position bzw. den eigenen Glauben auf eine Stufe mit den Überzeugungen der anderen zu setzen, ihm prinzipiell nicht mehr Wahrheit zuzugestehen als der Position des anderen. Nur wenn ich grundsätzlich voraussetze, der andere könne ebenso oder mehr recht haben als ich, komme überhaupt wirklicher Dialog zustande. Dialog müsse Austausch zwischen grundsätzlich gleichrangigen und daher gegeneinander relativen Positionen sein, mit dem Ziel, zu einem Maximum an Kooperation und Integration zwischen den verschiedenen Religionsgestalten zu gelangen.[69] Die relativistische Auflösung der Christologie und erst recht der Ekklesiologie wird nun zu einem zentralen Gebot der Religion. Um zu Hick zurückzukehren: Der Glaube an die Göttlichkeit eines einzelnen, so sagt er uns, führe zu Fanatismus und Partikularismus, zur Dissoziation von Glaube und Liebe; gerade dies aber ist zu überwinden.[70]

Der Rekurs auf die Religionen Asiens

Im Denken von J. Hick, den wir hier als herausragenden Vertreter des religiösen Relativismus besonders im Blick haben, berührt sich auf eine merkwürdige Weise die postmetaphysische Philosophie Europas mit der negativen Theologie Asiens, für die das Göttliche nie selbst und unverhüllt in die Welt des Scheins eintreten kann, in der wir leben: Es zeigt sich immer nur in relativen Spiegelungen und bleibt selbst jenseits aller Worte und jenseits allen Begreifens in absoluter Transzendenz.[71] Beide Philosophien sind an sich von ihrem Ausgangspunkt wie von der Richtung her, die sie der menschlichen Existenz vorgeben, grundverschieden. Aber sie scheinen sich doch gegenseitig in ihrem metaphysischen und religiösen Relativismus zu bestätigen. Der areligiöse und pragmatische Relativismus Europas und Amerikas kann sich von Indien her eine Art von religiöser Weihe leihen, die seinem Verzicht auf das Dogma die Würde höherer Ehrfurcht vor dem Geheimnis Gottes und des Menschen zu geben scheint. Umgekehrt wirkt der Rückgriff europäischen und amerikanischen Denkens auf die philosophische und theologische Vision Indiens verstärkend auf die Relativierung aller religiösen Gestalten zurück, die zum indischen Erbe gehört. So erscheint es nun auch für die

---

69 Vgl. dazu das äußerst lehrreiche Editoriale in Heft 1, 1996, 107–120 der Civiltà Cattolica: Il cristianesimo e le altre religioni. Das Editorial setzt sich besonders mit Hick, Knitter und R. Panikkar auseinander.
70 Vgl. z. B. J. Hick, An Interpretation of Religion. Human Responses to Transcendent (London 1989); Menke, a. a. O. 90.
71 Vgl. E. Frauwallner, Geschichte der indischen Philosophie. 2 Bände (Salzburg 1953 und 1956); H. v. Glasenapp, Die Philosophie der Inder (Stuttgart ^{4}1985); S. N. Dasgupta, History of Indian Philosophy. 5 Bände (Cambridge 1922–1955); K. B. Ramakrishna Rao, Ontology of Advaita with special reference to Māyā (Mulki 1964).

christliche Theologie in Indien geradezu als geboten, die als westlich angesehene Gestalt Christi aus ihrer Einzigartigkeit herauszuholen und gleichrangig neben indische Erlösungsmythen zu stellen: Der historische Jesus (so denkt man nun) ist so wenig einfach der Logos überhaupt, so wenig es irgendwelche anderen Erlösergestalten der Geschichte sind.[72] Daß sich der Relativismus hier im Zeichen der Begegnung der Kulturen als die wahre Menschheitsphilosophie zu empfehlen scheint, gibt ihm (wie vorhin schon angedeutet) in Ost und West zusehends eine Durchschlagskraft, die praktisch keinen Widerstand mehr zu gestatten scheint. Wer sich ihm entgegensetzt, stellt sich nicht nur der Demokratie und der Toleranz, also den Grundgeboten des menschlichen Miteinander entgegen; er beharrt eigensinnig auf der Vorrangstellung seiner eigenen, der westlichen Kultur und verweigert sich so dem Miteinander der Kulturen, das offenkundig das Gebot der Stunde ist. Wer beim Glauben der Bibel und der Kirche bleiben will, sieht sich fürs erste in ein kulturelles Niemandsland gestoßen; er muß sich erst neu mit der »Torheit Gottes« (1 Kor 1,18) zurechtfinden, um in ihr die wahre Weisheit zu erkennen.

Orthodoxie und Orthopraxie

Zu solchem Durchtasten auf die Weisheit, die in der Torheit des Glaubens liegt, hilft es, wenn wir uns wenigstens im Ansatz darüber zu vergewissern suchen, wozu nun die relativistische Religionstheorie von Hick dient, auf welchen Weg sie den Menschen weist. Letzten Endes bedeutet Religion für Hick, daß der Mensch von der »self-centredness« als der Existenz des alten Adam zur »reality-centredness« als der Existenzweise des neuen Menschen übergeht, also sich aus dem eigenen Ich heraus auf das Du des Nächsten hin ausstreckt.[73] Das klingt schön, ist aber bei Licht betrachtet inhaltlich so nichtssagend und leer wie Bult-

---

[72] Deutlich in diese Richtung bewegt sich F. Wilfred, Beyond Settled Foundations. The Journey of Indian Theology (Madras 1993); ders., Some tentative reflections on the Language of Christian Uniqueness: An Indian Perspective, in: Pont. Cons. pro Dialogo inter Religiones. Pro Dialogo. Bulletin 85–86 (1994/1) 40–57.
[73] J. Hick, Evil and the God of Love (Norfolk ⁴1975) 240f; An Interpretation of Religion 236–240; vgl. Menke, a. a. O. 81f.

manns Ruf zur Eigentlichkeit, den er aus Heidegger geschöpft hatte. Dazu braucht man Religion nicht. Der ehemalige katholische Priester P. Knitter hat, dies deutlich verspürend, die Leere einer letztlich auf den kategorischen Imperativ reduzierten Religionstheorie durch eine neue und inhaltlich gefülltere, konkretere Synthese zwischen Asien und Europa zu überwinden versucht.[74] Sein Vorschlag ist es, der Religion durch eine Verknüpfung der pluralistischen Religionstheologie mit den Befreiungstheologien neue Konkretheit zu geben. Der interreligiöse Dialog soll dadurch radikal vereinfacht und zugleich praktisch wirksam gemacht werden, daß man ihn auf eine einzige Prämisse gründet: »auf den Primat der Orthopraxie vor der Orthodoxie«.[75] Diese Überordnung der Praxis über das Erkennen ist auch gut marxistisches Erbe, aber der Marxismus konkretisiert seinerseits nur, was sich aus der Absage an die Metaphysik logisch ergibt: Wo das Erkennen unmöglich ist, bleibt nur noch das Handeln übrig. Knitter: Das Absolute kann man nicht begreifen, wohl aber tun. Die Frage ist: Wieso eigentlich? Woher kommt mir das rechte Handeln, wenn ich überhaupt nicht weiß, was recht ist? Das Scheitern der kommunistischen Regime beruht doch gerade darauf, daß man die Welt verändert hat, ohne zu wissen, was gut ist für die Welt und was nicht; ohne zu wissen, in welcher Richtung sie verändert werden muß, um besser zu werden. Die bloße Praxis ist kein Licht.

Hier ist der Punkt, an dem der Begriff Orthopraxie kritisch durchleuchtet werden muß. Die ältere Religionsgeschichte hatte festgestellt, daß die Religionen Indiens im allgemeinen keine Orthodoxie, wohl aber Orthopraxie kennen; von daher ist wohl der Begriff in die moderne Theologie geraten. Aber in der Beschreibung der Religionen Indiens hatte er einen ganz bestimmten Sinn: Man wollte damit sagen, daß diese Religionen keine allgemein verbindliche Glaubenslehre kennen und daß die Zugehörigkeit zu ihnen daher nicht mit der Annahme eines bestimmten Credo definiert ist. Wohl aber kennen diese Religionen ein System ritueller Handlungen, das als heilsnotwendig angesehen

---

74 J. Knitters Hauptwerk: No Other Name! A Critical Survey of Christian Attitudes toward the World Religions (New York 1985) wurde in viele Sprachen übersetzt. Vgl. dazu Menke, a. a. O. 94–110. Eine sorgsame kritische Würdigung bietet auch A. Kolping in seiner Rezension in: Theologische Revue 87 (1991) 234–240.
75 Vgl. Menke, a. a. O. 95.

wird und den »Gläubigen« vom Ungläubigen unterscheidet. Er wird nicht an bestimmten Denkinhalten erkannt, sondern durch die gewissenhafte Befolgung eines das ganze Leben umspannenden Rituals. Was Orthopraxie bedeutet, was also »richtiges Handeln« ist, ist sehr genau festgelegt: ein Kodex von Riten. Übrigens hatte das Wort Orthodoxie in der frühen Kirche und in den Kirchen des Ostens ursprünglich fast dieselbe Bedeutung. Denn bei dem Wortteil »-doxie« war Doxa natürlich nicht im Sinne von »Meinung« (richtige Meinung) verstanden – Meinungen sind nach griechischer Sicht immer relativ; Doxa war vielmehr im Sinn von »Herrlichkeit, Verherrlichung« verstanden. Orthodox sein bedeutete also: Die rechte Weise zu kennen und zu üben, wie Gott verherrlicht werden will. Es ist auf den Kult und vom Kult her auf das Leben bezogen. Insofern gäbe es hier sehr wohl eine tragfähige Brücke für einen fruchtbaren Dialog zwischen Ost und West.

Aber kehren wir zur Aufnahme des Wortes Orthopraxie in die moderne Theologie zurück. Hier dachte niemand mehr an die Befolgung eines Rituals. Das Wort gewann also eine durchaus neue Bedeutung, die mit den authentischen Vorstellungen Indiens nichts zu tun hat. Eines bleibt freilich: Wenn die Forderung nach Orthopraxie einen Sinn haben und nicht das Feigenblatt für Unverbindlichkeit sein soll, dann muß es auch eine für jedermann erkennbare gemeinsame Praxis geben, die über das allgemeine Gerede von Ich-Zentrierung und Du-Beziehung hinausgeht. Schließt man den rituellen Sinn aus, der in Asien gemeint war, so kann »Praxis« ethisch oder politisch verstanden werden. Orthopraxie würde im ersten Fall ein inhaltlich klar definiertes Ethos voraussetzen. Das wird freilich in der relativistischen Ethik-Diskussion durchaus ausgeschlossen: Das an sich Gute und das an sich Schlechte gebe es nun einmal nicht. Versteht man die Orthopraxie aber politisch-gesellschaftlich, dann ist wiederum die Frage, was richtiges politisches Handeln sei. Befreiungstheologien, die von der Überzeugung beseelt waren, der Marxismus sage uns deutlich, was die rechte politische Praxis ist, konnten den Begriff Orthopraxie sinnvoll gebrauchen. Hier gab es nicht Unverbindlichkeit, sondern eine für alle festliegende Form der richtigen Praxis, also wahre Orthopraxie, die die Gemeinschaft zusammenschloß und von denen unterschied, die sich dem richtigen Handeln versagten. Insofern waren die marxistisch bestimmten Befreiungstheologien auf ihre Weise logisch und konsequent. Wie man sieht, liegt aber dieser Orthopraxie durchaus eine gewisse Orthodoxie (im modernen Sinn) zugrunde – ein Gerüst verbindlicher Theorien über den Weg zur Freiheit. Knitter bleibt in der Nähe dieses Ansatzes, wenn er sagt, das Kriterium für die Unterscheidung der Orthopraxie von der Pseudopraxie sei die Freiheit.[76] Aber er bleibt uns schuldig, uns überzeugend und praktisch zu erklären, was Freiheit ist und was der wirklichen Befreiung des Menschen dient: die marxistische Orthopraxie gewiß nicht – das haben wir gesehen. Eines aber ist deutlich: Die relativistischen Theorien münden durchweg im Unverbindlichen und machen sich so selbst überflüssig, oder aber sie geben doch absolute Maßstäbe vor, die nun in der Praxis liegen und Absolutismen genau da aufrichten, wo sie in der Tat keinen Platz haben können. Tatsache ist freilich, daß heute auch in Asien zusehends befreiungstheologische Konzeptionen als vermeintlich mehr dem asiatischen Geist entsprechende Formen des Christentums dargeboten werden, die den Kern des religiösen Handelns in den politischen Bereich verlegen. Wo das Mysterium nicht mehr zählt, muß Politik zur Religion werden. Dem ursprünglichen Religionsverständnis Asiens ist freilich gerade dies zutiefst entgegengesetzt.

New Age

Der Relativismus von Hick, Knitter und von verwandten Theorien beruht letztlich auf einem Rationalismus, der die Vernunft im Sinne Kants der Erkenntnis des Metaphysischen unfähig erklärt;[77] die Neubegründung von Religion erfolgt auf pragmatischem Weg mit mehr ethischer oder mehr politischer Tönung. Es gibt aber auch eine bewußt anti-rationalistische Antwort auf die Erfahrung des »Alles ist relativ«, die unter dem vielschichtigen Titel New Age zusammengefaßt wird.[78] Der Ausweg aus dem Dilemma der Relativität wird nun nicht in einer neuen Be-

---

76 Vgl. Menke, a. a. O. 109.
77 Knitter wie Hick berufen sich für ihre Ablehnung des Absoluten in der Geschichte auf Kant; vgl. Menke, a. a. O. 78 und 108.
78 Der Begriff New Age oder Ära des Wassermanns wurde gegen die Mitte des 20. Jahrhunderts zu von Raul Le Cour (1937) und von Alice Bailey (sie sprach von 1945 empfange-

gegnung des Ich mit dem Du oder dem Wir gesucht, sondern in der Überwindung des Subjekts, in der ekstatischen Rückkehr in den kosmischen Reigen. Ähnlich wie die antike Gnosis weiß sich dieser Weg in völligem Einklang mit allem, was uns Wissenschaft lehrt, und beansprucht, wissenschaftliche Erkenntnis aller Art (Biologie, Psychologie, Soziologie, Physik) auszuwerten. Zugleich aber bietet er auf diesem Hintergrund ein durchaus antirationalistisches Modell von Religion, eine moderne »Mystik« an: Das Absolute ist nicht zu glauben, sondern zu erfahren. Gott ist nicht eine der Welt gegenüberstehende Person, sondern die das All durchwaltende geistige Energie. Religion bedeutet das Einschwingen meines Ich ins kosmische Ganze, die Überwindung aller Trennungen. K. H. Menke charakterisiert die geistesgeschichtliche Wende, die sich hier zuträgt, sehr genau, wenn er sagt: »Das Subjekt, das sich alles unterwerfen wollte, will sich nun in ›das Ganze‹ aufheben.«[79] Die objektivierende Ratio – so sagt uns New Age – versperrt uns den Weg zum Geheimnis der Wirklichkeit; das Ich-Sein schließt uns ab von der Fülle der kosmischen Wirklichkeit, es zerstört die Harmonie des Ganzen und ist der eigentliche Grund unserer Unerlöstheit. Die Erlösung liegt in der Entschränkung des Ich, im Eintauchen in die Fülle des Lebendigen, in der Heimkehr ins All. Die Ekstase wird gesucht, der Rausch des Unendlichen, der sich in rauschhafter Musik, in Rhythmus, Tanz, in Raserei des Lichts und des Dunkels, in der Masse Mensch zutragen kann. Hier wird nicht nur der neuzeitliche Weg zur Herrschaft des Subjekts zurückgenommen; hier muß der Mensch – um erlöst zu werden – sich selbst zurücknehmen lassen. Die Götter kehren wieder. Sie sind glaubhafter geworden als Gott. Ur-Riten sollen erneuert wer-

---

nen Botschaften über eine neue Weltordnung und eine neue Weltreligion) eingeführt. Zwischen 1960 und 1970 entstand in Kalifornien das Institut Esalen. Heute ist Marilyn Ferguson die bekannteste Sprecherin von New Age. Michael Fuß (New Age: Supermarkt alternativer Spiritualität, in: Communio 20, 1991, 148–157) sieht New Age als Resultat des Zusammenströmens jüdisch-christlicher Elemente mit dem Säkularisierungsprozeß, mit gnostischen Strömungen und mit Elementen orientalischer Religionen. Hilfreiche Orientierungen zum Thema bietet der in viele Sprachen übersetzte Hirtenbrief von Kardinal G. Danneels, Le Christ ou le Verseau (1990). Vgl. auch Menke, a. a. O. 31–36; J. Le Bar (Hg.), Cults, Sects and the New Age (Huntington, Indiana, o. J.).
79 A. a. O. 33.

den, in denen das Ich in die Geheimnisse des Alls initiiert und von sich selbst frei gemacht wird.

Die Erneuerung vorchristlicher Religionen und Kulte, die heute vielfach gesucht wird, hat viele Gründe. Wenn es die gemeinsame Wahrheit nicht gibt, die gilt, eben weil sie wahr ist, dann ist Christentum nur Import von auswärts, ein geistiger Imperialismus, den man nicht weniger abschütteln muß als den politischen. Wenn in den Sakramenten nicht die Berührung mit dem einen lebendigen Gott aller Menschen stattfindet, dann sind sie leere Rituale, die uns nichts sagen und nichts geben, bestenfalls das Numinosum spüren lassen, das in allen Religionen waltet. Dann erscheint es sinnvoller, das ursprünglich Eigene zu suchen, als sich das Fremde und Veraltete auflegen zu lassen. Vor allem aber: wenn die »nüchterne Trunkenheit« des christlichen Mysteriums uns nicht Gottes trunken machen kann, dann muß eben der reale Rausch wirksamer Ekstasen beschworen werden, deren Leidenschaft uns aufreißt und uns wenigstens einen Augenblick zu Göttern macht, uns einen Augenblick die Lust des Unendlichen spüren und den Jammer des Endlichen vergessen läßt. Je mehr die Vergeblichkeit politischer Absolutismen offenkundig wird, desto mächtiger wird die Attraktion des Irrationalismus, die Absage an die Realität des Alltags werden.[80]

Der Pragmatismus im kirchlichen Alltag

Neben diesen radikalen Lösungen und neben dem großen Pragmatismus der Befreiungstheologien gibt es aber auch den grauen Pragmatismus des kirchlichen Alltags, bei dem scheinbar alles mit rechten Dingen zugeht, in Wirklichkeit aber der Glaube verbraucht wird und ins Schäbige absinkt. Ich denke an zwei Phänomene, die ich mit Sorge betrachte. Da ist zum einen in unterschiedlichen Intensitätsstufen der Versuch, das Mehrheitsprinzip auf Glaube und Sitte auszudehnen, die

---

80 Dabei muß angemerkt werden, daß sich immer deutlicher zwei unterschiedliche Richtungen von New Age herauskristallisieren: eine gnostisch-religiöse, die das transzendentale und transpersonale Sein und darin das wahre Selbst sucht, und eine ökologisch-monistische Richtung, die die Materie und die Mutter Erde anbetet und sich im Öko-Feminismus mit dem Feminismus verbindet.

Kirche also endlich entschieden zu »demokratisieren«. Was der Mehrheit nicht einleuchtet, kann nicht verbindlich sein, so scheint es. Welcher Mehrheit eigentlich? Wird es morgen eine andere sein als heute? Ein Glaube, den wir selbst festlegen können, ist überhaupt kein Glaube. Und keine Minderheit hat einen Grund, sich durch eine Mehrheit Glauben vorschreiben zu lassen. Der Glaube und seine Praxis kommen entweder vom Herrn her durch die Kirche und ihre sakramentalen Dienste zu uns, oder es gibt ihn gar nicht. Der Auszug vieler aus dem Glauben beruht darauf, daß ihnen scheint, der Glaube könne von irgendwelchen Instanzen festgelegt werden, er sei eine Art Parteiprogramm; wer Macht habe, verfüge, was zu glauben sei, und so komme es darauf an, in der Kirche selbst an die Macht zu kommen, oder aber – logischer und einleuchtender – eben nicht zu glauben.

Der andere Punkt, auf den ich hinweisen wollte, betrifft die Liturgie. Die verschiedenen Phasen der Liturgiereform haben die Meinung aufkommen lassen, Liturgie könne beliebig verändert werden. Wenn es Unveränderliches gebe, so allenfalls die Wandlungsworte, alles andere könne man auch anders machen. Der nächste Gedanke ist logisch: Wenn eine zentrale Behörde das kann, warum nicht auch lokale Instanzen? Und wenn lokale Instanzen, warum eigentlich nicht die Gemeinde selbst? Sie müßte sich doch in der Liturgie ausdrücken und wiederfinden. Nach dem rationalistischen und puritanischen Trend der siebziger und auch noch der achtziger Jahre ist man heute der reinen Redeliturgien müde und möchte die Erlebnis-Liturgie, die sich sehr bald den Tendenzen von New Age annähert: Das Rauschhafte und Ekstatische wird gesucht, nicht die logiké latreia, die rationabilis oblatio (der vernunftgeformte, logosgemäße Gottesdienst), wovon Paulus und mit ihm die römische Liturgie spricht (Röm 12,1).

Zugegeben, ich überzeichne; was ich sage, beschreibt nicht die normale Situation unserer Gemeinden. Aber die Tendenzen sind da. Und darum ist Wachheit geboten, damit uns nicht unter der Hand ein anderes Evangelium als das vom Herrn geschenkte – Steine statt Brot – untergeschoben werde.

Aufgaben der Theologie

So stehen wir alles in allem vor einer merkwürdigen Situation: Die Befreiungstheologie hatte dem Christentum, der Dogmen müde, eine neue Praxis zu geben versucht, durch die nun doch Erlösung endlich Ereignis werden sollte. Aber diese Praxis hat Zerstörung hinterlassen, anstatt Freiheit zu bringen. So blieb der Relativismus und der Versuch, sich mit ihm zu arrangieren. Aber was dabei geboten wird, ist wiederum so leer, daß die relativistischen Theorien bei der Befreiungstheologie Hilfe suchen, um von dort aus praktisch werden zu können. New Age endlich sagt: Lassen wir das gescheiterte Experiment Christentum – kehren wir lieber zu den Göttern zurück, da lebt sich's besser. Viele Fragen tun sich auf. Greifen wir die am meisten praktische heraus: Wieso hat sich die klassische Theologie angesichts dieser Vorgänge als so wehrlos erwiesen? Wo liegen die Schwachstellen, an denen sie unglaubwürdig wurde?

Ich möchte zwei Punkte nennen, die sich von Hick und Knitter her aufdrängen. Beide berufen sich für ihre Rücknahme des Christusglaubens auf die Exegese: Sie sagen, die Exegese habe bewiesen, daß Jesus sich selbst gar nicht für den Sohn Gottes, für Gott im Fleisch hielt, sondern daß er erst hernach allmählich von seinen Anhängern dazu gemacht worden sei.[81] Beide – Hick deutlicher als Knitter – berufen sich des weiteren auf philosophische Evidenz. Hick versichert uns, Kant habe unwiderleglich bewiesen, daß das Absolute oder der Absolute in der Geschichte nicht erkannt werden und darin als solches auch nicht vorkommen könne.[82] Von der Struktur unserer Erkenntnis her kann es – Kant zufolge – das nicht geben, was der christliche Glaube behauptet: Wunder, Geheimnisse und Gnadenmittel sind Wahnglaube, so erläutert uns Kant in seinem Werk über »Die Religion innerhalb der Grenzen der bloßen Vernunft«.[83] Die Frage nach der Exegese und diejenige nach den Grenzen und Möglichkeiten unserer Vernunft, also nach den

---

81 Belege bei Menke, a. a. O. 90 und 97.
82 Vgl. Anm. 77.
83 B 302. Sehr anschaulich schildert aus eigener Erfahrung M. Kriele, Anthroposophie und Kirche. Erfahrungen eines Grenzgängers (Freiburg 1996), das geistige Klima, das aus dieser Philosophie entstanden und bis heute weithin prägend geblieben ist; bes. 18ff.

philosophischen Prämissen des Glaubens, scheinen mir in der Tat den eigentlichen Krisenpunkt der gegenwärtigen Theologie anzuzeigen, von dem aus der Glaube – immer mehr auch der Glaube der Einfachen – in die Krise gerät. Ich möchte hier nur versuchen, die Aufgabe anzudeuten, die sich uns von daher stellt. Zunächst – was die Exegese angeht, wäre vorab zu sagen, daß Hick und Knitter sich gewiß nicht auf die Exegese überhaupt berufen können, als ob dies alles ein klares und von allen anerkanntes Ergebnis sei. Das ist in historischer Forschung unmöglich, die solche Gewißheiten nicht kennt. Es ist noch viel unmöglicher bei einer Frage, die nicht rein historisch oder literarisch ist, sondern Wertentscheidungen einschließt, die über die bloße Feststellung des Vergangenen und über bloße Textinterpretation hinausgehen. Richtig ist aber, daß bei einem pauschalen Durchblick durch die moderne Exegese ein Eindruck zurückbleiben kann, der demjenigen von Hick und Knitter entspricht.

Welche Gewißheit kommt dem zu? Setzen wir voraus, die Mehrheit der Exegeten denke so (was bezweifelt werden darf), so bleibt die Frage: Wie begründet ist eine solche Mehrheitsmeinung? Meine These ist: Daß viele Exegeten so denken wie Hick und Knitter und die Geschichte Jesu dementsprechend rekonstruieren, beruht darauf, daß sie deren Philosophie teilen. Nicht die Exegese beweist die Philosophie, sondern die Philosophie bringt die Exegese hervor.[84] Wenn ich a priori (mit Kant

---

84 Sehr schön wird dies sichtbar in der Begegnung zwischen A. Schlatter und A. von Harnack zu Ende des 19. Jahrhunderts, die sorgsam aus den Quellen dargestellt ist bei W. Neuer, Adolf Schlatter. Ein Leben für Theologie und Kirche (Stuttgart 1996) 301ff. Schlatter dazu in einem Brief: »Den religiösen Unterschied haben wir definiert: er meinte, das Prophetenwort, ›ach, daß du den Himmel zerrissest‹ (Jes 64,1), sei eben unerfüllt; wir wären auf die psychologische Ebene eingeschränkt, aufs glauben ...« (306). Als Harnack im Kreis von Fakultätskollegen erklärte: »Vom Kollegen Schlatter unterscheidet mich nur die Wunderfrage!« rief Schlatter dazwischen: »Nein, die Gottesfrage!« Schlatter sah konkret in der Christologie die Grunddifferenz: »Ob uns Jesus gezeigt wurde, wie er ist ... oder ob das Neue Testament hinter unserer ›Wissenschaft‹ verschwand, das war die Frage ...« (307). An diesem Fragestand hat sich in hundert Jahren nichts geändert. Vgl. auch bei Kriele, a. a. O. das Kapitel über »Glaubensverlust durch Theologie«, 21–28. Ich habe meine Sicht des Problems darzustellen versucht in der von mir herausgegebenen Quaestio disputata: Schriftauslegung im Widerstreit (Freiburg 1989) 15–44. Vgl. auch den Sammelband I. de la Potterie – R. Guardini – J. Ratzinger – G. Colombo – E. Bianchi, L'esegesi cristiana oggi (Casale Monferrato 1991).

zu sprechen) weiß, daß Jesus nicht Gott sein kann, daß Wunder, Geheimnisse und Gnadenmittel dreierlei Arten von Wahnglauben sind, dann kann ich auch aus den heiligen Büchern nicht als Tatsache herausfinden, was nicht Tatsache sein kann. Dann kann ich nur herausfinden, warum und wie man zu solchen Behauptungen gelangte, wie sie sich allmählich gebildet haben.

Sehen wir etwas genauer zu. Die historisch-kritische Methode ist ein vorzügliches Instrument, um historische Quellen zu lesen und Texte zu interpretieren. Aber sie hat ihre Philosophie in sich, die im allgemeinen – etwa wenn ich die Geschichte der mittelalterlichen Kaiser zu erkennen versuche – kaum ins Gewicht fällt. Denn dabei möchte ich Vergangenheit kennenlernen, nicht mehr. Auch das geht freilich nicht wertfrei ab, und insofern gibt es auch hier Grenzen der Methode. Wendet man sie auf die Bibel an, so treten sehr deutlich zwei sonst kaum zu bemerkende Faktoren in Erscheinung: Die Methode will das Vergangene als Vergangenes erkennen. Sie will möglichst genau das Damalige in seiner Damaligkeit erfassen, an dem Punkt, an dem es damals stand. Und sie setzt voraus, daß die Geschichte im Prinzip einförmig ist: Der Mensch in all seiner Unterschiedenheit, die Welt in all ihren Verschiedenheiten, ist doch von gleichen Gesetzen und gleichen Grenzen bestimmt, so daß ich ausscheiden kann, was unmöglich ist. Was heute auf gar keine Weise geschehen kann, konnte auch gestern nicht geschehen und wird auch morgen nicht geschehen.

Bezieht man dies auf die Bibel, so heißt das: Ein Text, ein Ereignis, eine Person wird streng in seine Vergangenheit hinein fixiert. Man will herausbringen, was der damalige Autor damals gesagt hat und gesagt bzw. gedacht haben kann. Es kommt auf das »Historische«, das »Damalige« an. Deswegen vermittelt mir historisch-kritische Exegese die Bibel nicht ins Heute, in mein jetziges Leben hinein. Das ist ausgeschlossen. Sie entfernt sie im Gegenteil von mir und zeigt sie streng in der Vergangenheit angesiedelt. Dies ist der Punkt, an dem Drewermann mit Recht historisch-kritische Exegese kritisiert hat, sofern sie allein genügend sein will. Sie spricht ihrem Wesen nach nicht von heute, nicht von mir, sondern vom Gestern, vom anderen. Sie kann deshalb auch nie den Christus heute, morgen und in Ewigkeit, sondern immer nur, wenn sie sich treu bleibt, den Christus gestern zeigen.

Dazu kommt die zweite Voraussetzung, die Gleichartigkeit von Welt und Geschichte, also das, was Bultmann das moderne Weltbild nennt. M. Waldstein hat in sorgsamer Analyse gezeigt, daß Bultmanns Erkenntnistheorie ganz vom Marburger Neu-Kantianismus bestimmt war.[85] Von daher wußte er, was es geben und nicht geben kann. Bei anderen Exegeten wird das philosophische Bewußtsein weniger ausgeprägt sein, aber die Grundlegung durch die Erkenntnistheorie Kants ist stillschweigend immer anwesend, als selbstverständlicher hermeneutischer Einstieg, der den Weg der Kritik leitet. Weil es so ist, kann die kirchliche Autorität nicht einfach von außen her auferlegen, man müsse doch zu einer Christologie der Gottessohnschaft kommen. Wohl aber kann und muß sie dazu auffordern, die Philosophie der eigenen Methode kritisch zu überprüfen. Schließlich geht es in der Offenbarung Gottes gerade darum, daß er, der Lebendige und Wahre, in unsere Welt einbricht und so auch den Kerker unserer Theorien aufbricht, mit deren Gitterstäben wir uns selbst gegen dieses Kommen Gottes in unser Leben absichern wollen. Gottlob ist heute, in der Krise von Philosophie und Theologie, die wir durchleben, in der Exegese selbst eine neue Grundlagenbesinnung in Gang gekommen, nicht zuletzt auch durch Erkenntnisse, die durch die historisch sorgsame Auslegung der Texte gefunden worden sind.[86] Sie helfen dazu, das Gefängnis philosophischer Vorentscheidungen aufzubrechen, das die Auslegung lähmt: Die Weite des Wortes öffnet sich neu.

Das Problem der Exegese fällt, wie wir sahen, weitgehend mit dem Problem der Philosophie zusammen. Die Not der Philosophie, das heißt die Not, in die sich die positivistisch fixierte Vernunft hineinmanövriert hat, ist zur Not unseres Glaubens geworden. Er kann nicht frei werden, wenn die Vernunft selbst sich nicht neu öffnet. Wenn die Tür zu metaphysischer Erkenntnis verschlossen bleibt, wenn die von Kant fixierten Grenzen menschlichen Erkennens unüberschreitbar sind, dann muß

---

85 M. Waldstein, The Foundations of Bultmann's Work, in: Communio am. 1987, 115–145.
86 Vgl. z. B. den von C. E. Braaten und R. W. Jensson herausgegebenen Sammelband: Reclaiming the Bible for the Church (Cambridge, USA 1995), dort besonders den Beitrag von B. S. Childs, On Reclaiming the Bible for Christian Theology, 1–17.

der Glaube verkümmern: Es fehlt ihm einfach die Atemluft. Freilich, der Versuch mit einer streng autonomen Vernunft, die vom Glauben nichts wissen will, sich sozusagen selbst an den Haaren aus dem Sumpf der Ungewißheiten herausziehen zu wollen, wird letztlich kaum gelingen. Denn die menschliche Vernunft ist gar nicht autonom. Sie lebt immer in geschichtlichen Zusammenhängen. Geschichtliche Zusammenhänge verstellen ihr den Blick (wir sehen es); darum braucht sie auch geschichtliche Hilfe, um über ihre geschichtlichen Sperren hinwegzukommen. Ich bin der Meinung, daß der neuscholastische Rationalismus gescheitert ist, der mit einer streng glaubensunabhängigen Vernunft, mit rein rationaler Gewißheit die Praeambula Fidei rekonstruieren wollte; allen Versuchen, die das gleiche möchten, wird es letztlich nicht anders ergehen. Insoweit hatte Karl Barth schon recht, wenn er die Philosophie als glaubensunabhängige Glaubensgrundlage abwies: Dann würde unser Glaube letztlich auf wechselnden philosophischen Theorien gründen. Aber Barth irrte, wenn er deshalb den Glauben zum reinen Paradox erklärte, das immer nur gegen die Vernunft und gänzlich unabhängig von ihr bestehen könne. Nicht die mindeste Funktion des Glaubens ist es, daß er Heilungen für die Vernunft als Vernunft anbietet, sie nicht vergewaltigt, ihr nicht äußerlich bleibt, sondern sie gerade wieder zu sich selber bringt. Das geschichtliche Instrument des Glaubens kann die Vernunft als solche wieder freimachen, so daß sie nun – von ihm auf den Weg gebracht – wieder selber sehen kann. Um einen solchen neuen dialogischen Umgang von Glaube und Philosophie müssen wir uns mühen, denn beide brauchen einander. Die Vernunft wird ohne den Glauben nicht heil, aber der Glaube wird ohne die Vernunft nicht menschlich.

Ausblick

Betrachtet man die gegenwärtige geistesgeschichtliche Konstellation, von der ich einige Andeutungen zu geben versuchte, dann muß es geradezu als ein Wunder erscheinen, daß trotz allem immer noch christlich geglaubt wird – nicht bloß in den Ersatzformen von Hick, Knitter und anderen, sondern mit dem vollen, heiteren Glauben des Neuen Testaments, der Kirche aller Zeiten. Warum hat der Glaube überhaupt noch eine Chance? Ich würde sagen: Weil er dem Wesen des Menschen entspricht. Denn der Mensch ist weiter dimensioniert, als Kant und die verschiedenen nachkantischen Philosophien ihn sehen und ihm zugestehen wollen. Kant selbst hat es mit seinen Postulaten ja irgendwie auch einräumen müssen. Im Menschen lebt unauslöschlich die Sehnsucht nach dem Unendlichen. Keine der versuchten Antworten genügt; nur der Gott, der selbst endlich wurde, um unsere Endlichkeit aufzureißen und in die Weite seiner Unendlichkeit zu führen, entspricht der Frage unseres Seins. Deswegen wird auch heute der christliche Glaube wieder den Menschen finden. Unsere Aufgabe ist es, ihm mit demütigem Mut, mit der ganzen Kraft unseres Herzens und unseres Verstandes zu dienen.

2. KAPITEL

Wahrheit des Christentums?

1. GLAUBE ZWISCHEN VERNUNFT UND GEFÜHL

Die Krise des Glaubens in der Gegenwart

In seinen Gesprächen »im Umkreis der Atomphysik« berichtet Werner Heisenberg von einem im Jahr 1927 zu Brüssel stattgefundenen Dialog mit einigen jüngeren Physikern, an dem außer Heisenberg selbst auch Wolfgang Pauli und Paul Dirac teilnahmen. Man kam darauf zu sprechen, daß Einstein häufig von Gott rede und daß Max Planck die Ansicht vertrete, es gebe keinen Widerspruch zwischen Naturwissenschaft und Religion; beide seien – was damals ein eher überraschender Gedanke war – sehr wohl miteinander vereinbar. Heisenberg interpretierte diese neue Offenheit des Naturwissenschaftlers auf Religion von den Erfahrungen des eigenen Elternhauses her. Ihr liege die Auffassung zugrunde, daß es sich in Naturwissenschaft und Religion um zwei völlig verschiedene, nicht miteinander konkurrierende Sphären handle: In der Naturwissenschaft gehe es um richtig oder falsch; in der Religion um gut und böse, um wertvoll oder wertlos. Beide Bereiche werden getrennt der objektiven und der subjektiven Seite der Welt zugeordnet. »Die Naturwissenschaft ist gewissermaßen die Art, wie wir der objektiven Seite der Wirklichkeit gegenübertreten ... Der religiöse Glaube ist umgekehrt der Ausdruck einer subjektiven Entscheidung, mit der wir für uns die Werte setzen, nach denen wir uns im Leben richten.«[87] Diese Entscheidung habe natürlich verschiedene Vorbedingungen in

87 W. Heisenberg, Der Teil und das Ganze. Gespräche im Umkreis der Atomphysik (München 1969) 117.

Geschichte und Kultur, in Erziehung und Umwelt, sei aber – Heisenberg schildert immer noch das Weltbild seiner Eltern und dasjenige von Max Planck – letzten Endes subjektiv und daher dem Kriterium »richtig oder falsch« nicht ausgesetzt. Planck habe sich in dieser Weise subjektiv für die christliche Wertewelt entschieden; die beiden Bereiche – objektive und subjektive Seite der Welt – blieben dabei aber fein säuberlich getrennt. An dieser Stelle fügt Heisenberg an: »Ich muß gestehen, daß mir bei dieser Trennung nicht wohl ist. Ich bezweifle, ob menschliche Gemeinschaften auf die Dauer mit dieser scharfen Spaltung zwischen Wissen und Glauben leben können.«[88] Nun nimmt Wolfgang Pauli den Faden des Gesprächs auf und verstärkt Heisenbergs Zweifel, erhebt sie geradezu zur Gewißheit: »Die vollständige Trennung zwischen Wissen und Glauben ist sicher nur ein Notbehelf für eine sehr begrenzte Zeit. Im westlichen Kulturkreis zum Beispiel könnte in nicht zu ferner Zukunft der Zeitpunkt kommen, zu dem die Gleichnisse und Bilder der bisherigen Religion auch für das einfache Volk keine Überzeugungskraft mehr besitzen; dann wird, so fürchte ich, auch die bisherige Ethik in kürzester Zeit zusammenbrechen und es werden Dinge geschehen von einer Schrecklichkeit, von der wir uns jetzt noch gar keine Vorstellung machen können.«[89] Die Teilnehmer des Dialogs konnten damals, 1927, höchstens ahnen, daß schon kurze Zeit darauf jene unseligen zwölf Jahre beginnen würden, in denen sich tatsächlich Dinge »von einer Schrecklichkeit« abspielten, die vorher noch als unmöglich erscheinen mußten. Gewiß, es gab eine nicht ganz geringe Anzahl von Christen, solche mit bekannten Namen und namenlos Gebliebene, die sich von der Kraft ihres christlichen Gewissens her der dämonischen Gewalt widersetzten. Aber in der Breite war die Macht der Verführung stärker, das Mitläufertum gab dem Bösen den Weg frei.

Im neuen Aufbruch nach dem Krieg war die Zuversicht lebendig, daß solches nie mehr geschehen könne. Das damals in der »Verantwortung vor Gott« beschlossene Grundgesetz der Bundesrepublik Deutschland wollte Ausdruck sein für die Bindung des Rechts und der Politik an die großen moralischen Imperative des biblischen Glaubens. Die

88 Ebd. 117.
89 Ebd. 118, vgl. 295.

Zuversicht von damals verblaßt heute in der moralischen Krise der Menschheit, die neue, bedrängende Formen annimmt. Der Zusammenbruch alter religiöser Gewißheiten, der vor 70 Jahren noch aufzuhalten schien, ist inzwischen weithin Wirklichkeit geworden. So wird die Furcht vor einem damit unausweichlich verknüpften Zusammenbruch der Menschlichkeit überhaupt stärker und allgemeiner. Ich erinnere nur an die Warnungen von Joachim Fest, der mit der schwierigen Dialektik von Freiheit und Wahrheit, von Vernunft und Glaube ringt: »Wenn alle utopischen Modelle ... ins Ausweglose führen, zugleich aber die christlichen Gewißheiten ohne Kraft ... im Absturz begriffen sind, muß man sich damit abfinden, daß es für das Verlangen nach Transzendenz keine Antworten mehr gibt.«[90] Aber keiner der Appelle, die an den Menschen in dieser Situation gerichtet werden, »weiß zu sagen, wie er ohne Jenseits leben kann und ohne Furcht vor dem Jüngsten Tag, und doch Mal um Mal wider die eigenen Interessen und Begierden zu handeln vermag.«[91] Fest erinnert in diesem Zusammenhang an ein Wort Spinozas, das genau noch einmal die letztlich nicht zu ertragende Dialektik zwischen subjektiv und objektiv, zwischen Wahrheitsverzicht und Wertewillen bestätigt, die uns vorhin in der von Planck repräsentierten nachchristlich-bürgerlichen Welt begegnet war: »Wenn ich schon Atheist bin, möchte ich wenigstens wie ein Heiliger leben.«

Ich möchte hier nicht weiter schildern, wie Heisenberg mit seinen Freunden sowohl in dem Gespräch von 1927 wie in einem ähnlich gearteten von 1952, nun schon im Angesicht der nationalsozialistischen Schrecknisse geführten Dialog den Weg aus dieser Schizophrenie der Moderne zu bahnen versucht, sich müht, von einem nach seinen eigenen Gründen fragenden naturwissenschaftlichen Denken her zu einer zentralen Ordnung vorzustoßen, die Kompaß unseres Handelns wird und gleichermaßen zum subjektiven wie zum objektiven Bereich gehört.[92] Ich möchte hier auf einem anderen Weg versuchen, in dieselbe Richtung vorzustoßen.

Versuchen wir aber zunächst einmal, zusammenzufassen und zu

---

90 J. Fest, Die schwierige Freiheit. Über die offene Flanke der offenen Gesellschaft (Berlin 1993) 75.
91 Ebd. 79.
92 A. a. O. 288ff.

präzisieren, was bis jetzt zutage getreten ist. Die Aufklärung hatte das Ideal der »Religion innerhalb der Grenzen der bloßen Vernunft« auf den Schild gehoben. Aber diese reine Vernunftreligion zerbröckelte schnell, vor allem aber hatte sie keine das Leben tragende Kraft: Religion, die tragende Kraft für das ganze Leben werden soll, braucht zweifellos eine gewisse Einsichtigkeit. Der Zerfall der antiken Religionen wie die Krise des Christentums in der Neuzeit zeigen dies: Wenn Religion mit elementaren Gewißheiten einer Weltansicht nicht mehr in Einklang zu bringen ist, löst sie sich auf. Aber umgekehrt braucht Religion auch eine Ermächtigung, die über das selbst Erdachte hinausreicht, denn nur so ist die unbedingte Forderung annehmbar, die sie an den Menschen erhebt. So hat man nach dem Ende der Aufklärung aus dem Bewußtsein der Unverzichtbarkeit des Religiösen heraus nach einem neuen Raum für die Religion gesucht, in dem sie unangefochten von den weitergehenden Erkenntnissen der Vernunft sozusagen auf einem nicht mehr erreichbaren, von ihr nicht bedrohten Gestirn sollte leben können. Deshalb hatte man ihr das »Gefühl« als den ihr eigenen Sektor menschlicher Existenz zugewiesen. Schleiermacher war der große Theoretiker dieses neuen Religionsbegriffs: »Praxis ist Kunst, Spekulation ist Wissenschaft, Religion ist Sinn und Geschmack fürs Unendliche«,[93] definiert er. Klassisch geworden ist Fausts Antwort auf Gretchens Frage nach der Religion: »Gefühl ist alles. Name ist Schall und Rauch ...« Aber Religion, so nötig ihre Unterscheidung von der Ebene der Wissenschaft auch ist, läßt sich doch nicht sektorial einengen. Sie ist gerade dazu da, den Menschen zu seiner Ganzheit zu integrieren, Gefühl, Verstand und Wille aneinander zu binden und ineinander zu vermitteln und eine Antwort auf die Herausforderung des Ganzen, auf die Herausforderung von Leben und Sterben, von Gemeinschaft und Ich, von Gegenwart und Zukunft zu geben. Sie darf sich nicht anmaßen wollen, Probleme zu lösen, die ihre eigene Gesetzlichkeit haben, aber sie muß zu letzten Entscheidungen befähigen, in denen immer die Ganzheit des Menschen und der Welt im Spiele ist. Und gerade das ist doch unsere Not, daß wir heute die Welt sektorial auftei-

---

93 F. Schleiermacher, Über die Religion. Reden an die Gebildeten unter ihren Verächtern, Philosophische Bibliothek Bd. 225 (Hamburg 1958) 30.

len und dabei in einer bisher kaum abzusehenden Weise über sie denkend und handelnd verfügen können, daß aber die nicht abzuweisenden Fragen nach Wahrheit und Wert, nach Leben und Tod damit nur immer unbeantwortbarer werden.

Die Krise der Gegenwart beruht eben darauf, daß die Vermittlung zwischen dem subjektiven und dem objektiven Bereich ausfällt, daß Vernunft und Gefühl auseinanderdriften und dabei beide krank werden. Denn die sektorial spezialisierte Vernunft ist zwar ungeheuer stark und leistungsfähig, aber ob der Standardisierung eines einzigen Typs von Gewißheit und von Vernünftigkeit gestattet sie den Durchblick auf die grundlegenden Fragen des Menschen nicht mehr. Daraus folgt eine Hypertrophie im Bereich technisch-pragmatischen Erkennens, der eine Schrumpfung im Grundlagenbereich entgegensteht und so eine Störung des Gleichgewichts, die für das Humanum tödlich werden kann. Umgekehrt ist Religion heute keineswegs abgedankt. Es gibt in mehrfacher Hinsicht geradezu eine Hochkonjunktur des Religiösen, das aber ins Partikuläre zerfällt, sich nicht selten aus seinen großen geistigen Zusammenhängen löst und, anstatt den Menschen aufzurichten, ihm Machtsteigerung und Bedürfnisbefriedigung verheißt. Das Irrationale, das Abergläubische, das Magische wird gesucht; der Rückfall in anarchisch-zerstörerische Formen des Umgangs mit den verborgenen Mächten und Gewalten droht. Man könnte versucht sein zu sagen, es gebe heute keine Krise der Religion, wohl aber eine Krise des Christentums. Ich würde dem nicht zustimmen. Denn die bloße Ausbreitung religiöser oder religionsartiger Phänomene ist noch keine Blüte der Religion. Wenn Erkrankungsformen des Religiösen Hochkonjunktur haben, so bestätigt dies zwar, daß Religion nicht untergeht, aber es zeigt sie doch in einem Zustand ernster Krise. Auch der Anschein, anstelle des ermüdeten Christentums seien nun die asiatischen Religionen oder der Islam im Aufstieg begriffen, trügt. Daß in China und Japan die großen traditionellen Religionen dem Druck der neuzeitlichen Ideologien nicht oder nur ungenügend standzuhalten vermochten, ist offenkundig. Aber auch die religiöse Vitalität Indiens ändert nichts daran, daß auch dort ein geglücktes Miteinander zwischen den neuen Fragen und den alten Überlieferungen bisher nicht gelungen ist. Wieweit der neue Aufbruch der islamischen Welt von wirklich religiösen Kräften gespeist wird, bleibt gleichfalls zu fragen. Vielerorts – wir sehen es – droht auch hier eine pathologische Verselbständigung des Gefühls, die die Drohung des Schrecklichen nur verstärkt, von der Pauli, Heisenberg und Fest uns gesprochen haben. Es geht nicht anders: Vernunft und Religion müssen wieder zueinander kommen, ohne sich ineinander aufzulösen. Es geht nicht um Interessenwahrung alter religiöser Körperschaften. Es geht um den Menschen, um die Welt. Und beide sind offenbar nicht zu retten, wenn Gott nicht auf eine überzeugende Weise in Sicht kommt. Niemand kann sich anmaßen, fertig den Weg zu wissen, wie diese Not gelöst werden kann. Das ist schon deshalb nicht möglich, weil in einer freien Gesellschaft die Wahrheit keine anderen Mittel zu ihrer Durchsetzung suchen kann und darf als eben die Kraft der Überzeugung, Überzeugung aber in der Vielfalt der den Menschen bedrängenden Eindrücke und Forderungen sich nur schwer formt. Aber ein Versuch, den Weg zu finden, muß gewagt werden, um durch Konvergenzen, die sich zeigen, auch wieder Plausibilität zu schaffen für das, was meist weit außerhalb des Horizonts unserer Interessen liegt.

Der Gott Abrahams

Ich möchte hier nicht den Versuch Heisenbergs aufnehmen, von der eigenen Logik des naturwissenschaftlichen Denkens aus die Selbstüberschreitung der Wissenschaft und den Zugang zur »zentralen Ordnung« zu finden, so lohnend und so unentbehrlich solches Mühen ist. Mein Versuch in diesem Vortrag zielt darauf, sozusagen die innere Rationalität des Christlichen freizulegen. Dies soll in der Weise geschehen, daß wir fragen, was eigentlich dem Christentum im Verfall der Religionen der alten Welt jene Überzeugungskraft gegeben hat, durch die es einerseits den Untergang jener Welt auffangen und zugleich den auf die Bühne der Weltgeschichte hereintretenden neuen Kräften, den Germanen und den Slawen, seine Antworten so weiterzugeben vermochte, daß daraus unbeschadet mancher Umbrüche und Zerbrüche eine über eineinhalb Jahrtausende hin tragende Form des Wirklichkeitsverständnisses entstand, in der alte und neue Welt sich verschmelzen konnten.

Hier stoßen wir auf eine Schwierigkeit. Der christliche Glaube ist kein System. Er kann nicht wie ein geschlossenes Denkgebäude dargestellt werden. Er ist ein Weg, und dem Weg ist es eigen, daß er nur durch das Eintreten in ihn, das Gehen darauf erkennbar wird. Dies gilt in einem doppelten Sinn: Jedem einzelnen erschließt sich das Christliche nicht anders als im Experiment des Mitgehens; in seiner Ganzheit läßt es sich nur erfassen als geschichtlicher Weg, dessen wesentlichen Verlauf ich in großen Zügen andeuten möchte.

Der Weg beginnt mit Abraham. Bei der Skizze, die ich versuche, kann und will ich selbstverständlich nicht in das Gestrüpp der vielfältigen Hypothesen darüber eintreten, was in den alten Berichten als historisch betrachtet werden darf und was nicht. Hier geht es nur darum zu fragen, wie die schließlich geschichtstragend gewordenen Texte selbst jenen Weg sehen. Da ist dann als erstes zu sagen, daß Abraham ein Mensch war, der sich von einem Gott angeredet wußte und sein Leben aus diesem Gespräch gestaltete. Man könnte als Vergleich an Sokrates denken, dem ein »Daimonion«, eine merkwürdige Art der Eingebung, zwar nichts Positives offenbarte, aber den Weg verlegte, wenn er sich nur seinen eigenen Ideen hingeben oder der allgemeinen Meinung anschließen wollte.[94] Was können wir über diesen Gott Abrahams ausmachen? Er tritt noch keineswegs mit dem monotheistischen Anspruch des einzigen Gottes aller Menschen und der ganzen Welt auf, aber er hat doch eine sehr spezifische Physiognomie. Er ist nicht der Gott einer bestimmten Nation, eines bestimmten Landes; nicht der Gott eines bestimmten Bereiches, etwa der Luft oder des Wassers usw., was im religiösen Kontext von damals einige der wichtigsten Erscheinungsformen des Göttlichen waren. Er ist der Gott einer Person, eben Abrahams. Diese Besonderheit, daß er nicht einem Land, einem Volk, einem Lebensbereich zugehörte, sondern einer Person sich zuordnete, hat zwei bemerkenswerte Folgen.

Die erste Folge war, daß dieser Gott für den ihm zugehörigen, von ihm gewählten Menschen überall Macht hat. Seine Macht ist nicht an bestimmte geographische oder sonstige Grenzen gebunden, sondern er

---

94 Der negative Charakter dieser »Stimme« wird z. B. deutlich herausgestellt in: Apologia 31 d: nùv_ ôßò ãåvoì_vç ... Üåß Ü_oôñ__åé ... _ñoóôñ__åé ä_ o_ä__oôå. Vgl. über die Gestalt dieser Stimme R. Guardini, Der Tod des Sokrates (Mainz–Paderborn ⁵1987) 87ff.

kann die Person begleiten, schützen, führen, wo immer er will und wo immer diese Person hingeht. Auch die Landverheißung macht ihn nicht zum Gott eines Landes, das dann das allein Seinige wäre. Sie zeigt vielmehr, daß er Länder vergeben kann, wie er will. Wir können also sagen: Der Person-Gott wirkt translokal. Dazu kommt als zweites, daß er auch transtemporal wirkt, ja, seine Sprech- und Handlungsweise ist wesentlich das Futur. Seine Dimension scheint – vorerst jedenfalls – hauptsächlich die Zukunft zu sein, denn an Gegenwart gibt er recht wenig. Alles Wesentliche ist in der Kategorie der Verheißung des Kommenden gegeben – der Segen, das Land. Das bedeutet, daß er offenkundig über die Zukunft, über die Zeit verfügen kann. Für den betreffenden Menschen bringt dies eine Haltung ganz eigener Art mit sich. Er muß immer über das Gegenwärtige hinaus leben, Leben im Ausgestrecktsein auf ein anderes, Größeres. Die Gegenwart wird relativiert. Wenn man schließlich – das könnte ein drittes Element sein – die besondere Eigenart eines Gottes, sein Anderssein gegenüber anderen und anderem mit dem Begriff »Heiligkeit« benennt, so wird sichtbar, daß diese seine Heiligkeit, sein Selbstsein etwas mit der Würde des Menschen, mit seiner moralischen Integrität zu tun hat, wie die Geschichte von Sodom und Gomorrha zeigt. In ihr kommt einerseits die Nachsicht, die Güte dieses Gottes zum Vorschein, der um einiger Guter willen auch die Bösen zu schonen bereit ist; aber es kommt zugleich das Nein zur Störung der Menschenwürde zum Vorschein, das sich gerade im Gericht über die beiden Städte auswirkt.

Krise und Weitung von Israels Glaube im Exil

In der folgenden Entwicklung zum Zwölf-Stämme-Bund, mit der Landnahme, dem Entstehen des Königtums, dem Tempelbau und einer weit ausgefächerten kultischen Gesetzgebung scheint die Religion Israels weitgehend in den Religionstyp des Vorderen Orients einzutauchen. Der Gott der Väter, der Gott des Sinai, ist nun der Gott eines Volkes, eines Landes, einer bestimmten Lebensordnung geworden. Daß das nicht alles ist, daß etwas Besonderes bleibt und in allem Auf und Ab des religiösen Lebens in Israel sich das Eigene, Andere seines Gottesglaubens durchhält, ja weiter ausformt, zeigt sich im Augenblick des Exils. Normalerweise ist ein Gott, der sein Land verliert, sein Volk geschlagen zurückläßt und sein Heiligtum nicht zu schützen vermag, ein gestürzter Gott. Er hat nichts mehr zu sagen. Er verschwindet aus der Geschichte. Beim Exil Israels geschieht erstaunlicherweise das Gegenteil. Die Größe dieses Gottes, seine völlige Andersheit gegenüber den Gottheiten der Weltreligionen tritt hervor, der Glaube Israels gewinnt nun erst seine große Gestalt. Dieser Gott kann es sich leisten, sein Land anderen zu überlassen, weil er an kein Land gebunden ist. Er kann sein Volk besiegen lassen, um es gerade so aus seinen falschen religiösen Träumen aufzuwecken. Er ist nicht auf dieses Volk angewiesen, aber er läßt es in der Niederlage dennoch nicht fallen. Er ist auch auf den Tempel und den darin gefeierten Kult nicht angewiesen, wie es die gemeine Vorstellung ist: Die Menschen ernähren die Götter, und die Götter erhalten die Welt. Nein, er braucht diesen Kult nicht, der in gewisser Hinsicht sein Wesen verdeckte. So erwächst mit einem vertieften Gottesbild auch eine neue Kultidee. Wohl schon seit salomonischer Zeit hatte sich nämlich die Gleichsetzung des Persongottes der Väter mit dem Allgott, dem Schöpfer, vollzogen, den alle Religionen kennen, aber als den für die eigenen Anliegen nicht zuständigen Gott im allgemeinen aus der Verehrung ausgrenzen. Diese im Prinzip vollzogene, wenn auch wahrscheinlich im Bewußtsein bis dahin wenig wirksame Identifizierung wird nun zur Kraft des Überlebens: Israel hat gar keinen Sondergott, sondern es verehrt nur den einen Gott überhaupt. Dieser Gott hat zu Abraham gesprochen und Israel erwählt, aber er ist in Wirklichkeit doch der Gott aller Völker, der gemeinsame Gott, der alle Geschichte lenkt. Dazu gehört die Reinigung der Kultidee. Gott braucht keine Opfer, er muß nicht von den Menschen erhalten werden, weil alles ihm gehört. Das eigentliche Opfer ist der gottgemäß gewordene Mensch. 300 Jahre nach dem Exil, in der ähnlich schweren Krise der hellenistischen Unterdrückung des Tempelkultes, formuliert das Danielbuch: »Wir haben in dieser Zeit weder Vorsteher noch Propheten ... weder Brandopfer noch Schlachtopfer ... noch einen Ort, um dir die Erstlingsgaben darzubringen und um Erbarmen zu finden bei dir. Du aber nimm uns an! Wir kommen mit zerknirschtem Herzen und demütigem Sinn« (Dan 3,38f). Gleichzeitig tritt mit dem Fehlen einer der Macht und Güte

Gottes entsprechenden Gegenwart auch das futurische Element im Glauben Israels wieder stärker hervor, oder sagen wir vielleicht besser: die Relativierung der Gegenwart, die nur in einem größeren, den Augenblick, ja die ganze Welt überschreitenden Horizont recht bewältigt und verstanden werden kann.

Der Weg zur Universalreligion nach dem Exil

Die 500 Jahre nach dem Exil bis zum Auftreten Christi sind vor allem durch zwei neue Faktoren gekennzeichnet. Da ist zunächst das Aufstehen der sogenannten Weisheitsliteratur und die ihr zugrunde liegende geistige Bewegung. Neben Gesetz und Propheten, aus deren Büchern sich langsam ein Schriftkanon als Maßstab der Religion Israels zu bilden begann, erscheint ein dritter Pfeiler – eben die Weisheit.[95] Sie wird zunächst vor allem von den ägyptischen Weisheitstraditionen beeinflußt, läßt aber dann immer mehr auch die Berührung mit dem griechischen Geist erkennen. Hier wird vor allem der Ein-Gott-Glaube vertieft und die Kritik der Götter, die sich schon bei den Propheten zeigt, radikalisiert. Der Monotheismus wird weiter geklärt und gewinnt an rationaler Kraft durch die Verbindung mit dem Versuch eines vernünftigen Verstehens der Welt. Die Klammer zwischen Gottesgedanke und Weltdeutung wird eben im Begriff der Weisheit gefunden. Die Rationalität, die sich in der Struktur der Welt zeigt, wird als ein Reflex der schöpferischen Weisheit begriffen, aus der sie stammt. Die Wirklichkeitsansicht, die sich nun ausbildet, entspricht etwa der Frage, die Heisenberg in den weiter oben berührten Gesprächen formuliert, wenn er sagt: »Ist es völlig sinnlos, sich hinter den ordnenden Strukturen der Welt im Großen ein ›Bewußtsein‹ zu denken, dessen ›Absicht‹ sie sind?«[96] In den gegenwärtigen Diskussionen über das Zusammenspiel von Natur und Geist, etwa im Menschen, wird die Frage der Reduktion erörtert:

---

95 Nach wie vor grundlegend für das Verständnis der Weisheitsliteratur des Alten Testaments ist G. v. Rad, Weisheit in Israel (Neukirchen-Vluyn 1970); vgl. auch L. Bouyer, Cosmos (Paris 1982) 99–128.
96 A. a. O. 290.

Läßt sich das Phänomen Geist auf Materie reduzieren oder bleibt da ein unerklärbarer Überhang?[97] Hier würde man eher von der umgekehrten Sicht sprechen können: Geist ist imstande, Materie hervorzubringen, und ist als der eigentliche Ausgangspunkt der Wirklichkeit anzusehen, von der her sich das Ganze erklärt; bleibt die Frage: ob es nicht einen dunklen Überhang gibt, der sich nicht mehr darauf zurückführen läßt. Die Frage muß gestellt werden, ob eine solche Sicht weniger Wahrscheinlichkeit für sich hat als die von Monod formulierte und in gewisser Hinsicht für das gegenwärtige Denken durchaus repräsentative Meinung, das ganze Konzert der Natur steige aus störenden Geräuschen auf,[98] d. h. die Rationalität wäre abkünftig aus dem Irrationalen. Die Sicht der Weisheitsbücher, die Gott und Welt durch den Gedanken der Weisheit verknüpft, die Welt als Reflex der Rationalität des Schöpfers auffaßt, gestattet dann zugleich die Verknüpfung von Kosmologie und Anthropologie, von Verstehen der Welt und Moralität, weil die Weisheit, die die Materie und die Welt aufbaut, zugleich eine moralische Weisheit ist, die wesentliche Richtungen der Existenz ansagt. Die ganze Thora, das Lebensgesetz Israels, wird nun als Selbstdarstellung der Weisheit, als ihre Übersetzung in menschliche Rede und Weisung aufgefaßt. Aus all dem ergibt sich von selbst eine Nähe zum griechischen Geist, einerseits zu Motiven des Platonismus, andererseits zu der stoischen Verknüpfung von göttlicher Deutung der Welt und Moral.

Die Frage nach dem Überhang des Ungöttlichen, des Irrationalen in der Welt, die wir vorhin berührt haben, nimmt in der Weisheitsliteratur

---

97 Eine gute Information über die gegenwärtige Diskussion dieses Themas bietet G. Brüntrup, Das Leib-Seele-Problem. Eine Einführung (Stuttgart 1996). Vgl. auch O. B. Linke – M. Kurthen, Parallelität von Gehirn und Seele. Neurowissenschaft und Leib-Seele-Problem (Stuttgart 1988).
98 J. Monod, Zufall und Notwendigkeit. Philosophische Fragen der modernen Biologie (München ^{5}1973) 149; vgl. 141f: »... so folgt daraus mit Notwendigkeit, daß *einzig* und allein der Zufall jeglicher Neuerung, jeglicher Schöpfung in der belebten Natur zugrunde liegt. Der reine Zufall, nichts als der Zufall, die absolute, blinde Freiheit als Grundlage des wunderbaren Gebäudes der Evolution – diese zentrale Erkenntnis der modernen Biologie ist heute nicht mehr nur eine unter möglichen oder wenigstens denkbaren Hypothesen; sie ist die *einzig* vorstellbare, da sie allein sich mit den Beobachtungs- und Erfahrungstatsachen deckt.« Vgl. J. Ratzinger, Im Anfang schuf Gott. Einsiedeln–Freiburg ^{2}1996, 53–59.

die Form eines dramatischen Ringens mit der Theodizee-Frage an: Die Erfahrung des Leidens in der Welt wird zum großen Thema – einer Welt, in der das Recht, das Gute, die Wahrheit immer wieder verlieren gegenüber der Skrupellosigkeit der Mächtigen. Dies bringt nun von einem ganz anderen Ausgangspunkt her eine Vertiefung der Moral mit sich, die sich von der Frage des Erfolgs ablöst und gerade im Leiden, im Unterliegen der Gerechtigkeit Sinn sucht. Schließlich erscheint in Ijob die Gestalt des exemplarisch Frommen und zugleich exemplarisch Leidenden außerhalb der Grenzen Israels.[99]

Der inneren Annäherung an die griechische Geisteswelt, an ihre Aufklärung und Philosophie, entspricht dann logischerweise ein zweiter wichtiger Schritt: der Übergang des Judentums in die griechische Welt, der sich vor allem in Alexandrien als dem zentralen Ort der Begegnung der Kulturen vollzogen hat. Der wichtigste Vorgang in diesem Prozeß war die Übersetzung des Alten Testaments ins Griechische, deren Grundstock – die fünf Bücher Mose – bereits im dritten Jahrhundert vor Christus gefertigt wurde. Bis zum ersten Jahrhundert hin bildete sich dann ein griechischer Kanon der heiligen Bücher aus, der von den Christen als ihr Kanon des Alten Testaments übernommen wurde.[100] Die Bezeichnung dieser griechischen Übersetzung der alttestamentlichen Bibel als »Septuaginta« (Buch der 70) beruht auf der alten Legende, die Übersetzung sei das Werk von 70 Gelehrten gewesen. 70 war nach Dtn 32,8 die Zahl der Weltvölker. So mag diese Legende bedeuten, daß in dieser Übersetzung das Alte Testament aus Israel heraustritt und zu den Völkern der Erde kommt. Das war in der Tat die Wirkung dieses Buches, das in seiner Übersetzung in vieler Hinsicht den universalistischen Zug in der Religion Israels weiter akzentuierte – nicht zuletzt im Gottesbild, wenn nun der Gottesname JHWH nicht als solcher erscheint, sondern durch das Wort Kyrios – Herr – ersetzt wird.

---

99 Zu Ijob ist vor allem der große, auch auf die modernen philosophischen und theologischen Deutungen der Gestalt eingehende Kommentar von G. Ravasi zu vergleichen: Giobbe. Traduzione e commento (Roma ³1991).
100 Zur Frage nach dem Verhältnis von hebräischem und griechischem Kanon und nach dem Alten Testament der Christen vgl. Chr. Dohmen, Der Biblische Kanon in der Diskussion, in: Theologische Revue 91 (1995) 451–460; A. Schenker, Septuaginta und christliche Bibel, ebd. 459–464.

So wird der geistige Gottesbegriff des Alten Testaments weiter vorangetrieben, was der Sache nach durchaus dem inneren Gefälle der angedeuteten Entwicklung gemäß war. Der ins Griechische übersetzte Glaube Israels, wie er sich in seinen heiligen Büchern spiegelte, wurde alsbald zu einer Faszination für den aufgeklärten Geist der Antike, deren Religionen seit der sokratischen Kritik immer mehr ihre Glaubwürdigkeit eingebüßt hatten. Im sokratischen Denken war aber – im Gegensatz zu den sophistischen Strömungen – nicht der Skeptizismus oder gar der Zynismus oder der bloße Pragmatismus bestimmend; mit ihm war zugleich die Sehnsucht nach der angemessenen und doch das eigene Vermögen der Vernunft überschreitenden Religion aufgebrochen. So geht man einerseits auf die Suche nach den Verheißungen der Mysterienkulte, die aus dem Osten vordringen, andererseits erscheint der jüdische Glaube als die rettende Antwort. Da ist nun eine Verbindung zwischen Gott und Welt, zwischen Rationalität und Offenbarung, die genau den Postulaten der Vernunft und der tieferen religiösen Sehnsucht antwortete. Da ist der Monotheismus, der nicht aus philosophischer Spekulation kommt und darum religiös kraftlos bleibt, weil man nicht die eigenen Denkgebilde, die eigenen philosophischen Hypothesen anbeten kann. Dieser Monotheismus kommt aus ursprünglicher religiöser Erfahrung und bestätigt nun sozusagen von oben her, was das Denken tastend gesucht hatte. Die Religion Israels muß für die besten Kreise der späten Antike eine ähnliche Faszination gehabt haben, wie die Welt Chinas in der Zeit der Aufklärung für Westeuropa, wo man meinte (zu Unrecht, wie wir heute wissen), endlich eine Gesellschaft ohne Offenbarung und Mysterien, eine Religion der reinen Moral und Vernunft gefunden zu haben. So hat sich über die antike Welt hin ein Netz von sogenannten Gottesfürchtigen gebildet, die sich an die Synagoge und ihren reinen Kult des Wortes anlehnten, in der Anlehnung an den Glauben Israels sich mit dem einen Gott in Berührung wußten. Dieses Netz von Gottesfürchtigen gemäß dem griechisch gewordenen Glauben Israels war die Voraussetzung der christlichen Mission: Das Christentum war jene ins Universale geweitete Gestalt des Judentums, in der nun das vollends geschenkt wurde, was das Alte Testament bis dahin noch nicht zu geben vermochte.

Christentum als Synthese von Glaube und Vernunft

Der in der Septuaginta dargestellte Glaube Israels zeigte den Zusammenklang von Gott und Welt, von Vernunft und Geheimnis. Er gab moralische Weisung, aber etwas fehlte doch: Der Universalgott war dennoch an ein bestimmtes Volk gebunden; die universale Moral war mit sehr partikulären Lebensformen verknüpft, die außerhalb Israels gar nicht gelebt werden konnten; der geistige Kult war immer noch an Rituale des Tempels geknüpft, die man symbolisch auslegen mochte, aber die doch im Grunde von der prophetischen Kritik überholt und für den fragenden Geist nicht mehr aneignungsfähig waren. Ein Nichtjude konnte immer nur in einem äußeren Ring dieser Religion stehen. Er blieb »Proselyt«, weil die volle Zugehörigkeit an die blutsmäßige Abstammung von Abraham, an eine völkische Gemeinschaft gebunden war. Auch blieb das Dilemma, wieweit nun doch das spezifisch Jüdische notwendig war, um diesem Gott recht dienen zu können, und wem es zustand, da die Grenze zwischen dem Unverzichtbaren und dem geschichtlich Zufälligen oder Überholten zu ziehen. Volle Universalität war nicht möglich, weil volle Zugehörigkeit nicht möglich war. Hier hat erst das Christentum den Durchbruch gebracht, die »Mauer niedergerissen« (Eph 2,14), und dies in einem dreifachen Sinn: Die Blutsbande mit dem Stammvater sind nicht mehr nötig, weil der Anschluß an Jesus die völlige Zugehörigkeit, die wahre Verwandtschaft bewirkt. Jeder kann nun ganz zu diesem Gott gehören, alle Menschen sollen sein Volk werden dürfen und können. Die partikulären Rechts- und Moralordnungen verpflichten nicht mehr; sie sind zu einem geschichtlichen Vorspiel geworden, weil in der Person Jesu Christi alles zusammengefaßt ist und wer ihm nachfolgt, das ganze Wesen des Gesetzes in sich trägt und erfüllt. Der alte Kult ist hinfällig und aufgehoben in der Selbsthingabe Jesu an Gott und die Menschen, die nun als das wahre Opfer erscheint, als der geistige Kult, in dem Gott und Mensch sich umarmen und versöhnt werden, wofür das Herrenmahl, die Eucharistie, als reale und jederzeit gegenwärtige Gewißheit steht. Vielleicht der schönste und bündigste Ausdruck dieser neuen christlichen Synthese findet sich in einem Bekenntniswort des ersten Johannesbriefs: »Wir haben der Liebe geglaubt« (1 Joh 4,16). Christus war für diese Menschen zur Entdekkung der schöpferischen Liebe geworden; die Vernunft des Weltalls hatte sich als Liebe offenbart – als jene größere Rationalität, die auch das Dunkle und Irrationale in sich aufnimmt und heilt.

So war die geistige Bewegung, die im Weg Israels erkennbar war, an ihr Ziel gekommen, die ungebrochene Universalität nun praktische Möglichkeit. Vernunft und Geheimnis trafen sich; gerade das Zusammenziehen des Ganzen in einem hatte die Türen für alle geöffnet: Alle Menschen können Brüder, Geschwister werden von dem einen Gott her. Und auch das Thema Hoffnung und Gegenwart erhält neue Form: Die Gegenwart läuft auf den Auferstandenen zu, auf eine Welt, in der Gott alles in allem sein wird. Aber gerade von daher wird sie auch als Gegenwart bedeutsam und wertvoll, weil sie jetzt schon von der Nähe des Auferstandenen durchtränkt ist und der Tod nicht mehr das letzte Wort hat.

Auf der Suche nach einer neuen Evidenz

Kann diese Evidenz, die damals die antike Welt zuinnerst traf und verwandelte, wiederhergestellt werden? Oder ist sie unwiderruflich verloren? Was steht ihr im Wege? Für ihren gegenwärtigen Verfall gibt es viele Ursachen, aber ich würde sagen, die wichtigste bestehe in der Selbstbeschränkung der Vernunft, die paradoxerweise auf ihren Erfolgen beruht: Die methodischen Gesetze, die ihren Erfolg gebracht haben, sind durch ihre Verallgemeinerung zu einem Gefängnis geworden. Die Naturwissenschaft, die die neue Welt gebildet hat, beruht auf einer philosophischen Grundlage, die letztlich bei Platon zu suchen ist.[101] Kopernikus, Galilei, auch Newton waren Platoniker. Ihre Grund-

---

101 Zum platonischen Ursprung der modernen Naturwissenschaft vgl. N. Schiffers, Fragen der Physik an die Theologie (Düsseldorf 1968); W. Heisenberg, Das Naturbild der heutigen Physik (Reinbek 7 1959). Vgl. auch Monod, a. a. O., z. B. 133, wo er ausdrücklich die moderne Biologie als dem Platonismus verdankt darstellt: Durch die modernen Erkenntnisse, so sagt er, wurden die »Hoffnungen der überzeugtesten ›Platoniker‹ mehr als erfüllt«. Eine gewisse Nähe der modernen Physik zu den Intuitionen von Platon und Plotin räumt auch B. d'Espagnat, La physique actuelle et la philosophie ein, in: Revue des sciences morales et politiques 1997 n. 3, 29–45.

voraussetzung war, daß die Welt mathematisch, geistig strukturiert ist und daß man sie von dieser Voraussetzung her enträtseln und im Experiment begreiflich wie nutzbar machen kann. Das Neue besteht in der Verbindung von Platonismus und Empirie, von Idee und Experiment. Das Experiment beruht auf einer ihm vorangehenden Deutungsidee, die dann im praktischen Versuch abgetastet, korrigiert und für weitere Fragen eröffnet wird. Nur dieser mathematische Vorgriff gestattet dann Verallgemeinerungen, die Erkenntnis von Gesetzen, die zweckmäßiges Handeln ermöglichen. Alles naturwissenschaftliche Denken und alle technische Anwendung beruht auf der Voraussetzung, daß die Welt nach geistigen Gesetzen geordnet ist, Geist in sich trägt, der von unserem Geist nachgezeichnet werden kann. Aber zugleich ist seine Wahrnehmung an die Überprüfung durch die Erfahrung geknüpft. Jeder Gedanke, der über die Verknüpfung hinausgehen, Geist in sich selbst oder als der gegenwärtigen Welt vorausgehend ansehen würde, widerspricht der methodischen Zucht der Wissenschaft und ist daher als vorwissenschaftliche, unwissenschaftliche Denkweise in den Bann getan. Der Logos, die Weisheit, wovon die Griechen einerseits, Israel andererseits geredet haben, ist in die materielle Welt zurückgenommen und außerhalb ihrer nicht mehr diskutabel.

Innerhalb des spezifischen Weges der Naturwissenschaft ist diese Beschränkung richtig und notwendig. Wenn sie aber zur unüberschreitbaren Form menschlichen Denkens erklärt wird, wird die Grundlage der Wissenschaft selbst widersprüchlich. Denn sie behauptet und leugnet den Geist zugleich. Vor allem aber ist eine so sich beschränkende Vernunft eine amputierte Vernunft. Wenn der Mensch nach den wesentlichen Dingen seines Lebens, nach seinem Woher und Wohin, nach seinem Sollen und Dürfen, nach Leben und Sterben nicht mehr vernünftig fragen kann, sondern diese entscheidenden Probleme einem von der Vernunft abgetrennten Gefühl überlassen muß, dann erhebt er die Vernunft nicht, sondern entehrt sie. Die Desintegration des Menschen, die damit gesetzt ist, ruft die Pathologie der Religion und die Pathologie der Wissenschaft gleichermaßen hervor. Daß es heute in der Lösung der Religion aus der Verantwortung vor der Vernunft in wachsendem Maß pathologische Religionsformen gibt, ist offenkundig. Aber wenn wir an menschenverachtende wissenschaftliche Projekte wie Klonierung von Menschen, die Produktion von Föten – das heißt von Menschen – zum Zweck der Ausnutzung von Organen für die Herstellung von pharmazeutischen Produkten oder auch überhaupt zu wirtschaftlicher Verwertung denken oder auch wenn wir uns an die Instrumentalisierung der Wissenschaft zur Herstellung immer schrecklicherer Mittel der Zerstörung des Menschen und der Welt erinnern, dann ist offenkundig, daß es auch pathologisch gewordene Wissenschaft gibt: Wissenschaft wird pathologisch und lebensgefährlich, wo sie sich aus dem Zusammenhang der sittlichen Ordnung des Menschseins verabschiedet und nur noch autonom ihre eigenen Möglichkeiten als ihren einzig zulässigen Maßstab anerkennt.

Das bedeutet: Der Radius der Vernunft muß sich wieder weiten. Wir müssen aus dem selbstgebauten Gefängnis wieder herauskommen und andere Formen der Vergewisserung wieder erkennen, in denen der ganze Mensch im Spiel ist. Was wir brauchen, ist etwas Ähnliches wie das, was wir bei Sokrates finden: eine wartende Bereitschaft, die sich offenhält und ausschaut über sich hinaus. Diese Bereitschaft hat damals die beiden geistigen Welten – Athen und Jerusalem – zusammengeführt und eine neue Geschichtsstunde ermöglicht. Wir brauchen eine neue Bereitschaft des Suchens und auch die Demut, die sich finden läßt. Die Strenge der methodischen Disziplin darf nicht nur Wille zum Erfolg, sie muß Wille zur Wahrheit sein, Bereitschaft für sie. Die methodische Strenge, die sich immer wieder nötigen läßt, sich dem Gefundenen zu unterwerfen und nicht die eigenen Wünsche durchzusetzen, kann eine große Schule des Menschseins bilden und den Menschen wahrheitsfähig machen. Die Demut, die sich dem Gefundenen beugt und es nicht manipuliert, darf aber nicht zur falschen Bescheidenheit werden, die den Mut zur Wahrheit nimmt. Um so mehr muß sie sich der Sucht nach Macht entgegenstellen, die die Welt nur noch beherrschen und nicht mehr ihre eigene innere Logik wahrnehmen will, die unserem Herrschaftswillen Grenzen setzt. Die ökologischen Katastrophen könnten da zu einer Warnung werden, um zu sehen, wo Wissenschaft nicht mehr Dienst an der Wahrheit, sondern Zerstörung der Welt und des Menschen wird. Die Hörfähigkeit für solche Warnungen, der Wille, sich selbst reinigen zu lassen von der Wahrheit, ist unerläßlich. Ich würde hinzufügen: Die mystische Fähigkeit des menschlichen

Geistes müßte wieder gestärkt werden. Die Fähigkeit, sich selbst zurückzunehmen, eine größere innere Offenheit, eine Zucht, die sich dem Lauten und Aufdringlichen entzieht, müssen uns wieder als Ziele erscheinen, die zu unseren Prioritäten gehören. Bei Paulus steht die Mahnung, der innere Mensch müsse stärker werden (Eph 3,16). Seien wir ehrlich: Es gibt heute eine Hypertrophie des äußeren Menschen und eine bedenkliche Schwächung seiner inneren Kraft.

Um nicht allzu abstrakt zu bleiben, möchte ich das Gemeinte zum Schluß mit einem Bild verdeutlichen, das einer geschichtlichen Erfahrung entnommen ist. Papst Gregor der Große († 604) erzählt in seinen *Dialogen* von den letzten Lebenswochen des heiligen Benedikt. Der Ordensgründer hatte sich im oberen Stockwerk eines Turmes zum Schlafen gelegt, zu dem von unten her »eine gerade Stiege« hinaufführte. Er habe sich dann vor der Zeit des nächtlichen Gebetes erhoben, um Nachtwache zu halten. »Er stand am Fenster und flehte zum allmächtigen Gott. Während er mitten in die dunkle Nacht hinausschaute, sah er plötzlich ein Licht, das sich von oben her ergoß und alle Finsternis der Nacht vertrieb ... Etwas ganz Wunderbares ereignete sich in dieser Schau, wie er später selbst erzählte: Die ganze Welt wurde ihm vor Augen geführt, wie in einem einzigen Sonnenstrahl gesammelt.«[102] Gegen diesen Bericht erhebt der Gesprächspartner Gregors Einspruch, mit derselben Frage, wie sie sich auch dem heutigen Hörer aufdrängt: »Was du gesagt hast, daß Benedikt die ganze Welt in einem einzigen Sonnenstrahl gesammelt vor Augen sehen durfte, das habe ich noch nie erlebt und kann es mir auch nicht vorstellen. Wie könnte denn jemals ein Mensch die Welt als Ganze schauen?« Der wesentliche Satz in der Antwort des Papstes lautet: »Wenn er ... die ganze Welt als Einheit vor sich sah, so wurde nicht Himmel und Erde eng, sondern die Seele des Schauenden weit ...«[103]

In dieser Darstellung sind alle Details bedeutsam: die Nacht, der Turm, die Stiege, das Obergemach, das Stehen, das Fenster. All das hat

---

102 Gregor der Große, Dialogi II 35, 1–3. Ich benutze die lateinisch-deutsche Ausgabe der Salzburger Äbtekonferenz: Gregor d. Gr., Der hl. Benedikt. Buch II der Dialoge (St. Ottilien 1995). Meine Interpretation stützt sich weitgehend auf die ausgezeichnete Einführung, die sich dort findet, bes. 53–64.
103 II 35, 5 und 7.

über die topographische und biographische Schilderung hinaus eine große symbolische Tiefe: Dieser Mensch ist in einem langen und mühsamen Weg, der in einer Höhle bei Subiaco begann, auf den Berg und schließlich auf den Turm gestiegen. Sein Leben war ein inneres Aufsteigen, Stufe um Stufe auf der »geraden Leiter«. Er ist im Turm angelangt und da noch einmal im »Obergemach«, das von der Apostelgeschichte an als Symbol der Sammlung nach oben, des Heraussteigens aus der Welt des Werkens und des Machens gilt. Er steht am Fenster – er hat den Ort des Ausblicks gesucht und gefunden, an dem die Mauer der Welt aufgeschlagen ist und der Blick ins Freie hinaus sich öffnet. Er steht. Das Stehen ist in der Mönchstradition Sinnbild des Menschen, der sich aus seiner Verkrümmung aufgerichtet hat, nicht mehr in sich verklemmt nur noch zur Erde schauen kann, sondern die aufrechte Haltung und so den freien Blick nach oben wiedergewonnen hat.[104] So wird er zu einem Sehenden. Nicht die Welt wird eng, sondern seine Seele weit, da er nicht mehr vom einzelnen absorbiert ist, von den Bäumen, die den Wald nicht erkennen lassen, sondern den Blick aufs Ganze gewonnen hat. Besser: er kann das Ganze sehen, weil er aus der Höhe sieht, und die kann er finden, weil er innerlich weit geworden ist. Die alte Tradition vom Menschen als Mikrokosmos, der die ganze Welt umspannt, mag nachklingen. Aber das Wesentliche ist eben dies: Der Mensch muß aufsteigen lernen, er muß weit werden. Er muß am Fenster stehen. Er muß Ausschau halten. Und dann kann das Licht Gottes ihn anrühren, er kann ihn erkennen und von ihm her den wahren Über-Blick gewinnen. Die Fixierung auf die Erde darf nicht so ausschließlich werden, daß wir des Aufstiegs, der aufrechten Haltung unfähig werden. Die großen Menschen, die im geduldigen Aufsteigen und in den erlittenen Reinigungen ihres Lebens Sehende und darum Wegweiser der Jahrhunderte geworden sind, gehen uns auch heute an. Sie zeigen uns, wie auch in der Nacht Licht zu finden ist und wie wir den aus den Abgründen menschlicher Existenz aufsteigenden Drohungen begegnen und der Zukunft als Hoffende entgegengehen können.

---

104 Vgl. die Interpretation in der in Anm. 102 zitierten Ausgabe (dort S. 60–63).

2. DAS CHRISTENTUM – DIE WAHRE RELIGION?

Am Anfang des dritten christlichen Jahrtausends befindet sich das Christentum gerade im Raum seiner ursprünglichen Ausdehnung, in Europa, in einer tiefgehenden Krise, die auf der Krise seines Wahrheitsanspruches beruht. Diese Krise hat eine doppelte Dimension: Zunächst stellt sich immer mehr die Frage, ob der Begriff Wahrheit sinnvollerweise überhaupt auf die Religion angewandt werden könne, mit anderen Worten, ob es dem Menschen gegeben ist, die eigentliche Wahrheit über Gott und die göttlichen Dinge zu erkennen. Der Mensch von heute findet sich viel eher in dem buddhistischen Gleichnis vom Elefanten und den Blinden wieder: Ein König in Nordindien habe einmal alle blinden Bewohner der Stadt an einem Ort versammelt. Darauf ließ er den Versammelten einen Elefanten vorführen. Die einen ließ er den Kopf betasten. Er sagte dabei: So ist ein Elefant. Andere durften das Ohr betasten oder den Stoßzahn, den Rüssel, den Rumpf, den Fuß, das Hinterteil, die Schwanzhaare. Darauf fragte der König die einzelnen: Wie ist ein Elefant? Und je nachdem welchen Teil sie betastet hatten, antworteten sie: Er ist wie ein geflochtener Korb ... Er ist wie ein Topf ... Er ist wie eine Pflugstange ... Er ist wie ein Speicher ... Er ist wie ein Pfeiler ... Er ist wie ein Mörser ... Er ist wie ein Besen. Daraufhin – so sagt das Gleichnis – kamen sie in Streit, und mit dem Ruf »Der Elefant ist so und so« stürzten sie aufeinander und schlugen sich mit den Fäusten zum Ergötzen des Königs.[105] Der Streit der Religionen erscheint den Menschen von heute wie dieser Streit der Blindgeborenen. Denn blindgeboren sind wir den Geheimnissen des Göttlichen gegenüber, so scheint es. Das Christentum befindet sich für das heutige Denken keineswegs in einer positiveren Perspektive als die anderen – im Gegenteil: Mit seinem Wahrheitsanspruch scheint es besonders blind zu sein gegenüber der Grenze all unserer Erkenntnis des Göttlichen, durch einen besonders törichten Fanatismus gekennzeichnet, der das in eigener Erfahrung betastete Stück unbelehrbar für das Ganze erklärt.

---

105 Vgl. H. von Glasenapp, Die fünf großen Religionen Bd. II (Düsseldorf 1957) 505; dort auch Quellenangabe (Udana 6,4) und Literaturhinweise.

Diese ganz generelle Skepsis gegenüber dem Wahrheitsanspruch in Sachen Religion ist dann zusätzlich untermauert durch die Fragen, die die moderne Wissenschaft den Ursprüngen und Inhalten des Christlichen gegenüber aufgerichtet hat: Durch die Evolutionstheorie scheint die Schöpfungslehre überholt, durch die Erkenntnisse über den Ursprung des Menschen die Erbsündenlehre; die kritische Exegese relativiert die Gestalt Jesu und setzt Fragezeichen gegenüber seinem Sohnesbewußtsein; der Ursprung der Kirche in Jesus erscheint zweifelhaft und so fort. Die philosophische Grundlage des Christentums ist durch das »Ende der Metaphysik« problematisch geworden, seine historischen Grundlagen stehen infolge der modernen historischen Methoden im Zwielicht. So liegt es auch von daher nahe, die christlichen Inhalte ins Symbolische zurückzunehmen, ihnen keine höhere Wahrheit zuzusprechen als den Mythen der Religionsgeschichte – sie als Weise der religiösen Erfahrung anzusehen, die sich demütig neben andere zu stellen hätte. In diesem Sinn kann man dann – wie es scheint – fortfahren, ein Christ zu bleiben; man bedient sich weiterhin der Ausdrucksformen des Christentums, deren Anspruch freilich von Grund auf verändert ist: Was als Wahrheit verpflichtende Kraft und verlässige Verheißung für den Menschen gewesen war, wird nun zu einer kulturellen Ausdrucksform des allgemeinen religiösen Empfindens, die uns durch die Zufälle unserer europäischen Herkunft nahegelegt ist.

Ernst Troeltsch hat zu Beginn des 20. Jahrhunderts diesen inneren Rückzug des Christentums aus seinem ursprünglich universalen Anspruch, der nur auf dem Anspruch der Wahrheit gründen konnte, philosophisch und theologisch formuliert. Er war zur Überzeugung von der Unübersteiglichkeit der Kulturen und von der Bindung der Religion an die Kulturen gekommen. Das Christentum ist dann nur die Europa zugewandte Seite des Antlitzes Gottes. Die »individuellen Besonderheiten der Kultur- und Rassenkreise« und die »Besonderheiten ihrer großen zusammenfassenden Religionsbildungen« bekommen den Rang einer letzten Instanz: »Wer also will hier wagen, wirklich entscheidende Wertvergleichungen zu machen. Das könnte nur Gott selbst, der diese Verschiedenheiten aus sich entlassen hat.«[106] Ein Blindgeborener weiß, daß er nicht zum Blindsein geboren ist, und wird daher nicht aufhören, nach dem Warum seiner Blindheit und nach einem Weg aus ihr heraus zu fragen. Nur scheinbar hat sich der Mensch mit dem Verdikt abgefunden, dem Eigentlichen gegenüber, auf das es letztlich in unserem Leben ankommt, blindgeboren zu sein. Der titanische Versuch, die ganze Welt in Besitz zu nehmen, aus unserem Leben und für unser Leben herauszuholen, was nur möglich ist, zeigt ebenso wie die Ausbrüche eines Kultes der Ekstase, der Selbstüberschreitung und der Selbstzerstörung, daß der Mensch sich bei diesem Urteil nicht bescheidet. Denn wenn er nicht weiß, woher er kommt und wozu er da ist, ist er dann nicht in seinem ganzen Sein ein fehlgeschlagenes Geschöpf? Der scheinbar gleichgültige Abschied von der Wahrheit über Gott und über das Wesentliche unseres Selbst, die scheinbare Zufriedenheit, sich damit nicht mehr befassen zu müssen, täuscht. Der Mensch kann sich nicht damit abfinden, für das Wesentliche ein Blindgeborener zu sein und zu bleiben. Der Abschied von der Wahrheit kann nie endgültig sein.

Weil es so steht, muß die altmodische Frage nach der Wahrheit des Christentums neu gestellt werden, so überflüssig und unbeantwortbar sie vielen erscheinen mag. Aber wie? Zweifellos wird die christliche Theologie die einzelnen Instanzen, die gegen den Wahrheitsanspruch des Christentums im Bereich der Philosophie, der Naturwissenschaften, der Geschichte aufgerichtet worden sind, sorgsam überprüfen, sich ihnen aussetzen müssen. Zum anderen aber muß sie auch versuchen, eine Gesamtvision der Frage nach dem wahren Wesen des Christentums, nach seiner Stellung in der Geschichte der Religionen und nach seinem Ort in der menschlichen Existenz zu gewinnen. Ich möchte einen Schritt in diese Richtung tun, indem ich die Frage beleuchte, wie in den Ursprungszeiten des Christentums dieses selbst seinen Anspruch im Kosmos der Religionen gesehen hat.

Mir ist kein Text der alten Christenheit bekannt, der für diese Frage ähnlich erhellend wäre wie Augustins Auseinandersetzung mit der Religionsphilosophie des »gelehrtesten der Römer« Marcus Terrentius Varro (116–27 v. Chr.).[107] Varro teilte das stoische Bild von Gott und

---

106 Vgl. H. Bürkle, Der Mensch auf der Suche nach Gott – die Frage der Religionen. Amateca Bd. III (Paderborn 1996) 64–67. Das Zitat bei Troeltsch, Die Absolutheit des Christentums und die Religionsgeschichte (Tübingen ³1929) 79.
107 Doctissimus Romanorum heißt er bei Seneca (Helv. 8,1); vgl. Augustinus, De civitate Dei VI 2 (CCL XLVII 167, fortan abgekürzt DcD), der Cicero, Acad. III zitiert, der über

Welt; er definiert Gott als »animam motu ac ratione mundum gubernantem« (als »Seele, die durch Bewegung und Vernunft die Welt lenkt«),[108] anders gesagt: als Weltseele, die die Griechen Kosmos nennen: hunc ipsum mundum esse deum.[109] Diese Weltseele freilich empfängt keinen Kult. Sie ist nicht Gegenstand von religio. Anders gesagt: Wahrheit und Religion, vernünftige Einsicht und kultische Ordnung liegen auf zwei völlig verschiedenen Ebenen. Die kultische Ordnung, die konkrete Welt der Religion gehört nicht der Ordnung der »res«, der Wirklichkeit als solcher, sondern derjenigen der »mores« – der Gewohnheiten – zu. Nicht die Götter haben den Staat geschaffen, sondern der Staat hat die Götter eingerichtet, deren Verehrung für die Ordnung des Staates und das rechte Verhalten der Bürger wesentlich ist. Religion ist ihrem Wesen nach ein politisches Phänomen. Varro unterscheidet demgemäß drei Arten von »Theologie«, wobei er unter Theologie die ratio versteht, quae de diis explicatur – das Verstehen und Erklären des Göttlichen, könnten wir übersetzen. Es sind dies die theologia mythica, die theologia civilis (politiké) und die theologia naturalis (physiké).[110] Mit vier Bestimmungen klärt er dann näher, was unter diesen »Theologien« zu verstehen sei. Die erste Bestimmung bezieht sich auf die den drei Theologien zugeordneten Theologen: Die Theologen der mythischen Theologie sind die Dichter, weil sie Gesänge über die Götter verfaßt haben und so Gottessänger sind. Die Theologen der physischen (natürlichen) Theologie sind die Philosophen, das heißt die Gelehrten, die Denker, die über die Gewohnheit hinaus nach der Wirklichkeit, der Wahrheit fragen; die Theologen der Ziviltheologie sind die »Völker«, die sich bei ihrer Wahl nicht den Philosophen (nicht der Wahrheit), sondern den Dichtern angeschlossen hatten, ihren poetischen Visionen, ihren Bildern und Gestalten. Die zweite Bestimmung gilt dem Ort

---

Varro als »homine omnium facile acutissimo et sine ullo dubio doctissimo« spricht. Zu Varro P. L. Schmidt, in: Der kleine Pauly. Lexikon der Antike V 1131–1140. Mit den folgenden Ausführungen greife ich die Analyse von Augustins Auseinandersetzung mit Varro wieder auf, die ich vor fast 50 Jahren in meiner Dissertation »Volk und Haus Gottes in Augustins Lehre von der Kirche« (München 1954, St. Ottilien ²1997) versucht hatte (fortan zitiert: Ratzinger, Volk).
108 DcD IV 31,2, a. a. O. 125,24ff.; Ratzinger, Volk 267, Anm. 5.
109 DcD VII 6, a. a. O. 191,4f.
110 DcD VI 5, a. a. O. 170f.

in der Wirklichkeit, dem die betreffende Theologie zugeordnet ist. Da entspricht der mythischen Theologie das Theater, das durchaus einen religiösen, kultischen Rang hatte; die Schauspiele sind nach der herrschenden Meinung auf Weisung der Götter in Rom eingerichtet worden.[111] Der politischen Theologie entspricht die urbs, der Raum der natürlichen Theologie aber sei der Kosmos. Die dritte Bestimmung nennt den Inhalt der drei Theologien: Die mythische Theologie habe als Inhalt die von den Poeten geschaffenen Götterfabeln; die staatliche Theologie den Kult; die natürliche Theologie antworte auf die Frage, wer die Götter seien. Hier lohnt es sich, genauer zuzuhören: »Ob sie – mit Heraklit – aus Feuer sind oder – mit Pythagoras – aus Zahlen oder – mit Epikur – aus Atomen, und so noch anderes, was die Ohren leichter innerhalb der Schulwände ertragen können als draußen auf dem Marktplatz.«[112] Hier wird ganz deutlich sichtbar, daß diese natürliche Theologie Entmythologisierung, oder besser gesagt: Aufklärung ist, die kritisch hinter den mythischen Schein blickt und ihn naturwissenschaftlich auflöst. Kult und Erkenntnis fallen auseinander. Der Kult bleibt als Sache der politischen Zweckmäßigkeit notwendig; die Erkenntnis wirkt religionszerstörend und sollte daher nicht auf den Marktplatz getragen werden. Schließlich ist da noch die vierte Bestimmung: Welche Art von Wirklichkeit ist Inhalt der einzelnen Theologien? Varros Antwort lautet: Die natürliche Theologie hat es mit der »Natur der Götter« zu tun (die es gar nicht gibt), die beiden anderen Theologien handeln von den divina instituta hominum – von den göttlichen Einrichtungen der Menschen.[113] Damit aber ist letztlich der ganze Unterschied reduziert auf den von Physik im antiken Sinn und von Kultreligion andererseits. »Die civilische Theologie hat letztlich keinen Gott, nur ›Religion‹; die ›natürliche Theologie‹ hat keine Religion, sondern nur eine Gottheit.«[114] Ja, sie kann gar keine Religion haben, denn ihr Gott ist religiös nicht ansprechbar: Feuer, Zahlen, Atome. So stehen religio (womit wesentlich Kult gemeint ist) und Wirklichkeit, die rationale Erkenntnis der Realität,

---

111   Vgl. Ratzinger, Volk 269, Anm. 12.
112   DcD VI 5, a. a. O. 171,23–29.
113   DcD VI 5, a. a. O. 172,55f.
114   Ratzinger, Volk 270.

als zwei getrennte Sphären nebeneinander. Die religio empfängt ihre Rechtfertigung nicht aus der Realität des Göttlichen, sondern aus ihrer politischen Funktion. Sie ist eine Einrichtung, deren der Staat für seine Existenz bedarf. Zweifellos stehen wir hier vor einer Spätphase von Religion, in der die Naivität des Religiösen zerbrochen und damit seine Auflösung eingeleitet ist. Aber die wesentliche Bindung der Religion an die staatliche Gemeinschaft reicht doch viel tiefer. Der Kult ist letztlich eine positive Ordnung, die nicht als solche an der Wahrheitsfrage gemessen werden darf. Während Varro in seiner Zeit, in der der politische Zweck der Religion noch stark genug war, um sie als solche zu rechtfertigen, noch eine eher krude Auffassung von Aufklärung und von Wahrheitslosigkeit des politisch motivierten Kultes vertreten konnte, wird recht bald der Neuplatonismus einen anderen Ausweg aus der Krise suchen, auf den dann Kaiser Julian bei seinem Versuch der Wiederherstellung der römischen Staatsreligion aufbaute: Was die Dichter sagen, sind Bilder, die man nicht physikalisch fassen darf; aber es sind doch Bilder, die das Unaussprechliche für alle jene Menschen ausdrücken, denen der Königsweg der mystischen Einung versagt ist. Obwohl die Bilder als solche nicht wahr sind, werden sie nun doch gerechtfertigt als Annäherungen an das, was immer unaussprechlich bleiben muß.[115]

Damit haben wir vorgegriffen. Denn die neuplatonische Position ist ihrerseits schon eine Reaktion auf die christliche Stellungnahme zur Frage nach der christlichen Kultbegründung und der ihr zugrunde liegenden Ortsbestimmung des Glaubens in der Typologie der Religionen. Kehren wir also zu Augustinus zurück. Wo siedelt er das Christentum in der varronischen Trias der Religionen an? Das Erstaunliche ist, daß er ohne jedes Zögern dem Christentum seinen Platz im Bereich der »physischen Theologie«, im Bereich der philosophischen Aufklärung zuweist.[116] Er steht damit in vollkommener Kontinuität mit den frühesten Theologen des Christentums, den Apologeten des zweiten Jahrhunderts, ja mit der Ortsbestimmung des Christlichen durch Pau-

---

115 Kurzer Überblick über die Entwicklung des Platonismus bei Plotin und in seinen Schulen bei C. Reale – D. Antiseri, Il pensiero occidentale dalle origini ad oggi I. Antichità e Medioevo (Brescia 1985) 242–268.
116 Ratzinger, Volk 271–276.

lus im ersten Kapitel des Römerbriefs, die ihrerseits auf der alttestamentlichen Weisheitstheologie beruht und über sie zurückreicht bis in die Verspottung der Götter in den Psalmen. Das Christentum hat nach dieser Sicht seine Vorläufer und seine innere Vorbereitung in der philosophischen Aufklärung, nicht in den Religionen. Das Christentum beruht nach Augustin und nach der für ihn maßgebenden biblischen Tradition nicht auf mythischen Bildern und Ahnungen, deren Rechtfertigung schließlich in ihrer politischen Nützlichkeit liegt, sondern es bezieht sich auf jenes Göttliche, das die vernünftige Analyse der Wirklichkeit wahrnehmen kann. Anders gesagt: Augustinus identifiziert den biblischen Monotheismus mit den philosophischen Einsichten über den Grund der Welt, die sich in verschiedenen Variationen in der antiken Philosophie herausgebildet haben. Dies ist gemeint, wenn das Christentum seit der Areopagrede des heiligen Paulus mit dem Anspruch auftritt, die religio vera zu sein. Das will sagen: Der christliche Glaube beruht nicht auf Poesie und Politik, diesen beiden großen Quellen der Religion; er beruht auf Erkenntnis. Er verehrt jenes Sein, das allem Existierenden zugrunde liegt, den »wirklichen Gott«. Im Christentum ist Aufklärung Religion geworden und nicht mehr ihr Gegenspieler. Weil es so ist, weil das Christentum sich als Sieg der Entmythologisierung, als Sieg der Erkenntnis und mit ihr der Wahrheit verstand, deswegen mußte es sich als universal ansehen und zu allen Völkern gebracht werden: nicht als eine spezifische Religion, die andere verdrängt, nicht aus einer Art von religiösem Imperialismus heraus, sondern als Wahrheit, die den Schein überflüssig macht. Und eben deshalb muß es in der weiträumigen Toleranz der Polytheismen als unverträglich, ja als religionsfeindlich, als »Atheismus« erscheinen: Es hielt sich nicht an die Relativität und Austauschbarkeit der Bilder, es störte damit vor allem den politischen Nutzen der Religionen und gefährdete so die Grundlagen des Staates, indem es nicht Religion unter Religionen, sondern Sieg der Einsicht über die Welt der Religionen sein wollte.

Andererseits hängt mit dieser Ortsbestimmung des Christlichen im Kosmos von Religion und Philosophie auch die Durchschlagskraft des Christentums zusammen. Schon vor dem Auftreten der christlichen Mission hatten gebildete Kreise der Antike in der Figur der »Gottesfürchtigen« den Anschluß an den jüdischen Glauben gesucht, der ihnen als religiöse Gestalt des philosophischen Monotheismus erschien und so zugleich den Forderungen der Vernunft wie dem religiösen Bedürfnis des Menschen entsprach, auf das die Philosophie allein nicht antworten konnte: Zu einem bloß gedachten Gott betet man nicht. Wenn aber der Gott, den das Denken findet, nun im Innern einer Religion als sprechender und handelnder Gott begegnet, dann sind Denken und Glauben versöhnt.[117] Bei diesem Anschluß an die Synagoge blieb ein unbefriedigender Rest: Der Nichtjude konnte doch immer nur ein Außenstehender sein und nie ganz zugehörig werden. Diese Fessel war im Christentum durch die Gestalt Christi, wie Paulus sie auslegte, gesprengt. Nun erst war der religiöse Monotheismus des Judentums universal geworden und damit die Einheit von Denken und Glauben, die religio vera, allen zugänglich. Justin der Philosoph, Justin der Märtyrer († 167) kann als symptomatische Figur für diesen Zugang zum Christentum gelten: Er hatte alle Philosophien studiert und schließlich im Christentum die vera philosophia erkannt. Mit seiner Christwerdung hatte er seiner eigenen Überzeugung nach die Philosophie nicht abgelegt, sondern war erst ganz Philosoph geworden.[118] Die Überzeugung, daß das Christentum Philosophie sei, die vollkommene, das heißt zur Wahrheit durchgestoßene Philosophie, blieb noch weit über die Väterzeit hinaus in Geltung. Sie ist im 14. Jahrhundert in der byzantinischen Theologie bei Nikolaus Kabasilas noch ganz selbstverständlich gegenwärtig.[119] Freilich war Philosophie dabei nicht als akademische Disziplin rein theoretischer Natur verstanden, sondern vor allem auch praktisch als die Kunst des rechten Lebens und Sterbens, die jedoch nur im Licht der Wahrheit gelingen kann.

Die Verschmelzung von Aufklärung und Glaube, die sich in der Entwicklung der christlichen Mission und im Aufbau der christlichen Theo-

---

117 Zum Phänomen der »Gottesfürchtigen« vgl. M. Simon, Gottesfürchtiger, in: Reallexikon für Antike und Christentum XI 1060–1070; L. H. Feldmann, Jews and Gentiles in the Ancient World (1993) 342–382.
118 Zu Justin H. Bürkle, a. a. O. (s. Anm. 106) 45f.; C. P. Vetten, Justin der Märtyrer in: S. Döpp – W. Geerlings, Lexikon der antiken christlichen Literatur (Freiburg 1998) 365–369; Justin Martyr, Oeuvres complètes. Bibliothèque Migne (Turnhout 1994).
119 In dem »Buch vom Leben in Christus« ist das Verständnis des Christentums als wahre Philosophie ein durchgängiges Motiv.

logie vollzog, brachte freilich auch einschneidende Korrekturen am philosophischen Gottesbild hervor, deren vor allem zwei zu nennen sind. Die erste besteht darin, daß der Gott, dem die Christen glauben und den sie verehren, im Unterschied zu den mythischen und politischen Göttern wirklich natura Deus (»von Natur aus«) ist; darin liegt die Deckung mit der philosophischen Aufklärung. Aber gleichzeitig gilt nun: non tamen omnis natura est Deus – nicht alles, was Natur ist, ist Gott.[120] Gott ist seiner Natur nach Gott, aber nicht die Natur als solche ist Gott. Es geschieht eine Trennung zwischen der allumfassenden Natur und dem sie begründenden, ihr Ursprung gebenden Sein. So erst treten nun Physik und Metaphysik deutlich auseinander. Nur der wirkliche Gott, den wir denkend in der Natur erkennen können, wird angebetet. Aber er ist mehr als Natur. Er geht ihr voraus, und sie ist sein Geschöpf.

Dieser Trennung von Natur und Gott tritt eine zweite, noch einschneidendere Erkenntnis zur Seite: Zu dem Gott, der Natur, Weltseele oder was auch immer war, hatte man nicht beten können; er war kein »religiöser Gott«, hatten wir festgestellt. Nun aber, so sagt schon der Glaube des Alten Testaments und erst recht der des Neuen Testaments, hat dieser Gott, der der Natur vorausgeht, sich den Menschen zugewandt. Eben weil er nicht bloß Natur ist, ist er kein schweigender Gott. Er ist in die Geschichte eingetreten, dem Menschen entgegengegangen, und so kann der Mensch nun ihm entgegengehen. Er kann sich Gott verbinden, weil Gott sich dem Menschen verbunden hat. Die beiden immer auseinanderfallenden Seiten der Religion, die ewig waltende Natur und die Heilsbedürftigkeit des leidenden und ringenden Menschen, sind einander verbunden. Die Aufklärung kann Religion werden, weil der Gott der Aufklärung selbst in die Religion eingetreten ist. Das eigentlich Glauben heischende Element, das geschichtliche Reden Gottes, ist doch die Voraussetzung dafür, daß die Religion sich nun dem philosophischen Gott zuwenden kann, der kein bloß philosophischer Gott mehr ist und doch die Erkenntnis der Philosophie nicht abstößt, sondern aufnimmt. Hier zeigt sich etwas Erstaunliches: Die beiden scheinbar konträren Grundprinzipien des Christentums: Bindung an die Metaphysik und Bindung an die Geschichte, bedingen sich gegenseitig und gehö-

---

120 DcD VI 8, a. a. O. 176,6; Ratzinger, Volk 272.

ren zusammen; sie bilden zusammen die Apologie des Christentums als religio vera.[121]

Wenn man demgemäß sagen darf, daß der Sieg des Christentums über die heidnischen Religionen nicht zuletzt durch den Anspruch seiner Vernünftigkeit ermöglicht wurde, so ist dem hinzuzufügen, daß ein zweites Motiv gleichbedeutend damit verbunden ist. Es besteht zunächst, ganz allgemein gesagt, im moralischen Ernst des Christentums, den freilich wiederum schon Paulus in Zusammenhang gebracht hatte mit der Vernünftigkeit des christlichen Glaubens: Das, was das Gesetz eigentlich meint, die vom christlichen Glauben ins Licht gestellten wesentlichen Forderungen des einen Gottes an das Leben des Menschen, deckt sich mit dem, was dem Menschen, jedem Menschen, ins Herz eingeschrieben ist, so daß er es als das Gute einsieht, wenn es vor ihn hintritt. Es deckt sich mit dem, was »von Natur gut ist« (Röm 2,14f). Die Anspielung auf die stoische Moral, auf ihre ethische Interpretation der Natur, ist hier ebenso offenkundig wie in anderen paulinischen Texten, etwa im Philipperbrief: »Was immer wahrhaft, edel, recht, was lauter, liebenswert, ansprechend ist, was Tugend heißt und lobenswert ist, darauf seid bedacht!« (4,8). Die grundsätzliche (wenngleich kritische) Einheit mit der philosophischen Aufklärung im Gottesbegriff bestätigt und konkretisiert sich nun in der gleichfalls kritischen Einheit mit der philosophischen Moral. Wie im Bereich des Religiösen das Christentum gerade dadurch die Grenzen philosophischer Schulweisheit überschritt, daß der gedachte Gott als lebendiger Gott begegnete, so gab es auch hier den Überschritt über die ethische Theorie zu gemeinschaftlich gelebter und konkretisierter moralischer Praxis, in der die philosophische Sicht vor allem durch die Konzentrierung aller Moral auf das Doppelgebot von Gottes- und Nächstenliebe überboten und in reales Handeln übersetzt wurde. Das Christentum, könnten wir vereinfachend sagen, überzeugte durch die Verbindung des Glaubens mit der Vernunft und durch die Ausrichtung des Handelns auf die Caritas, auf die liebende Fürsorge für die Leidenden, Armen und Schwachen, über alle Standesgrenzen hinweg. Daß dies die innere Kraft des Christentums war, kann man wohl am deutlichsten an der Art und Weise sehen, wie Kaiser Julian das

---

121 Näher ausgeführt in Ratzinger, Volk 274f.

Heidentum in erneuerter Form wiederherzustellen versuchte. Er, der Pontifex maximus der wiederhergestellten Religion der alten Götter, richtete nun, was es bisher nicht gegeben hatte, eine heidnische Hierarchie mit Priestern und Metropoliten ein. Die Priester mußten moralische Vorbilder sein; sie sollten Liebe zu Gott (der höchsten Gottheit über den Göttern) und den Nächsten pflegen. Sie waren verpflichtet, Taten der Liebe gegenüber den Armen zu setzen, durften die lasziven Komödien und die erotischen Romane nicht mehr lesen und sollten an den Festtagen über ein philosophisches Argument predigen, um das Volk zu belehren und zu bilden. Teresio Bosco sagt dazu mit Recht, daß der Kaiser auf diese Weise in Wirklichkeit nicht das Heidentum wiederherzustellen, sondern es zu verchristlichen suchte – in einer nun auf den Götterkult umgebogenen Synthese von Aufklärung und Religion.[122]

Rückschauend können wir sagen, daß die Kraft des Christentums, die es zur Weltreligion werden ließ, in seiner Synthese von Vernunft, Glaube und Leben bestand; genau diese Synthese ist in dem Wort von der religio vera zusammenfassend ausgedrückt. Um so mehr drängt sich die Frage auf: Warum überzeugt diese Synthese heute nicht mehr? Warum gelten heute im Gegenteil Aufklärung und Christentum als einander widersprechend, ja, ausschließend? Was hat sich an der Aufklärung, was am Christentum geändert, daß es so ist? Damals hatte der Neuplatonismus, besonders Porphyrius, der christlichen Synthese eine andere Interpretation des Verhältnisses von Philosophie und Religion entgegengestellt, die sich als philosophische Neubegründung der Religion der Götter verstand. Auf ihr hatte Julian aufgebaut und war gescheitert. Aber heute scheint sich gerade diese andere Form, Religion und Aufklärung in Ausgleich zu bringen, als die dem modernen Bewußtsein angemessenere Weise von Religiosität durchzusetzen. Ihr erster Grundgedanke ist bei Porphyrius so formuliert: Latet omne verum – die Wahrheit ist verborgen.[123] Erinnern wir uns an das Elefantengleichnis, das genau von diesem Gedanken bestimmt ist, in dem sich Buddhismus und Neuplatonismus begegnen. Demgemäß gibt es über die Wahrheit, über Gott nur Meinungen, keine Gewißheit. In der Krise Roms im späten vierten Jahr-

---

122 T. Bosco, Eusebio di Vercelli nel suo tempo pagano e cristiano (Torino 1995) 206ff.
123 Zitiert bei Macrobius, somn. 1,3,18; 1,12,9. Vgl. Ch. Gnilka, Chrêsis. Die Methode der Kirchenväter im Umgang mit der antiken Kultur II. Kultur und Conversion (Basel 1993) 23.

hundert hat der Senator Symmachus – Gegenbild nun zu Varros Religionstheorie – die neuplatonische Auffassung auf einfache und pragmatische Formeln gebracht, die wir in seiner 384 vor Kaiser Valentinian II. gehaltenen Rede zur Verteidigung des Heidentums und für die Wiederaufstellung der Göttin Victoria im römischen Senat finden können. Ich zitiere nur den entscheidenden und berühmt gewordenen Satz: »Das Gleiche ist es, was alle verehren, eines, das wir denken, dieselben Sterne schauen wir, der Himmel über uns ist eins, dieselbe Welt umfängt uns; was macht es aus, auf welche Art von Klugheit der einzelne die Wahrheit sucht? Man kann nicht auf einem einzigen Weg zu einem so großen Geheimnis gelangen.«[124] Genau dies sagt heute die Aufklärung: Die Wahrheit als solche kennen wir nicht; in unterschiedlichen Bildern meinen wir doch dasselbe. Ein so großes Geheimnis, das Göttliche kann nicht auf *eine* Gestalt festgelegt werden, die alle anderen ausschlösse – auf *einen* Weg, der alle verpflichtete. Der Wege sind viele, der Bilder viele, alle spiegeln etwas vom Ganzen, und keines ist selbst das Ganze. Dem gehört das Ethos der Toleranz zu, das in jedem ein Stück Wahrheit erkennt, das Eigene nicht höher stellt als das Fremde und sich friedvoll in die vielgestaltige Symphonie des ewig Unzugänglichen einfügt, das sich in Symbolen verhüllt, die doch unsere einzige Möglichkeit zu sein scheinen, irgendwie nach dem Göttlichen zu greifen.

Ist demnach der Anspruch des Christentums, religio vera zu sein, durch den Fortgang der Aufklärung überholt? Muß es von seinem Anspruch heruntersteigen und sich in die neuplatonische oder buddhistische oder hinduistische Sicht von Wahrheit und Symbol einfügen, sich – wie Troeltsch es vorgeschlagen hatte – damit bescheiden, die den Europäern zugewandte Seite des Antlitzes Gottes zu zeigen? Muß es vielleicht sogar einen Schritt weiter gehen als Troeltsch, der noch meinte, das Christentum sei die für Europa angemessene Religion, während doch heute gerade Europa an dieser Angemessenheit zweifelt? Dies ist die eigentliche Frage, der sich heute Kirche und Theologie zu stellen haben. Alle Krisen im Inneren des Christentums, die wir gegenwärtig beobachten, beruhen nur ganz sekundär auf institutionellen Problemen.

---

124 Zitiert nach Ch. Gnilka, a. a. O. Ch. Gnilka bietet 19–26 eine gründliche Analyse des Textes.

Die Probleme der Institutionen wie der Personen in der Kirche rühren letztlich von der gewaltigen Wucht dieser Frage her. Niemand wird erwarten, daß diese grundsätzliche Herausforderung beim Übergang vom zweiten zum dritten christlichen Jahrtausend an dieser Stelle auch nur von ferne abschließend beantwortet wird. Sie kann überhaupt nicht rein theoretisch beantwortet werden, wie denn Religion als das Letztverhalten des Menschen nie nur Theorie ist. Sie verlangt jenes Zusammenspiel von Einsicht und Tun, das die Überzeugungskraft des Christentums der Väter begründete.

Dies bedeutet beileibe nicht, daß man sich dem intellektuellen Anspruch des Problems mit dem Verweis auf den notwendigen Praxisbezug entziehen dürfte. Ich versuche zum Schluß nur einen Ausblick, der die Richtung zeigen könnte. Wir hatten gesehen, daß die ursprüngliche, freilich nie ganz unbestrittene Beziehungseinheit zwischen Aufklärung und Glaube, die schließlich bei Thomas von Aquin auf eine systematische Form gebracht worden war, weniger durch die Entwicklung des Glaubens als vielmehr durch die neuen Schritte der Aufklärung zerrissen worden ist. Als Stationen dieses Auseinandertretens könnte man Descartes, Spinoza, Kant nennen. Der Versuch einer umfassenden neuen Synthese bei Hegel gibt nicht dem Glauben seinen philosophischen Ort zurück, sondern versucht, ihn ganz in Vernunft umzusetzen und als Glauben aufzuheben. Dieser Absolutheit des Geistes stellt Marx die Einzigkeit der Materie entgegen; Philosophie soll nun ganz auf exakte Wissenschaft zurückgeführt werden. Nur noch exakte wissenschaftliche Erkenntnis ist überhaupt Erkenntnis. Der Gedanke an das Göttliche ist damit abgedankt. Die Ankündigung von Auguste Comte, eines Tages werde es eine Physik des Menschen geben und die bisher der Metaphysik überlassenen großen Fragen würden in Zukunft genauso »positiv« zu behandeln sein wie alles, was jetzt schon positive Wissenschaft ist, hat im 20. Jahrhundert in den Humanwissenschaften ein beeindruckendes Echo hinterlassen. Die durch das christliche Denken vollzogene Trennung von Physik und Metaphysik wird immer mehr zurückgenommen. Alles soll wieder »Physik« werden.[125] Immer mehr

---

125 Zu Comte vgl. H. de Lubac, Le drame de l'humanisme athée (Paris 7 1983); deutsch: Über Gott hinaus. Tragödie des humanistischen Atheismus (Einsiedeln 1984).

hat sich die Evolutionstheorie als der Weg herauskristallisiert, um Metaphysik endlich verschwinden, die »Hypothese Gott« (Laplace) überflüssig werden zu lassen und eine streng »wissenschaftliche« Erklärung der Welt zu formulieren. Eine umfassend das Ganze alles Wirklichen erklärende Evolutionstheorie ist zu einer Art »erster Philosophie« geworden, die sozusagen die eigentliche Grundlage für das aufgeklärte Verständnis der Welt darstellt.[126] Jeder Versuch, andere als die in einer solchen »positiven« Theorie erarbeiteten Ursachen ins Spiel zu bringen, jeder Versuch von »Metaphysik« muß als Rückfall hinter die Aufklärung, als Ausstieg aus dem Universalanspruch der Wissenschaft erscheinen. Damit muß der christliche Gottesgedanke als unwissenschaftlich gelten. Ihm entspricht keine theologia physica (theologia physiké) mehr: Die einzige theologia naturalis ist in solcher Sicht die Evolutionslehre, und die kennt eben keinen Gott, weder einen Schöpfer im Sinn des Christentums (des Judentums und des Islam), noch auch eine Weltseele oder innere Triebkraft im Sinn der Stoa. Allenfalls könnte man im Sinn des Buddhismus diese ganze Welt als Schein und das Nichts als das eigentlich Wirkliche betrachten und in diesem Sinn mystische Religionsformen rechtfertigen, die wenigstens mit der Aufklärung nicht direkt konkurrieren.

Ist damit das letzte Wort gesprochen, sind Vernunft und Christentum demnach definitiv voneinander getrennt? Jedenfalls führt an dem Disput über die Reichweite der Evolutionslehre als erster Philosophie und über die Ausschließlichkeit positiver Methode als einziger Weise von Wissenschaft und von Rationalität kein Weg vorbei. Dieser Disput muß daher von beiden Seiten sachlich und hörbereit in Angriff genommen werden, was bisher nur in geringem Maß geschehen ist. Niemand wird die wissenschaftlichen Beweise für die mikroevolutiven Prozesse ernstlich in Zweifel ziehen können. R. Junker und S. Scherer sagen dazu in ihrem »kritischen Lesebuch« über die Evolution: »Solche Vorgänge (mikroevolutive Prozesse) sind vielfach aus natürlichen Varia-

---

126 Klassisch für diesen Versuch bleibt J. Monod, Le hasard et la nécessité (Paris [5]1970); dt.: Zufall und Notwendigkeit (München [5]1973). Zur Auseinandersetzung mit dem ganzen Fragenkreis R. Chandebois, Pour en finir avec le Darwinisme. Une nouvelle logique du vivant (Montpellier 1993).

tions- und Ausbildungsprozessen bekannt. Ihre Erforschung durch die Evolutionsbiologie ergab bedeutende Einsichten in die genial erscheinende Anpassungsfähigkeit lebender Systeme.«[127] Sie sagen dementsprechend, man könne Ursprungsforschung mit Fug und Recht als die Königsdisziplin der Biologie bezeichnen. Nicht darauf bezieht sich daher die Frage, die ein Gläubiger der modernen Vernunft gegenüber stellen wird, sondern auf die Ausdehnung zu einer philosophia universalis, die zur Gesamterklärung des Wirklichen werden will und keine andere Ebene des Denkens mehr übriglassen möchte. Innerhalb der Evolutionslehre selbst deutet sich das Problem an beim Übergang von der Mikro- zur Makroevolution, zu dem Szathmary und Maynard Smith, beide überzeugte Anhänger einer umfassenden Evolutionstheorie, immerhin erklären: »Es gibt keinen theoretischen Grund, der erwarten lassen würde, daß evolutionäre Linien mit der Zeit an Komplexität zunehmen; es gibt auch keine empirischen Belege, daß dies geschieht.«[128]

Die Frage, die hier zu stellen ist, reicht freilich tiefer: Es geht darum, ob die Evolutionslehre als Universaltheorie alles Wirklichen auftreten darf, über die hinaus weitere Fragen nach Ursprung und Wesen der Dinge nicht mehr zulässig und auch nicht mehr nötig sind oder ob solche Letztfragen nicht doch den Bereich des rein naturwissenschaftlich Erforschbaren überschreiten. Ich möchte die Frage noch konkreter stellen. Ist alles gesagt mit einem Typus von Antworten, wie wir ihn etwa bei Popper in folgender Formulierung finden: »Das Leben, so wie wir es kennen, besteht aus physikalischen ›Körpern‹ (besser aus Prozessen und Strukturen), die Probleme lösen. Das haben die verschiedenen Arten durch die natürliche Auslese ›gelernt‹, das heißt, durch die Methode von Reproduktion plus Variation; eine Methode, die ihrerseits nach der gleichen Methode erlernt wurde. Das ist ein Regreß, aber er ist nicht unendlich ...«?[129] Ich glaube nicht. Letzten Endes geht es um eine Alternative, die sich bloß naturwissenschaftlich und im Grunde auch philosophisch nicht mehr auflösen läßt. Es geht um die Frage, ob die Vernunft bzw. das Vernünf-

---

127 R. Junker – S. Scherer, Evolution. Ein kritisches Lesebuch (Gießen ⁴1998) 5.
128 E. Szathmary – M. Smith, The major evolutionary transitions. Nature 374, 227–232; zitiert nach Junker-Scherer, a. a. O. 5.
129 K. Popper, Ausgangspunkte. Meine intellektuelle Entwicklung (aus dem Englischen: Hamburg 1979) 260.

tige am Anfang aller Dinge und auf ihrem Grunde steht oder nicht. Es geht um die Frage, ob das Wirkliche aufgrund von Zufall und Notwendigkeit (oder mit Popper im Anschluß an Butler aus Luck und Cunning[130] [glücklicher Zufall und Voraussicht]), also aus dem Vernunftlosen entstanden ist, ob also die Vernunft ein zufälliges Nebenprodukt des Unvernünftigen und im Ozean des Unvernünftigen letztlich auch bedeutungslos ist oder ob wahr bleibt, was die Grundüberzeugung des christlichen Glaubens und seiner Philosophie bildet: In principio erat Verbum – am Anfang aller Dinge steht die schöpferische Kraft der Vernunft. Der christliche Glaube ist heute wie damals die Option für die Priorität der Vernunft und des Vernünftigen. Diese Letztfrage kann nicht mehr, wie schon gesagt, durch naturwissenschaftliche Argumente entschieden werden, und auch das philosophische Denken stößt hier an seine Grenzen. In diesem Sinn gibt es eine letzte Beweisbarkeit der christlichen Grundoption nicht. Aber kann eigentlich die Vernunft auf die Priorität des Vernünftigen vor dem Unvernünftigen, auf die Uranfänglichkeit des Logos verzichten, ohne sich selbst aufzuheben? Das von Popper vorgeführte Erklärungsmodell, das in anderen Darstellungen der »ersten Philosophie« in verschiedenen Variationen wiederkehrt, zeigt, daß die Vernunft gar nicht anders kann, als auch das Unvernünftige nach ihrem Maß, also vernünftig zu denken (Probleme lösen, Methode erlernen!), womit sie implizit doch wieder den eben geleugneten Primat der Vernunft aufrichtet. Durch seine Option für den Primat der Vernunft bleibt das Christentum auch heute »Aufklärung«, und ich denke, daß eine Aufklärung, die diese Option abstreift, allem Anschein zuwider nicht eine Evolution, sondern eine Involution der Aufklärung bedeuten müßte.

Wir hatten gesehen, daß in der Konzeption der frühen Christenheit die Begriffe von Natur, Mensch, Gott, Ethos und Religion unlösbar ineinander verknotet waren und daß zur Einsichtigkeit des Christentums in der Krise der Götter und in der Krise der antiken Aufklärung gerade diese Verknüpfung beigetragen hatte. Die Orientierung der Religion an einer vernünftigen Sicht der Wirklichkeit überhaupt, das Ethos als Teil dieser Vision und seine konkrete Anwendung unter dem Primat der Liebe verbanden sich miteinander. Primat des Logos und Primat der Liebe erwie-

---

130 Popper, ebd. 262.

sen sich als identisch. Der Logos erschien nicht nur als mathematische Vernunft auf dem Grund aller Dinge, sondern als schöpferische Liebe bis zu dem Punkt hin, daß er Mit-Leiden mit dem Geschöpf wird. Der kosmische Aspekt der Religion, die den Schöpfer in der Macht des Seins verehrt, und ihr existentieller Aspekt, die Erlösungsfrage, traten ineinander und wurden ein Einziges. Tatsächlich muß jede Erklärung des Wirklichen ungenügend bleiben, die nicht auch ein Ethos sinnvoll und einsichtig begründen kann. Nun hat in der Tat die Evolutionstheorie, wo sie sich zur philosophia universalis auszuweiten anschickt, auch das Ethos evolutionär neu zu begründen versucht. Aber dieses evolutionäre Ethos, das seinen Schlüsselbegriff unausweichlich im Modell der Selektion, also im Kampf ums Überleben, im Sieg des Stärkeren, in der erfolgreichen Anpassung findet, hat wenig Tröstliches zu bieten. Auch wo man es auf mancherlei Weise zu verschönern strebt, bleibt es letztlich ein grausames Ethos. Das Bemühen, aus dem an sich Vernunftlosen das Vernünftige zu destillieren, scheitert hier recht augenfällig. Zu einer Ethik des universalen Friedens, der praktischen Nächstenliebe und der nötigen Überwindung des Eigenen, die wir brauchen, ist dies alles wenig tauglich.

Der Versuch, in dieser Krise der Menschheit dem Begriff des Christentums als religio vera wieder einen einsichtigen Sinn zu geben, muß sozusagen auf Orthopraxie und Orthodoxie gleichermaßen setzen. Sein Inhalt wird heute – letztlich wie damals – im Tiefsten darin bestehen müssen, daß Liebe und Vernunft als die eigentlichen Grundpfeiler des Wirklichen in eins gehen: Die wahre Vernunft ist die Liebe, und die Liebe ist die wahre Vernunft. In ihrer Einheit sind sie der wahre Grund und das Ziel alles Wirklichen.

3. GLAUBE, WAHRHEIT UND KULTUR – REFLEXIONEN IM ANSCHLUSS AN DIE ENZYKLIKA »FIDES ET RATIO«

Worum geht es eigentlich in der Enzyklika *Fides et ratio*? Ist sie ein Dokument allein für Spezialisten, ein Versuch, eine in Krise geratene Disziplin, Philosophie, aus christlicher Perspektive wiederherzustellen und somit nur für Philosophen interessant, oder stellt sie eine Frage, die uns alle angeht? Man kann auch anders formulieren: Braucht der Glaube eigentlich Philosophie, oder ist der Glaube, der nach einem Wort des heiligen Ambrosius Fischern und nicht Dialektikern übergeben wurde, ganz unabhängig von der Existenz oder Nichtexistenz einer dem Glauben gegenüber offenen Philosophie? Wenn man Philosophie nur als eine akademische Disziplin unter anderen betrachtet, dann ist der Glaube davon in der Tat unabhängig. Aber Papst Johannes Paul II. versteht Philosophie in einem viel weiträumigeren und viel mehr ihrem Ursprung gemäßen Sinn. Ihre Frage ist es, ob der Mensch Wahrheit, die grundlegenden Wahrheiten über sich selbst, über seine Herkunft und seine Zukunft erkennen kann oder ob er in einem nicht aufzuhellenden Zwielicht lebt und sich letztlich auf die Frage nach dem Nützlichen zurückziehen muß. Es ist die Eigenart des christlichen Glaubens in der Welt der Religionen, daß er behauptet, uns die Wahrheit über Gott, Welt und Mensch zu sagen und daß er beansprucht, die religio vera, die Religion der Wahrheit zu sein. »Ich bin der Weg, die Wahrheit und das Leben«, in diesem Wort Christi aus dem Johannes-Evangelium (14,6) ist der grundlegende Anspruch des christlichen Glaubens ausgedrückt. Auf diesem Anspruch gründet die missionarische Tendenz des Glaubens: Nur wenn der christliche Glaube Wahrheit ist, geht er alle Menschen an; wenn er bloß eine kulturelle Variante der symbolisch verschlüsselten und niemals zu entschlüsselnden religiösen Erfahrungen des Menschen ist, dann muß er in seiner Kultur bleiben und die anderen in der ihren belassen.

Das aber bedeutet: Die Frage nach der Wahrheit ist die wesentliche Frage des christlichen Glaubens überhaupt, und in diesem Sinn hat er unausweichlich mit Philosophie zu tun. Wenn ich die bestimmende

Absicht der Enzyklika kurz charakterisieren müßte, würde ich sagen: Sie möchte die Frage nach der Wahrheit in einer vom Relativismus gezeichneten Welt rehabilitieren; sie möchte sie in der Situation der heutigen Wissenschaft, die zwar Wahrheiten sucht, aber die Frage nach der Wahrheit weithin als unwissenschaftlich abqualifiziert, auch wieder als rationale und als wissenschaftliche Aufgabe zur Geltung bringen, weil sonst der Glaube seine Atemluft verliert. Die Enzyklika möchte ganz einfach wieder den Mut zum Abenteuer der Wahrheit geben. Damit spricht sie weit über den Raum des Glaubens hinaus, aber auch mitten in die Welt des Glaubens hinein.

Die Wörter, das Wort und die Wahrheit

Wie unmodern es heute ist, nach der Wahrheit zu fragen, hat der englische Schriftsteller und Philosoph C. S. Lewis geistreich in einem zuerst in den 1940er Jahren erschienenen Erfolgsbuch »The Screwtape Letters« dargestellt. Das Buch besteht aus fiktiven Briefen eines höheren Teufels namens Screwtape, der einem Anfänger im Werk der Verführung des Menschen darüber Anweisungen erteilt, wie er recht zu verfahren habe. Der kleine Dämon hatte seinem Vorgesetzten gegenüber Sorge darüber geäußert, daß gerade besonders intelligente Menschen die Weisheitsbücher der Alten läsen und damit auf die Spur der Wahrheit kommen könnten. Screwtape beruhigt ihn mit dem Hinweis, der historische Standpunkt, zu welchem die Gelehrten der westlichen Welt durch die höllischen Geister glücklicherweise überredet worden seien, bedeute eben dies, »daß die einzige Frage, die man mit Sicherheit niemals stellen werde, die nach der Wahrheit des Gelesenen sei; stattdessen frage man nach Beeinflussungen und Abhängigkeiten, nach der Entwicklung des betreffenden Schriftstellers, nach seiner Wirkungsgeschichte und so fort.«[131] Josef Pieper, der in seinem Traktat über die Interpretation diese

---

131 C. S. Lewis, The Screwtape Letters (London [15]1965 [dt.: Dienstanweisung für einen Unterteufel, Freiburg [9]1999]) 139f. Hier zitiert nach J. Pieper, Was heißt Interpretation? in: ders., Schriften zum Philosophiebegriff (Werke Bd. 3, hg. v. B. Wald, Hamburg 1995) 226f.

Passage aus C. S. Lewis aufgenommen hat, weist in diesem Zusammenhang darauf hin, daß die in kommunistisch beherrschten Ländern veranstalteten Ausgaben etwa von Platon oder Dante den abgedruckten Werken jeweils eine Einleitung voranstellten, die dem Leser ein »historisches« Verständnis vermitteln und so die Wahrheitsfrage ausschließen will.[132] Eine solcher Art betriebene Wissenschaftlichkeit wird zur Immunisierung gegenüber der Wahrheit. Die Frage, ob und wie weit das vom Autor Ausgesprochene wahr sei, wäre eine unwissenschaftliche Frage; sie würde ja aus dem Bereich des Belegbaren und Nachweisbaren herausführen, zurückfallen in die Naivität der vorkritischen Welt. Auf diese Weise wird auch die Lektüre der Bibel neutralisiert: Wir können erklären, wann und unter welchen Bedingungen eine Aussage entstanden ist, und haben sie so ins Historische eingeordnet, das uns letztlich nicht betrifft. Hinter dieser Art »historischer Interpretation« steht eine Philosophie, eine grundsätzliche Haltung gegenüber der Wirklichkeit, die uns sagt: Es ist sinnlos, nach dem zu fragen, was ist; wir können nur fragen nach dem, was wir mit den Dingen zu tun vermögen. Es geht nicht um Wahrheit, sondern um Praxis, um die Beherrschung der Dinge zu unserem Nutzen. Solcher scheinbar einleuchtender Beschränkung des menschlichen Denkens gegenüber erhebt sich freilich die Frage: Was nützt uns eigentlich? Und wozu nützt es uns? Wozu sind wir selber da? Dem tiefer Blickenden wird in dieser modernen Grundhaltung eine falsche Demut und ein falscher Hochmut zugleich sichtbar: die falsche Demut, die dem Menschen die Wahrheitsfähigkeit abspricht, und der falsche Hochmut, mit dem er sich über die Dinge, über die Wahrheit selber stellt, indem er die Ausweitung seiner Macht, die Herrschaft über die Dinge zum Ziel all seines Denkens erhebt.

Was bei Lewis in der Form der Ironie erscheint, können wir heute in der Literaturwissenschaft wissenschaftlich dargestellt finden. In ihr wird ganz offen die Frage nach der Wahrheit als unwissenschaftlich ausgeschieden. Der deutsche Exeget Marius Reiser hat kürzlich auf das Wort von Umberto Eco in seinem Erfolgsroman »Der Name der Rose« verwiesen, wo er sagt: »... Die einzige Wahrheit heißt: lernen, sich von

---

132 Ebd. 227.

der krankhaften Leidenschaft für die Wahrheit zu befreien«.[133] Die wesentliche Grundlage für diese unmißverständliche Absage an Wahrheit besteht in dem, was man heute die »linguistische Wende« nennt: Hinter die Sprache und ihre Bilder könne man nicht zurückgehen, die Vernunft sei sprachlich bedingt und sprachlich gebunden.[134] Schon im Jahr 1901 hatte F. Mauthner den Satz geprägt: »Was man aber das Denken nennt, das ist nur eitel Sprache«.[135] M. Reiser spricht in diesem Zusammenhang von der »Preisgabe der Überzeugung«, man könne sich »mit sprachlichen Mitteln auf Außersprachliches« beziehen.[136] Der bedeutende protestantische Exeget U. Luz stellt – ganz im Sinn dessen, was wir eingangs von Screwtape gehört hatten – fest, daß die historische Kritik in der Moderne der Wahrheitsfrage gegenüber abgedankt habe. Er glaubt sich verpflichtet, diese Kapitulation anzunehmen und zuzugeben, daß heute Wahrheit jenseits der Texte nicht mehr aufzufinden sei, sondern nur konkurrierende Wahrheitssetzungen, Wahrheitsangebote, die man auf dem Marktplatz der Weltanschauungen in öffentlichem Diskurs zu vertreten habe.[137]

Wer diese Anschauungen bedenkt, wird sich fast unweigerlich an einen tiefgründigen Passus aus Platons Phaidros erinnert fühlen. Sokrates erzählt da dem Phaidros eine Geschichte, die er von den Alten vernommen habe, die um das Wahre wußten. Zu dem ägyptischen König Thamus von Theben sei einmal Thot gekommen, der »Vater der Buchstaben« und der »Gott der Zeit«. Er habe den Herrscher über verschiedene von ihm erfundene Künste und so besonders auch über die von ihm erdachte Kunst des Schreibens belehrt. Seine Erfindung rühmend habe er dem König gesagt: »Diese Kenntnis, o König, wird die Ägypter

---

133 M. Reiser, Bibel und Kirche. Eine Antwort an U. Luz, in: Trierer Theologische Zeitschrift 108 (1999) 62–81, hierzu 72; U. Eco, Der Name der Rose (München 1982) 624.
134 M. Reiser, a. a. O. 63 mit Hinweis auf O. Tracy, Theologie als Gespräch. Eine postmoderne Hermeneutik (Mainz 1993) 73–97.
135 F. Mauthner, Beiträge zu einer Kritik der Sprache, 3 Bände (Stuttgart 1901, 1902, ²1923, Nachdruck Frankfurt 1982), Zitat Bd. 3, 635. Siehe M. Reiser a. a. O. 73.
136 Reiser zitiert, a. a. O. 73f.
137 Vgl. M. Reiser, a. a. O. 63f. U. Luz, Kann die Bibel heute noch Grundlage für die Kirche sein? Über die Aufgabe der Exegese in einer religiös pluralistischen Gesellschaft, in: New Testament Studies 44 (1998) 317–339.

weiser und erinnerungsfähiger machen; denn als ein Hilfsmittel für das Erinnern sowohl als für die Weisheit ist sie erfunden.« Aber der König läßt sich nicht beeindrucken. Er sieht das Gegenteil als Folge der Schriftkunde voraus: »Vergessenheit wird dieses in den Seelen ... herbeiführen durch Vernachlässigung des Erinnerns, sofern sie nun im Vertrauen auf die Schrift von außen ... nicht von innen her, aus sich selbst, das Erinnern schöpfen. Nicht also für das Erinnern, sondern für das Merken hast Du ein Mittel erfunden, und von der Weisheit bringst Du Deinen Lehrlingen nur den Schein bei, nicht die Sache selbst. Denn Vielhörer sind sie nun ohne Belehrung, und so werden sie Vielwisser zu sein meinen, da sie doch insgemein Nichtwisser sind und Leute, mit denen schwer umzugehen ist, indem sie scheinweise sind, nicht weise.«[138] Wer heute daran denkt, wie Fernsehprogramme aus aller Welt den Menschen mit Informationen überfluten und ihn so scheinwissend machen; wer an die weiten Möglichkeiten von Computer und Internet denkt, die dem Fragenden zum Beispiel gestatten, sofort alle Texte eines Kirchenvaters zu einem Wort zu Händen zu haben, ohne doch in sein Denken eingedrungen zu sein, der wird diese Warnungen nicht für übertrieben halten. Platon lehnt nicht die Schrift als solche ab, so wie wir die neuen Möglichkeiten der Information nicht ablehnen, sondern von ihnen dankbar Gebrauch machen; aber er stellt eine Warntafel auf, deren Ernst durch die Folgen der linguistischen Wende wie durch viele uns allen geläufige Umstände täglich belegt wird. H. Schade zeigt den Kern dessen auf, was Platon uns mit diesem Text heute zu sagen hat: »Es ist das Überhandnehmen einer philologischen Methode und der damit einhergehende Realitätsverlust, wovor Platon warnt.«[139]

Wo die Schrift, das Geschriebene zur Barriere gegenüber dem Inhalt wird, ist sie selbst zur Antikunst geworden, die den Menschen nicht weiser macht, sondern ihn in eine kranke Scheinweisheit verbannt. A. Kreiner bemerkt daher der linguistischen Wende gegenüber mit Recht: »... die Preisgabe der Überzeugung, sich mit sprachlichen Mitteln auf außersprachliche Inhalte zu beziehen, kommt der Preisgabe eines

---

138 Phaidros 274d–275b. Vgl. dazu H. Schade, Lamm Gottes und Zeichen des Widders (Freiburg 1998) 27f.
139 A. a. O. 27.

irgendwie noch sinnvollen Diskurses gleich.«[140] Zur selben Frage bemerkt der Papst in der Enzyklika folgendes: »Die Auslegung dieses Wortes (= des Wortes Gottes) darf uns nicht nur von einer Interpretation auf die andere verweisen, ohne uns je dahin zu bringen, in ihm eine schlichtweg wahre Aussage zu entnehmen.«[141] Der Mensch ist nicht im Spiegelkabinett der Interpretationen gefangen; er kann und muß den Durchbruch zum Wirklichen suchen, das hinter den Wörtern steht und sich ihm in den Wörtern und durch sie zeigt.

Hier sind wir am Kernpunkt der Auseinandersetzung des christlichen Glaubens mit einem bestimmten Typus von moderner Kultur angelangt, die sich gern als die moderne Kultur überhaupt ausgeben möchte, aber – gottlob – doch nur eine Spielart davon ist. Das wird zum Beispiel sehr augenfällig in der Kritik, die der italienische Philosoph Paolo Flores d'Arcais gegenüber der Enzyklika geübt hat. Eben weil die Enzyklika auf der Notwendigkeit der Wahrheitsfrage besteht, erklärt er, »die offizielle katholische Kultur (eben die der Enzyklika) habe der ›Kultur tout court‹ nichts mehr zu sagen ...«[142] Das heißt aber auch: Die Wahrheitsfrage steht außerhalb der »Kultur tout court«. Und ist diese »Kultur tout court« dann nicht eher eine Antikultur? Und ist ihre Anmaßung, die Kultur überhaupt zu sein, dann nicht eine arrogante, menschenverachtende Anmaßung?

Daß es genau um diesen Punkt geht, wird sichtbar, wenn Flores d'Arcais der Enzyklika des Papstes »mörderische Konsequenzen für die Demokratie« vorwirft und seine Lehre mit dem »fundamentalistischen« Typus von Islam identifiziert. Grund dafür ist ihm der Hinweis darauf, daß der Papst Gesetze, die Abtreibung und Euthanasie erlauben, als bar authentischer Rechtsgeltung bezeichnet hat.[143] Wer sich so

140 A. Kreiner, Ende der Wahrheit? (Freiburg 1992) 116; zitiert nach Reiser, a. a. O. 74.
141 Nr. 84.
142 P. Flores d'Arcais, Die Frage ist die Antwort. Zur Enzyklika »Fides et ratio«, in: Frankfurter Allgemeine Zeitung, 2. 3. 1999, Nr. 51, S. 47.
143 In Nr. 68–74 der Enzyklika *Evangelium vitae* setzt sich der Papst eingehend argumentativ mit der These auseinander, die Gesetzgebung einer Gesellschaft müsse sich darauf beschränken, die Überzeugungen der Mehrheit zu registrieren und zu rezipieren; privates Gewissen und öffentliche Ordnung seien strikt zu trennen (Nr. 69). Der Papst stellt dem die Auffassung entgegen, daß die Demokratie nicht zum Surrogat der Moral werden dürfe; der Wert der Demokratie – so sagt er – steht und fällt mit den Werten, die

gegen ein gewähltes Parlament stelle und mit kirchlichen Ansprüchen weltliche Macht auszuüben versuche, zeige, daß seinem Denken das Wasserzeichen eines katholischen Dogmatismus wesentlich eingeprägt bleibe. Solche Behauptungen setzen voraus, daß es über die Entscheidungen einer Mehrheit hinaus keine andere Instanz mehr geben könne. Die zufällige Mehrheit wird zum Absolutum. Denn das Absolute, Unhintergehbare gibt es nun doch wieder. Wir sind der Herrschaft des Positivismus und der Verabsolutierung des Zufälligen, ja Manipulierbaren ausgesetzt. Wenn der Mensch von der Wahrheit ausgeschlossen wird, dann kann nur noch das Zufällige, das Willkürliche über ihn herrschen. Deswegen ist es nicht »fundamentalistisch«, sondern eine Pflicht der Menschlichkeit, den Menschen gegen die Diktatur des absolut gewordenen Zufälligen zu schützen und ihm seine Würde zurückzugeben, die gerade darin besteht, daß keine menschliche Instanz letztlich über ihn herrschen kann, weil er auf die Wahrheit selbst hin geöffnet ist. Die Enzyklika ist gerade durch ihr Insistieren auf der Wahrheitsfähigkeit eine höchst notwendige Apologie der Größe des Menschen gegen das, was sich als »die Kultur tout court« ausgeben möchte.

Natürlich ist es schwer, bei dem Methodenkanon, der sich heute als »Wasserzeichen der Wissenschaftlichkeit« durchgesetzt hat, der Wahrheitsfrage wieder Eintritt zu verschaffen in die öffentliche Debatte. Ein grundlegender Streit über das Wesen von Wissenschaft, über Wahrheit und Methode, über den Auftrag der Philosophie und ihre möglichen Wege ist daher notwendig. Der Papst hat es nicht als seine Aufgabe angesehen, in der Enzyklika die ganz praktische Frage anzugehen, ob und wie Wahrheit wieder »wissenschaftlich« werden kann. Aber er zeigt, warum wir uns dieser Aufgabe stellen müssen. Er wollte nicht selbst die Aufgabe der Philosophen leisten, aber er hat die Aufgabe des warnenden Einspruches wahrgenommen, der sich einer selbstzerstörerischen Tendenz der »Kultur tout court« entgegenstellt. Gerade dieser war-

---

sie verkörpert (Nr. 70). Diese grundlegenden Ausführungen über die Prinzipien der Staatslehre kann man nicht mit der schnoddrigen Qualifizierung als »Fundamentalismus« beiseite schieben; sie verdienen zumindest eine erneute Auseinandersetzung. Ich darf in diesem Zusammenhang auch auf mein Buch: Wendezeit für Europa? (Einsiedeln–Freiburg 1991) verweisen.

nende Einspruch ist ein echt philosophischer Akt, setzt den sokratischen Ursprung der Philosophie gegenwärtig und beweist damit die philosophische Potenz, die im biblischen Glauben liegt. Dem Wesen der Philosophie widerspricht ein Typus von Wissenschaftlichkeit, der ihr die Wahrheitsfrage verbietet oder sie unmöglich macht. Solche Selbstverschließung, solche Verkleinerung der Vernunft kann nicht der Maßstab der Philosophie sein, und die Wissenschaft als ganze darf nicht mit der Verunmöglichung der eigentlichen Fragen des Menschen enden, ohne die sie selbst eine leere und letztlich gefährliche Geschäftigkeit bleiben würde. Aufgabe der Philosophie kann es nicht sein, sich einem Methodenkanon zu unterwerfen, der in einzelnen Sektoren des Denkens sein Recht hat. Ihre Aufgabe muß es gerade sein, Wissenschaftlichkeit als ganze zu bedenken, kritisch ihr Wesen zu erfassen und sie zugleich in einer rational verantwortbaren Weise zu überschreiten auf das, was ihr überhaupt Sinn gibt. Die Philosophie muß immer nach dem Menschen selbst fragen, und sie muß daher immer nach Leben und Tod, nach Gott und Ewigkeit suchen. Sie wird sich dazu heute wohl zuallererst einer Aporie jener Art von Wissenschaftlichkeit bedienen müssen, die den Menschen von solchen Fragen abschneidet und von diesen Aporien her, die unsere Gesellschaft uns genau vor Augen führt, den Weg auf das Notwendige und Not Wendende wieder zu öffnen versuchen. In der Geschichte der neuzeitlichen Philosophie hat es an solchen Versuchen nie gefehlt, und auch gegenwärtig gibt es genug ermutigende Ansätze, um die Tür zur Frage nach der Wahrheit, die Tür über die in sich selbst kreisende Sprache hinaus, wieder aufzutun.[144] In diesem Sinn ist der Anruf der Enzyklika zweifellos kulturkritisch unserer gegenwärtigen kulturellen Verfassung gegenüber, aber zugleich in einer tiefen Einheit mit wesentlichen Elementen des geistigen Ringens der Neuzeit. Anachronistisch ist die Zuversicht, Wahrheit

---

144 In diesem Betracht ist die Aufzählung der Namen, die die Enzyklika in Nr. 74 bietet, zweifellos zu bescheiden ausgefallen. Man braucht im 20. Jahrhundert nur an die Bedeutung der phänomenologischen Schule – von Husserl bis Scheler – und an die große Strömung des Personalismus mit Namen wie F. Ebner, E. Mounier, G. Marcel oder große jüdische Denker wie Bergson, Buber und Levinas zu erinnern, um zu sehen, daß Philosophie in dem von der Enzyklika gemeinten Sinn auch heute möglich und in einer Vielfalt von Gestaltungen wirklich ist.

zu suchen und zu finden, nie: Sie ist gerade das, was den Menschen in seiner Würde erhält, die Partikularismen aufbricht und Menschen über Kulturgrenzen hinaus von ihrer gemeinsamen Würde her zueinanderführt.

Kultur und Wahrheit

a) Zum Wesen der Kultur
Was wir bisher bedacht haben, könnte man das Streitgespräch zwischen dem in der Enzyklika zu Wort kommenden christlichen Glauben und einem bestimmten Typus moderner Kultur bezeichnen, wobei die naturwissenschaftlich-technische Seite der Kultur in unseren Überlegungen ausgeklammert blieb. Unser Augenmerk war auf die geisteswissenschaftlichen Aspekte unserer Kultur gerichtet. Es wäre nicht schwer zu zeigen, daß deren Ratlosigkeit gegenüber der Wahrheitsfrage, die inzwischen geradezu zum Zorn ihr gegenüber geworden ist, letzten Endes darauf beruht, daß sie den gleichen Methodenkanon und die gleiche Art von Sicherheit erreichen möchte, wie sie im empirischen Bereich gegeben ist. Die methodische Beschränkung der Naturwissenschaft auf das experimentell Überprüfbare wird geradezu zum Ausweis der Wissenschaftlichkeit, ja, der Rationalität überhaupt. Der methodische Verzicht, der im Rahmen empirischer Wissenschaft sinnvoll, ja nötig ist, wird so zur Mauer gegenüber der Wahrheitsfrage: Im Grunde geht es um das Problem Wahrheit und Methode, um die Universalität eines streng empirischen Methodenkanons. Ihr gegenüber verteidigt der Papst die Vielfalt der Wege des menschlichen Geistes, die Weite auch der Rationalität, die je nach der Weise des Gegenstandes auch unterschiedliche Methoden kennen muß. Das nicht Materielle kann nicht mit Methoden angegangen werden, die dem Materiellen gemäß sind; so könnte man etwas grob den Einspruch des Papstes gegenüber einer einseitigen Form von Rationalität zusammenfassen.

Der Disput mit der modernen Kultur, der Disput um Wahrheit und Methode, ist der eine grundlegende Strang im Gewebe unserer Enzyklika. Aber die Frage Wahrheit und Kultur bietet sich auch noch unter einem anderen Aspekt dar, der wesentlich auf den eigentlich religiösen

Bereich verweist. Dem Universalitätsanspruch des Christlichen, der sich auf die Universalität der Wahrheit gründet, wird heute gern die Relativität der Kulturen entgegengehalten. Das Thema klingt schon an im 18. Jahrhundert bei Gotthold Ephraim Lessing, der die drei großen Religionen in der Parabel von drei Ringen darstellt, deren einer der echte und wahre sein soll, aber die Echtheit ist nicht mehr feststellbar: Die Wahrheitsfrage ist unlösbar und wird ersetzt durch die Frage nach der heilenden und reinigenden Wirkung der Religion. Zu Beginn des 20. Jahrhunderts hat – wir wir in anderen Zusammenhängen schon angesprochen haben – Ernst Troeltsch dann die Frage nach Religion und Kultur, Wahrheit und Kultur ausdrücklich thematisiert. Wenn er anfangs noch das Christentum als die »gesammeltste Offenbarung der personalistischen Religiosität, als den einzig vollkommenen Bruch mit den Grenzen und Bedingungen der Naturreligion« hinstellte, so hat ihm im Lauf seines Denkweges die kulturelle Bestimmung der Religion immer mehr den Blick auf die Wahrheit überlagert und alle Religionen einer Relativität der Kulturen unterworfen. Die Gültigkeit des Christentums wird ihm schließlich zu einer »europäischen Angelegenheit«: Das Christentum ist ihm die für Europa angemessene Art der Religion, während er nun Buddhismus und Brahmanismus »absolute Selbständigkeit« zuerkennt. Die Wahrheitsfrage hat praktisch abgedankt, die Grenze der Kulturen ist unüberschreitbar geworden.[145]

Eine Enzyklika, die ganz dem Abenteuer der Wahrheit zugeordnet ist, mußte daher auch die Frage nach Wahrheit und Kultur stellen. Sie mußte fragen, ob es überhaupt eine Kommunion der Kulturen in der einen Wahrheit geben kann – ob Wahrheit sich über ihre kulturellen Gestalten hinweg für alle Menschen auszusagen vermag oder ob sie letztlich immer nur asymptotisch hinter unterschiedlichen oder gar gegensätzlichen kulturellen Formen zu ahnen ist.

Einem statischen Begriff von Kultur, der feste Kulturgestalten voraussetzt, die letztlich konstant bleiben und nur nebeneinander stehen, nicht ineinander übergehen können, hat der Papst in der Enzyklika ein dynamisches und kommunikatives Verständnis von Kultur entgegen-

---

145 Vgl. dazu H. Bürkle, Der Mensch auf der Suche nach Gott – die Frage der Religionen. Amateca Bd. III (Paderborn 1996) 60–67.

gestellt. Er unterstreicht, daß die Kulturen, wenn sie »tief im Humanen verwurzelt sind ..., das Zeugnis der typischen Öffnung des Menschen für das Universale und für die Transzendenz in sich«[146] tragen. Deswegen sind Kulturen als Ausdruck des einen Wesens Mensch gezeichnet von der Dynamik des Menschen, die alle Grenzen überschreitet. Deshalb sind Kulturen nicht ein für alle Mal auf eine Gestalt fixiert; zu ihnen gehört die Fähigkeit zum Voranschreiten und zur Umformung, freilich auch die Gefahr des Verfalls. Sie sind auf Begegnung und gegenseitige Befruchtung hin angelegt. Weil die innere Offenheit des Menschen für Gott sie um so mehr prägt, je größer und je reiner sie sind, deshalb ist ihnen die innere Bereitschaft für die Offenbarung Gottes eingeschrieben. Die Offenbarung ist ihnen nichts Fremdes, sondern sie antwortet auf eine innere Erwartung in den Kulturen selbst. Theodor Haecker hat in diesem Zusammenhang vom adventlichen Charakter der vorchristlichen Kulturen gesprochen,[147] und inzwischen haben vielfältige religionsgeschichtliche Untersuchungen dieses Zugehen der Kulturen auf den Logos Gottes, der in Jesus Christus Fleisch geworden ist, auch ganz anschaulich zeigen können.[148] Der Papst greift in diesem Zusammenhang die Völkertafel des Pfingstberichtes der Apostelgeschichte (2,7–11) auf, die uns davon erzählt, wie durch alle Sprachen hindurch und in allen Sprachen, das heißt in allen Kulturen, die sich in der Sprache darstellen, das Zeugnis für Jesus Christus vernehmbar wird. In ihnen allen wird Menschenwort Träger von Gottes eigenem Sprechen, von seinem eigenen Logos. Die Enzyklika sagt dazu: »Die Verkündigung des Evangeliums in den verschiedenen Kulturen verlangt von den einzelnen Empfängern das Festhalten am Glauben; sie hindert die Empfänger aber nicht daran, ihre kulturelle Identität zu bewahren. Das erzeugt keine Spaltung, weil sich das Volk der Getauften durch eine Universalität auszeichnet, die jede Kultur aufnehmen kann ...«[149]

---

146 Nr. 70.
147 Th. Haecker, Vergil. Vater des Abendlandes (München 5¹947) z. B. 117f.
148 Vgl. z. B. H. Bürkle, a. a. O. 14–40.
149 Nr. 71.

Der Papst entwickelt von da aus exemplarisch für das generelle Verhältnis des christlichen Glaubens zu vorchristlichen Kulturen am Beispiel der indischen Kultur Maßstäbe, die bei der Begegnung dieser Kulturen mit dem Glauben zu beachten sind. Er verweist zunächst ganz kurz auf den großen geistigen Aufschwung des indischen Denkens, das um die Freiheit des Geistes von den raumzeitlichen Bedingungen ringt und so die metaphysische Öffnung des Menschen praktiziert, die in bedeutenden philosophischen Systemen dann auch denkerisch gestaltet worden ist.[150] Mit diesen Hinweisen wird die universale Tendenz großer Kulturen, ihr Übersteigen von Raum und Zeit und so auch ihr Vorstoßen auf das Sein des Menschen und auf seine höchsten Möglichkeiten deutlich. Darin besteht die Dialogfähigkeit der Kulturen untereinander, in diesem Fall zwischen indischer Kultur und Kulturen, die auf dem Boden des christlichen Glaubens gewachsen sind. So ergibt sich gleichsam aus der inneren Berührung mit der indischen Kultur das erste Kriterium von selbst: Es besteht in der »Universalität des menschlichen Geistes, dessen Grundbedürfnisse in den verschiedenen Kulturen identisch sind«.[151] Daraus folgt zugleich ein zweites Kriterium: »Wenn die Kirche mit großen Kulturen in Kontakt tritt, mit denen sie vorher noch nicht in Berührung gekommen war, darf sie sich nicht von dem trennen, was sie sich durch die Inkulturation ins griechisch-lateinische Denken angeeignet hat. Der Verzicht auf ein solches Erbe würde dem Vorsehungsplan Gottes zuwiderlaufen ...«[152] Schließlich nennt die Enzyklika einen dritten Maßstab, der aus den bisherigen Überlegungen über das Wesen von Kultur folgt: Man muß sich davor hüten, »den legitimen Anspruch des indischen Denkens auf Besonderheit und Originalität mit der Vorstellung zu verwechseln, eine kulturelle Tradition müsse sich in ihr Verschiedensein einkapseln und sich in ihrer Gegensätzlichkeit zu den anderen Traditionen behaupten; dies würde dem Wesen des menschlichen Geistes widersprechen.«[153]

---

150   Nr. 72.
151   Ebd.
152   Ebd.
153   Ebd.

b) Die Überschreitung der Kulturen in der Bibel und in der Geschichte des Glaubens

Wenn der Papst auf der Unverzichtbarkeit des einmal errungenen kulturellen Erbes insistiert, das zu einem Vehikel für die gemeinsame Wahrheit Gottes und des Menschen selbst geworden ist, dann erhebt sich natürlich doch die Frage, ob damit nicht ein Eurozentrismus des Glaubens kanonisiert wird, der auch dadurch nicht aufgehoben scheint, daß ja in der weitergehenden Geschichte des Glaubens auch neues Erbe in die beständige und alle angehende Identität des Glaubens eintreten kann und schon eingetreten ist. Die Frage bleibt unausweichlich: Wie griechisch und wie lateinisch ist der Glaube eigentlich, der im übrigen nicht in der griechischen und lateinischen, sondern in der semitischen Welt des Vorderen Orients entstanden ist, in der sich immer schon Asien, Afrika und Europa berührt haben und berühren? Die Enzyklika nimmt besonders in ihrem zweiten Kapitel über die Entfaltung philosophischen Denkens im Inneren der Bibel und im vierten Kapitel bei der Darstellung der schicksalhaften Begegnung dieser im Glauben gewachsenen Weisheit der Vernunft mit der griechischen Weisheit der Philosophie Stellung zu diesem Problem. Dies ist eine Frage, die uns in diesem Buch von verschiedenen Seiten her immer wieder begegnet, an dieser Stelle mögen die folgenden Hinweise dienlich sein.

Schon in der Bibel selbst wird vielfältiges religiöses und philosophisches Gedankengut aus verschiedenen kulturellen Welten verarbeitet. Das Wort Gottes entfaltet sich in einem Prozeß der Begegnungen mit der Suche des Menschen nach Antwort auf seine letzten Fragen. Es ist nicht einfach steil vom Himmel herabgefallen, sondern es ist geradezu eine Synthese der Kulturen. Es läßt uns aber tiefer gesehen einen Prozeß erkennen, in dem Gott mit dem Menschen ringt und ihn langsam für sein tiefstes Wort, für sich selbst öffnet: den Sohn, der der Logos ist. Die Bibel ist nicht einfach Ausdruck der Kultur des Volkes Israel, sondern sie liegt ständig im Streit mit dem ganz natürlichen Versuch dieses Volkes, einfach es selbst zu sein, sich in seiner eigenen Kultur einzuhausen. Der Glaube an Gott und das Ja zum Willen Gottes wird ihm ständig gegen seine eigenen Vorstellungen und Wünsche abgerungen. Er tritt der eigenen Religiosität Israels und seiner eigenen religiösen Kultur, die sich im Höhenkult, im Kult der Himmelskönigin, im Machtanspruch des eigenen Königtums ausdrücken möchte, fortwährend entgegen. Vom Zorn Gottes und des Mose gegen den Kult des goldenen Jungstiers am Sinai angefangen bis hin zu den späten nachexilischen Propheten geht es immerfort darum, daß Israel aus seiner eigenen kulturellen Identität und seinen religiösen Wünschen herausgerissen wird, daß es sozusagen den Kult der eigenen Nationalität, den Kult von »Blut und Boden« lassen muß, um sich dem ganz anderen, dem nichteigenen Gott zu beugen, der Himmel und Erde geschaffen hat und der Gott aller Völker ist. Der Glaube Israels bedeutet eine fortwährende Selbstüberschreitung der eigenen Kultur ins Offene und Weite der gemeinsamen Wahrheit hinein. Die Bücher des Alten Testaments mögen in vieler Hinsicht weniger fromm, weniger poetisch, weniger inspiriert erscheinen als bedeutende Stellen der heiligen Bücher anderer Völker. Aber sie haben doch ihre Einzigartigkeit in diesem Streitcharakter des Glaubens gegen das Eigene, in diesem Aufbruch aus dem Eigenen heraus, der mit Abrahams Wanderschaft beginnt. Der Ausbruch aus dem Gesetz, den Paulus aufgrund seiner Begegnung mit dem auferstandenen Jesus Christus erkämpft, führt diese Grundrichtung des Alten Testaments zu ihrem logischen Ziel: Er bedeutet vollends die Universalisierung dieses Glaubens, der vom Eigenen einer völkischen Ordnung gelöst wird. Nun sind alle Völker eingeladen, in diesen Prozeß der Überschreitung des Eigenen einzutreten, der zuerst in Israel begonnen hat; sie sind eingeladen, sich zu dem Gott hinzukehren, der sich in Jesus Christus seinerseits selbst überschritten, die »Mauer der Feindschaft« zwischen uns aufgerissen hat (Eph 2,14) und uns in der Selbstenteignung des Kreuzes zueinander führt. Glaube an Jesus Christus ist also seinem Wesen nach fortwährendes Sichöffnen, Einbruch Gottes in die menschliche Welt und darauf antwortender Aufbruch des Menschen zu Gott hin, der zugleich die Menschen zueinander führt. Alles Eigene gehört nun allen, und alles andere wird zugleich auch unser Eigen, dies Ganze umgriffen von dem Wort des Vaters an den älteren Sohn: »All das Meinige ist dein« (Lk 15,31), das im hohepriesterlichen Gebet Jesu als Anrede des Sohnes an den Vater wiederkehrt: »All das Meinige ist dein, und all das Deinige ist mein« (Joh 17,10).

Dieses Grundmuster bestimmt auch die Begegnung der christlichen Botschaft mit der griechischen Kultur, die freilich nicht erst in der christlichen Mission beginnt, sondern sich schon im Inneren der Schriften des Alten Testaments, besonders durch seine Übersetzung ins Griechische und von dieser her im Frühjudentum entwickelt hatte. Diese Begegnung war möglich, weil sich in der griechischen Welt inzwischen ein ähnlicher Vorgang der Selbstüberschreitung angebahnt hatte. Die Väter haben nicht einfach eine in sich stehende und sich selbst gehörende griechische Kultur ins Evangelium eingeschmolzen. Sie konnten den Dialog mit der griechischen Philosophie aufnehmen und sie zum Instrument des Evangeliums dort machen, wo in der griechischen Welt durch die Suche nach Gott eine Selbstkritik der eigenen Kultur und des eigenen Denkens in Gang gekommen war. Der Glaube bindet die verschiedenen Völker – beginnend mit den Germanen und Slawen, die in der Zeit der Völkerwanderung mit der christlichen Botschaft in Berührung kamen, bis hin zu den Völkern Asiens, Afrikas, Amerikas – nicht an die griechische Kultur als solche, sondern an deren Selbstüberschreitung, die der wahre Anknüpfungspunkt für die Auslegung der christlichen Botschaft war. Er zieht sie von da aus in die Dynamik der Selbstüberschreitung hinein. Richard Schäffler hat dazu treffend gesagt, daß die christliche Predigt von Anfang an von den Völkern Europas (das übrigens vor der christlichen Mission als solches nicht existierte) »den Abschied ... von jedem autochthonen Gott der Europäer verlangt [hat], längst ehe außereuropäische Kulturen in ihr Blickfeld traten«.[154] Von da aus ist es zu verstehen, warum die christliche Verkündigung an die Philosophie anknüpfte, nicht an die Religionen. Wo letzteres versucht wurde, wo man zum Beispiel Christus als den wahren Dionysos, Asklepios oder Herakles interpretieren wollte, sind solche Versuche schnell überholt gewesen.[155] Daß man nicht an die Religionen, sondern an die Philosophie anknüpfte, hängt eben damit zusammen, daß man nicht eine Kultur kanonisiert hat, sondern dort in sie eintreten konnte, wo sie selbst begonnen hatte, aus sich herauszutreten, wo sie sich auf den Weg ins Offene der gemeinsamen Wahrheit begeben und die Einhausung im bloß Eigenen hinter sich gelassen hatte.

154 R. Schäffler, Ent-europäisierung des Christentums? in: Theologie und Glaube 86 (1996) 121–131, Zitat 131.
155 Vgl. Schäffler, ebd. 125.

Das ist für die Frage der Anknüpfungen und des Übergangs zu anderen Völkern und Kulturen auch heute ein grundlegender Hinweis. Sicher kann der Glaube nicht an Philosophien anknüpfen, die die Wahrheitsfrage ausschließen, wohl aber an Bewegungen, die aus dem relativistischen Kerker auszubrechen sich mühen. Sicher kann er nicht unmittelbar die alten Religionen übernehmen. Wohl aber können die Religionen Formen und Gestaltungen bereitstellen, besonders aber Haltungen – der Ehrfurcht, der Demut, der Opferbereitschaft, der Güte, der Nächstenliebe, der Hoffnung auf das ewige Leben.[156] Dies scheint mir – nebenbei bemerkt – auch für die Frage nach der Heilsbedeutung der Religionen wichtig zu sein. Sie retten nicht sozusagen als geschlossene Systeme und durch Systemtreue, sondern sie tragen zur Rettung bei, wo sie den Menschen dahin bringen, »nach Gott zu fragen« (wie das Alte Testament es ausdrückt), »sein Angesicht zu suchen«, »das Reich Gottes und seine Gerechtigkeit zu suchen«.

Religion, Wahrheit und Heil

Lassen Sie mich an diesem Punkt noch einen Augenblick innehalten, weil er eine Grundfrage menschlicher Existenz berührt, die mit Recht auch eine Hauptfrage in der gegenwärtigen theologischen Debatte darstellt. Denn es geht ja um den eigentlichen Impuls, von dem Philosophie ausgegangen ist und zu dem sie immer zurückkehren muß; an ihm berühren sich Philosophie und Theologie notwendig, wenn sie ihrer Aufgabe treu bleiben. Es ist die Frage: Wie wird der Mensch heil? Wie wird er recht? Die alte Zeit hat dabei vornehmlich an den Tod und an das gedacht, was nach dem Tod kommt; die Gegenwart, die das Jenseits als unsicher ansieht und daher aus ihrem Fragen weitgehend ausklammert, muß immerhin nach dem Rechtsein in der Zeit suchen und kann dabei das Problem nicht beiseite lassen, wie der Tod zu bewältigen ist. In der Debatte um das Verhältnis von Christentum und Weltreligionen ist freilich merkwürdigerweise doch der eigentliche Diskus-

---

[156] Sehr schön sind diese Zusammenhänge – Aufnahme und Verwandlung, Unterscheidung und Absage – dargestellt bei H. Bürkle, a. a. O. (s. Anm. 145) 18–40.

sionspunkt geblieben, wie sich die Religionen und das ewige Heil verhalten. Die Frage, wie der Mensch gerettet werden kann, wird eher noch im klassischen Sinn gestellt. Und da hat sich nun ziemlich allgemein die These durchgesetzt: Die Religionen alle sind Heilswege. Vielleicht nicht der ordentliche Heilsweg, aber – wenn schon, dann eben »außerordentliche Heilswege«: durch die Religionen alle kommt man zum Heil, das ist zur gängigen Anschauung geworden.

Diese Antwort entspricht nicht nur der Idee von Toleranz und Achtung des anderen, die sich uns heute aufdrängt. Sie entspricht auch dem modernen Gottesbild: Gott kann nicht Menschen verwerfen, nur weil sie das Christentum nicht kennen und eben in einer anderen Religion aufgewachsen sind. Er wird ihre Frömmigkeit genauso annehmen wie die unsere. So einsichtig diese – inzwischen mit vielen weiteren Argumenten untermauerte – These auf den ersten Blick auch ist, sie ruft doch Fragen hervor. Denn die einzelnen Religionen fordern nicht nur Unterschiedliches, sondern auch Gegensätzliches. Angesichts des Anwachsens der Zahl von religiös nicht gebundenen Menschen wird inzwischen diese universale Heilstheorie auch auf konsequent gelebte nicht-religiöse Existenzformen ausgedehnt. Dann gilt erst recht, daß Widersprüchliches als zum gleichen Ziel führend angesehen wird – mit einem Wort: Wir stehen wieder vor der Frage des Relativismus. Man setzt stillschweigend voraus, daß im Grund alle Inhalte gleich gültig sind. Was eigentlich gilt, kennen wir nicht. Jeder muß eben seinen Weg gehen – auf seine Façon selig werden, wie Friedrich II. von Preußen sagte. So steigt über die Heilstheorien der Relativismus unweigerlich durch die Hintertür wieder herein: Die Frage nach der Wahrheit wird aus der Frage der Religionen und aus der Heilsfrage ausgeschieden. Die Wahrheit wird durch die gute Absicht ersetzt; Religion bleibt im Subjektiven, weil das objektiv Gute und Wahre nicht zu erkennen ist.

a) Die Ungleichheit der Religionen und ihre Gefährdungen
Müssen wir uns damit abfinden? Ist die Alternative zwischen dogmatischem Rigorismus und menschenfreundlichem Relativismus unausweichlich? Ich denke, daß man bei den eben besprochenen Theorien drei Dinge nicht genau genug bedacht hat. Zunächst einmal werden die Religionen (und inzwischen auch Agnostizismus und Atheismus) alle

als gleichartig angesehen. Aber gerade das ist nicht der Fall. Tatsächlich gibt es degenerierte und kranke Religionsformen, die den Menschen nicht aufbauen, sondern entfremden: Die marxistische Religionskritik war nicht ganz und gar aus der Luft gegriffen. Und auch Religionen, denen man sittliche Größe und das Unterwegssein zur Wahrheit zuerkennen muß, können streckenweise erkranken. Im Hinduismus (der eigentlich ein Sammelname für vielfältige Religionen ist) gibt es großartige Elemente, aber auch negative Aspekte – die Verflechtung mit dem Kastensystem; die Witwenverbrennung, die sich aus anfangs symbolischen Vorstellungen herausgebildet hatte; Auswüchse des Śaktismus wären zu nennen, um nur ein paar Hinweise zu geben. Aber auch der Islam mit allem Großen, das er darstellt, ist immer wieder in Gefahr, die Balance zu verlieren, der Gewalt Raum zu geben und die Religion ins Äußerliche und Ritualistische abgleiten zu lassen. Und natürlich gibt es auch, wie wir alle nur zu gut wissen, Erkrankungsformen des Christlichen – etwa wenn Kreuzritter bei der Eroberung der Heiligen Stadt Jerusalem, in der Christus für alle Menschen gestorben ist, ihrerseits ein Blutbad unter Moslems und Juden anrichteten. Das bedeutet: Religion verlangt Unterscheidung, Unterscheidung zwischen Gestalten der Religionen und Unterscheidung im Inneren der Religion selbst, auf ihre eigentliche Höhe hin. Mit der Vergleichgültigung der Inhalte und der Idee, daß alle Religionen unterschiedlich und eigentlich doch gleich seien, kommt man nicht weiter. Der Relativismus ist gefährlich, ganz konkret – für die Gestalt des Menschseins im einzelnen und in der Gemeinschaft. Die Absage an die Wahrheit heilt den Menschen nicht. Wieviel Böses in der Geschichte im Namen guter Meinungen und Absichten geschehen ist, kann niemand übersehen.

b) Die Heilsfrage

Damit berühren wir schon den zweiten Punkt, der gemeinhin vernachlässigt wird. Wenn man von der Heilsbedeutung der Religionen spricht, denkt man erstaunlicherweise meistens nur daran, daß alle das ewige Leben ermöglichen, womit freilich zugleich der Gedanke an das ewige Leben neutralisiert wird, denn man kommt ohnedies dorthin. Aber damit ist die Heilsfrage in einer unangemessenen Weise verkürzt. Der Himmel beginnt auf der Erde. Das Heil im Jenseits setzt das rechte

Leben im Diesseits voraus. Also kann man gar nicht einfach fragen, wer in den Himmel kommt und sich damit zugleich der Frage nach dem Himmel entledigen. Man muß fragen, was der Himmel ist und wie er auf die Erde kommt. Die jenseitige Rettung muß sich abzeichnen in einer Lebensform, die den Menschen hier »menschlich« und damit gottgemäß macht. Das bedeutet wiederum, daß man bei der Heilsfrage über die Religionen selbst hinausblicken muß und daß dazu Maßstäbe rechten Lebens gehören, die nicht beliebig relativiert werden können. Ich würde also sagen: Das Heil beginnt im Rechtwerden des Menschen in dieser Welt, das immer die beiden Pole des einzelnen und der Gemeinschaft umfaßt. Es gibt Verhaltensformen, die niemals dem Rechtwerden des Menschen dienen können, und solche, die immer zum Rechtsein des Menschen gehören. Das bedeutet: Das Heil liegt nicht in den Religionen als solchen, sondern es hängt mit ihnen zusammen, sofern und soweit sie den Menschen auf das eine Gute, auf die Suche nach Gott, nach Wahrheit und Liebe bringen. Deshalb trägt die Heilsfrage immer ein religionskritisches Element in sich, wie sie umgekehrt mit den Religionen positiv verknüpft sein kann. In jedem Fall hat sie mit der Einheit des Guten, mit der Einheit des Wahren – mit der Einheit Gottes und des Menschen zu tun.

c) Das Gewissen und die Wahrheitsfähigkeit des Menschen
Diese Aussage führt zu dem dritten Punkt, den ich hier ansprechen wollte. Die Einheit des Menschen hat ein Organ: das Gewissen. Es war die Kühnheit des heiligen Paulus, die Hörfähigkeit auf das Gewissen bei allen Menschen zu behaupten, die Heilsfrage so von der Erkenntnis und dem Einhalten der Thora zu lösen und sie auf den gemeinsamen Anspruch des Gewissens zu stellen, in dem der eine Gott spricht, der das wahrhaft Wesentliche der Thora einem jeden sagt: »Wenn die Heiden, die das Gesetz nicht haben, von Natur aus das tun, was im Gesetz gefordert ist, so sind sie, die das Gesetz nicht haben, sich selbst Gesetz. Sie zeigen damit, daß ihnen die Forderung des Gesetzes ins Herz geschrieben ist; ihr Gewissen legt Zeugnis davon ab ...« (Röm 2,14f.). Paulus sagt nicht: Wenn Heiden sich an ihre Religion halten, ist es gut vor dem Gericht Gottes. Im Gegenteil, er verurteilt den Großteil der religiösen Praktiken jener Zeit. Er verweist auf eine andere Quelle – auf das,

was allen ins Herz geschrieben ist, das eine Gute des einen Gottes. Hier stehen sich allerdings heute zwei konträre Gewissensbegriffe gegenüber, die freilich meist einfach ineinander geschoben werden. Für Paulus ist das Gewissen das Organ der Transparenz des einen Gottes in allen Menschen, die *ein* Mensch sind. In der Gegenwart hingegen erscheint das Gewissen als Ausdruck für die Absolutheit des Subjekts, über das hinaus es im Sittlichen keine Instanz mehr geben kann. Das Gute als solches ist nicht wahrnehmbar. Der eine Gott ist nicht vernehmbar. Was Moral und Religion angeht, ist das Subjekt die letzte Instanz. Das ist logisch, wenn die Wahrheit als solche unzugänglich ist. So ist im neuzeitlichen Gewissensbegriff das Gewissen die Kanonisierung des Relativismus, der Unmöglichkeit gemeinsamer sittlicher und religiöser Maß- stäbe, wie es umgekehrt für Paulus und die christliche Tradition die Gewähr für die Einheit des Menschen und die Vernehmbarkeit Gottes, für die gemeinsame Verbindlichkeit des einen und gleichen Guten gewesen war.[157] Daß es zu allen Zeiten »heilige Heiden« gegeben hat und gibt, liegt daran, daß überall und in allen Zeiten – wenn auch oft nur mühsam und stückweise – der Spruch des »Herzens« vernehmbar war, daß uns Gottes Thora in uns selber, in unserem geschöpflichen Wesen als Verpflichtung hörbar wird und uns so möglich ist, das bloß Subjektive zu überschreiten, aufeinander und auf Gott hin. Und das ist Heil. Im übrigen bleibt, was Gott mit den armseligen Bruchstücken unseres Anlaufs auf das Gute, auf ihn selber hin tut, sein Geheimnis, das nachrechnen zu wollen wir uns nicht anmaßen sollten.

Abschließende Überlegungen

Ich möchte noch aufmerksam machen auf einen methodischen Hinweis, den der Papst für das Verhältnis von Theologie und Philosophie, von Glaube und Vernunft gibt, weil damit die praktische Frage angesprochen ist, wie eine Erneuerung des philosophischen und theologischen Denkens im Sinn der Enzyklika in Gang kommen könnte. Die

---

157 Ich darf für die Frage nach dem Gewissen auf mein kleines Buch Wahrheit, Werte, Macht (Freiburg 1993; neue Ausgabe Frankfurt 1999) 25–62 verweisen.

Enzyklika spricht von einer »Kreisbewegung« zwischen Theologie und Philosophie und versteht sie in dem Sinn, daß die Theologie immer zuerst vom Wort Gottes ausgehen muß, aber da dieses Wort Wahrheit ist, wird sie es in Beziehung setzen zur menschlichen Wahrheitssuche, zum Ringen der Vernunft um Wahrheit und es so in den Dialog mit der Philosophie hineinstellen. Die Wahrheitssuche des Gläubigen vollzieht sich demgemäß in einer Bewegung, in der Hören auf das ergangene Wort und Suchen der Vernunft sich immer neu begegnen. Dadurch wird einerseits der Glaube tiefer und reiner, andererseits aber empfängt auch das Denken Bereicherung, weil ihm neue Horizonte aufgehen. Mir scheint, man könne diese Idee der Zirkularität noch ein Stück weiter ausdehnen: Auch die Philosophie als solche sollte sich nicht in das bloß Eigene und selbst Erdachte einschließen. So wie sie auf die empirischen Erkenntnisse hören muß, die in den verschiedenen Wissenschaften reifen, so sollte sie auch die heilige Überlieferung der Religionen und besonders die Botschaft der Bibel als eine Quelle des Erkennens ansehen, von der sie sich befruchten läßt. Tatsächlich gibt es keine große Philosophie, die nicht von der religiösen Überlieferung her Erhellungen und Wegweisungen empfangen hätte, ob wir an die Philosophien Griechenlands und Indiens denken oder an die Philosophie, die im Inneren des Christentums sich entfaltet hat, oder auch an neuzeitliche Philosophien, die von der Autonomie der Vernunft überzeugt waren und diese Autonomie der Vernunft als letzten Maßstab des Denkens einschätzten, aber doch Schuldner der großen Motive des Denkens blieben, die der biblische Glaube der Philosophie auf den Weg gegeben hat: Kant, Fichte, Hegel, Schelling wären ohne die Vorgaben des Glaubens nicht denkbar, und selbst Marx lebt, mitten in seiner radikalen Umdeutung, dennoch von den Horizonten der Hoffnung, die er aus der jüdischen Überlieferung aufgenommen hatte. Wo Philosophie diesen Dialog mit dem Denken des Glaubens ganz ausblendet, endet sie – wie Jaspers einmal formuliert hat – in einem »leer werdenden Ernst«.[158] Am Ende sieht sie sich dann genötigt, auf die Wahrheitsfrage zu verzichten, das heißt, sich selbst aufzugeben. Denn eine Philoso-

---

158 Zitiert bei J. Pieper, Die mögliche Zukunft der Philosophie, in: ders., Schriften zum Philosophiebegriff (Werke Bd. 3, hg. v. B. Wald, Hamburg 1995) 315–323, Zitat 323.

phie, die nicht mehr danach fragt, wer wir sind, wozu wir sind, ob Gott ist und ewiges Leben, hat als Philosophie abgedankt. Zuletzt mag noch ein Hinweis auf einen Kommentar zur Enzyklika nützlich sein, der in der sonst eher kirchenfernen deutschen Wochenzeitung »Die Zeit« erschienen ist.[159] Der Kommentator, Jan Ross, erfaßt den Kern des päpstlichen Lehrschreibens sehr genau, wenn er sagt, die Entthronung von Theologie und Metaphysik habe das Denken »nicht bloß freier, sondern auch enger gemacht«, ja, er scheut sich nicht, von der »Verdummung durch Unglauben« zu sprechen. »Indem die Vernunft sich von den letzten Fragen abwandte, hat sie sich vergleichgültigt und verlangweilt, ist unzuständig geworden für die Lebensrätsel von gut und böse, von Tod und Unsterblichkeit.« Die Stimme des Papstes habe »vielen Menschen und ganzen Völkern Mut gemacht, sie hat vielen auch hart und schneidend im Ohr geklungen und sogar Haß erregt, aber wenn sie verstummt, wird es ein Augenblick schrecklicher Stille sein.« In der Tat, wenn nicht mehr von Gott und Mensch, von Sünde und Gnade, von Tod und ewigem Leben gesprochen wird, dann wird alles Geschrei und aller Lärm, den es gibt, nur ein vergeblicher Versuch sein, sich über das Verstummen des eigentlich Menschlichen hinwegzutäuschen. Der Papst hat sich der Gefahr solchen Schweigens mit seiner parrhesia, mit dem furchtlosen Freimut des Glaubens entgegengestellt, und er erfüllt so einen Dienst nicht nur für die Kirche, sondern für die Menschheit. Dafür sollten wir ihm dankbar sein.

---

159 Ausgabe vom 2. 12. 1998.

3. KAPITEL

Wahrheit – Toleranz – Freiheit

1. GLAUBE – WAHRHEIT – TOLERANZ

Sind Toleranz und Glaube an offenbarte Wahrheit Gegensätze? Anders gewendet: Sind christlicher Glaube und Modernität vereinbar? Wenn zu den Grundlagen der Neuzeit die Toleranz gehört, ist dann die Behauptung, die wesentliche Wahrheit erkannt zu haben, nicht eine überholte Anmaßung, die abgewiesen werden muß, wenn die Spirale der Gewalt abgebrochen werden soll, die die Religionsgeschichte durchzieht? Diese Frage stellt sich in der Begegnung zwischen dem Christentum und der Welt heute immer dramatischer, und immer weiter breitet sich die Überzeugung aus, daß der Verzicht auf den Wahrheitsanspruch des christlichen Glaubens die Grundbedingung für einen neuen Weltfrieden, die Grundbedingung für die Versöhnung von Christentum und Modernität sei.

Die »Mosaische Unterscheidung« – oder:
Gehört die Wahrheitsfrage in die Religion?

Diese Problematik hat kürzlich der Ägyptologe Jan Assmann von einer Gegenüberstellung zwischen biblischer und ägyptischer, ja überhaupt polytheistischer Religion her neu formuliert und instrumentiert, so daß sie in seinen Ausführungen in ihrer ganzen historischen und philosophischen Begründung erscheint.[160] Es lohnt sich, Assmann zuzuhören, dessen Auffassung man – wie mir scheint – in drei Grundthesen zu-

---

160 J. Assmann, Moses der Ägypter. Entzifferung einer Gedächtnisspur (München–Wien 1998).

sammenziehen kann. Assmann läßt die Frage nach dem historischen Mose, nach dem Aufbrechen und der Gestaltwerdung des monotheistischen Glaubens in Israel offen und betrachtet »Moses« als Chiffre der Erinnerung, der Weise also, wie die Erinnerung geschichtliches Bewußtsein gestaltet hat. In diesem Sinn spricht er von der »Mosaischen Unterscheidung«, die er als die wahre Wasserscheide der Religionsgeschichte überhaupt ansieht. Was er damit sagen will, drückt er so aus: »Mit der Mosaischen Unterscheidung meine ich die Einführung der Unterscheidung zwischen wahr und falsch im Bereich der Religionen. Die Religion basierte bis dahin auf der Unterscheidung zwischen rein und unrein oder heilig und profan und hatte überhaupt keinen Platz für die Idee falscher Götter ... die man nicht anbeten darf ...«[161] Die Götter der polytheistischen Religionen seien einander in funktionaler Äquivalenz zugeordnet und daher gegenseitig ineinander übersetzbar gewesen. Die Religionen hätten als Medium interkultureller Übersetzbarkeit fungiert. »Die Gottheiten waren international, weil sie kosmisch waren ... niemand bestritt die Wirklichkeit fremder Götter und die Legitimität fremder Formen ihrer Verehrung. Den antiken Polytheismen war der Begriff einer unwahren Religion völlig fremd.«[162] Mit der Einführung des Ein-Gott-Glaubens geschieht demnach Neues, Umstürzendes: Dieser neue Religionstyp sei seinem Wesen nach »Gegenreligion«, die alles, was ihr vorausgeht, als »Heidentum« ausgrenze und nicht Medium interkultureller Übersetzung, sondern interkultureller Verfremdung. Nun erst sei der Begriff der »Idolatrie« als der obersten aller Sünden gebildet worden: »In der Vorstellung vom goldenen Kalb, der biblischen ›Ursünde‹ des monotheistischen Ikonoklasmus ... ist das Haß- und Gewaltpotential festgeschrieben, das sich in der Geschichte der monotheistischen Religionen immer wieder aktualisiert hat.«[163] Die Exoduserzählung erscheint mit diesem ihrem Gewaltpotential als der Gründungsmythos der monotheistischen Religion und zugleich als das bleibende Porträt ihrer Wirkungen.

161 Vgl. E. Zenger, Was ist der Preis des Monotheismus? Die heilsame Provokation von J. Assmann, in: Herder-Korrespondenz 55 (2001) 186–191, Zitat 187; vgl. Assmann, a. a. O. 17–23.
162 Assmann, a. a. O. 19.
163 Ebd. 20; vgl. Zenger, a. a. O. 188.

Die Konsequenz ist klar: Der Exodus ist rückgängig zu machen; wir müssen zurück nach »Ägypten« – das heißt: Die Unterscheidung von wahr und unwahr im Bereich der Religion muß aufgehoben werden, wir müssen wieder zurück in die Welt der Götter, die den Kosmos in seinem Reichtum und seiner Vielfalt ausdrücken und daher keinen gegenseitigen Ausschluß kennen, sondern gegenseitiges Verstehen ermöglichen. Das Verlangen, den Exodus rückgängig zu machen, zieht sich übrigens schon das ganze Alte Testament hindurch. Es bricht in der Geschichte der Wüstenwanderung immer wieder auf und wird noch einmal dramatisch gegenwärtig am Ende der alttestamentlichen Literatur im ersten Buch der Makkabäer. Da wird von »Verrätern am Gesetz« berichtet, die einen Bund »mit den Völkern« vorschlagen, »denn seit wir uns von ihnen abgesondert haben, geht es uns schlecht«. Sie entscheiden sich, nicht mehr nach dem Gesetz des Mose, sondern »nach den Gesetzen der fremden Völker zu leben« (1 Makk 1,11–15).

Assmann schildert seinerseits eingehend die Sehnsucht nach Ägypten, nach der Rückkehr hinter die Mosaische Unterscheidung, von der Renaissance mit ihrer Verehrung des Corpus Hermeticum als einer Ur-Theologie bis in die Ägyptenträume der Aufklärung mit Mozarts *Zauberflöte* als großartiger künstlerischer Gestaltung dieser Sehnsucht. Er zeigt beeindruckend, wie dieses neue Interesse an Ägypten durch die religiösen und politischen Konflikte jener Zeit ausgelöst wurde, das die »schreckliche Erfahrung der Religionskriege und die religiösen Kontroversen um Atheismus, Polytheismus, Deismus, Freidenkertum im Gefolge von Thomas Hobbes und Baruch Spinoza« erlebt hatte. Ägypten stand als »Ursprung aller Religion« für die »letzte Konvergenz von Vernunft und Offenbarung oder Natur und Schrift.«[164] Kein Zweifel, daß sich Assmann auf seine Weise in diese Bewegung, die Rückkehr hinter den Exodus einordnet, eben weil er die Mosaische Unterscheidung, die der Exodus ist, als Quelle der Übel ansieht, die Religion entstellt und die Intoleranz in die Welt getragen hat. Wenn ich ihn recht verstehe, ist für ihn Spinozas Formel »Deus sive natura« zugleich die Kurzformel dessen, was mit dieser Rückkehr, mit seinem »Ägypten« gemeint ist: Die Unterscheidung von wahr und falsch kann aus der Religion weggenom-

---

164 Assmann, a. a. O. 40.

men werden, wenn die Unterscheidung von Gott und Kosmos fällt, wenn das Göttliche und die »Welt« wieder als ununterschieden ein Einziges gesehen werden. Die Unterscheidung von wahr und falsch in der Religion ist mit der Unterscheidung von Gott und Welt unlöslich verknüpft. Die Rückkehr nach Ägypten ist Rückkehr zu den Göttern, sofern sie einen der Welt gegenüberstehenden Gott abweist, die Götter aber nur als symbolische Ausdrucksformen der göttlichen Natur ansieht.

Am Ende von Assmanns Buch wird aber noch eine dritte Dimension der Mosaischen Unterscheidung sichtbar, die nun sozusagen die existentielle Seite der Religion betrifft und dem modernen Menschen ganz aus der Seele gesprochen ist: Mit der Mosaischen Unterscheidung – so belehrt uns Assmann – erscheint auch unausweichlich »das Bewußtsein der Sünde und der Sehnsucht nach Erlösung«. Assmann sagt des weiteren dazu: »Sünde und Erlösung sind keine ägyptischen Themen«.[165] Kennzeichnend für Ägypten sei vielmehr der »moralische Optimismus, der ›sein Brot mit Freuden ißt‹ im Bewußtsein, daß ›Gott längst sein Tun gesegnet hat‹ – einer der ägyptischen Verse der Bibel« (Koh 9,7–10).[166] »Es sieht so aus« – schreibt Assmann –, »als sei mit der Mosaischen Unterscheidung die Sünde in die Welt gekommen. Vielleicht liegt darin das wichtigste Motiv, die Mosaische Unterscheidung in Frage zu stellen.«[167] Eines ist daran sicher ganz richtig gesehen: Die Frage nach dem Wahren und die Frage nach dem Guten sind nicht voneinander zu trennen. Wenn das Wahre nicht mehr erkennbar und vom Unwahren nicht mehr unterscheidbar ist, so wird auch das Gute unerkennbar; die Unterscheidung zwischen dem Guten und dem Bösen verliert ihren Grund.

Es ist offenkundig, daß in diesen hier kurz skizzierten Thesen die wesentlichen Inhalte der gegenwärtig immer schärfer werdenden Krise des Christentums sehr genau formuliert sind und daß jedes Mühen um Verstehen und Erneuerung des Christentums sich diesen Anfragen stellen muß. Denn hier ist sowohl das Grundlagenproblem unserer

---

165 A. a. O. 281.
166 A. a. O. 282.
167 Ebd.

Zeit, die Frage nach Wahrheit und Toleranz wie die Problematik der Stellung des christlichen Glaubens in der Religionsgeschichte wie endlich die existentielle Problematik von Schuld und Erlösung in einem einzigen großen Zusammenhang sichtbar gemacht. Hier kann keine zulängliche Antwort darauf gegeben werden; ich kann nur versuchen, Richtungen anzudeuten, worin sich das Gespräch – wie mir scheint – wird bewegen müssen.

Vielleicht ist es nützlich, bevor wir in die Auseinandersetzung um diese Probleme eintreten, noch eine andere Variante der Absage an die Wahrheit in der Religion anzudeuten, die diesmal nicht von der Geschichte, sondern vom philosophischen Denken herkommt – die Thesen Wittgensteins zu unserem Thema. G. Elisabeth M. Anscombe hat die Auffassung ihres Lehrers Wittgenstein in dieser Frage in zwei Thesen zusammengefaßt: »1. Es gibt nichts wie das Wahrsein einer Religion. Dies wird etwa angedeutet, wenn man sagt: ›Dieser religiöse Satz gleicht nicht einem Satz der Naturwissenschaft.‹ 2. Religiöser Glaube läßt sich eher der Verliebtheit eines Menschen als seiner Überzeugung vergleichen, etwas sei wahr oder falsch.«[168] Dieser Logik entsprechend hat Wittgenstein in einem seiner vielen Notizbücher notiert, daß es für die christliche Religion nichts ausmachen würde, ob Christus irgendeine der von ihm berichteten Dinge tatsächlich so vollbracht oder sogar überhaupt existiert habe. Dem entspricht die These Bultmanns, an einen Gott, den Schöpfer Himmels und der Erde zu glauben, bedeute nicht, daß man glaube, Gott habe *wirklich* Himmel und Erde geschaffen, sondern nur, daß man sich selbst als Geschöpf verstehe und dadurch ein sinnvolleres Leben lebe. Ähnliche Vorstellungen haben sich inzwischen in der katholischen Theologie ausgebreitet und werden mehr oder weniger deutlich auch in der Verkündigung vernehmbar.[169] Die Gläubigen spüren es und fragen sich, ob man sie eigentlich an der

---

168 Ich stütze mich hier auf Mitteilungen von J. Seifert. Seifert verweist auf Elisabeth M. Anscombe, Paganism, Superstition and Philosophie, in: Mariano Crespo (Hg.), Menschenwürde und Ethik, 93–105; L. Wittgenstein, Vermischte Bemerkungen / Culture and Value, 32; L. Wittgenstein, Über Gewißheit, hg. v. G. E. M. Anscombe und G. H. von Wright (Frankfurt 1969) 29.
169 Konsequent durchgeführt ist dieser Ansatz bei G. Hasenhüttl, Glaube ohne Mythos, 2 Bände, Mainz ²2001.

Nase herumgeführt habe. In schönen Fiktionen zu leben, mag den Theoretikern der Religion gegeben sein; für den Menschen, der die Frage stellt, womit und wofür er leben und sterben könne, langen sie nicht. Der Abschied vom Wahrheitsanspruch, der der Abschied vom christlichen Glauben als solcher wäre, wird hier damit verzuckert, daß man Glaube als eine Art von Verliebtheit mit ihren schönen subjektiven Tröstungen oder als eine Art von Spielwelt neben der realen Welt weiter bestehen läßt. Der Glaube wird auf die Ebene des Spiels verlagert, während er bisher die Ebene des Lebens als solchen betraf.[170] Der gespielte Glaube ist jedenfalls etwas grundlegend Anderes als der geglaubte und gelebte Glaube. Er gibt keine Wegweisung, sondern verziert nur. Er hilft uns nicht im Leben und nicht im Sterben; er gibt allenfalls ein wenig Abwechslung, ein wenig schönen Schein – aber eben nur Schein, und der reicht zum Leben und zum Sterben nicht aus.

Austauschbarkeit und Krieg der Götter

Damit kehren wir zu Assmann zurück. Wie ist das nun mit dem »Deus sive natura«, mit der Verträglichkeit der Götter, die nicht nach Wahrheit fragen, mit der Befreiung von der Unterscheidung zwischen Sünde und Gutem? Wie lebt sich das? Wie »wahr« ist das? Denn – Assmann trägt ja seine Thesen als Wissenschaftler vor, und so muß an sie jedenfalls die Frage gerichtet werden, ob sie wahr sind. Und er rät uns einen Weg. So muß auch gefragt werden, ob und wie man darauf gehen kann. Wenn wir in die tatsächliche Geschichte der polytheistischen Religionen hineinsehen, so erscheint das Bild, das er davon – ziemlich vage übrigens – andeutet, selbst als ein Mythos. Zunächst einmal sind schon

---

170 Seifert bemerkt in seinen erwähnten Mitteilungen dazu: »Für Wittgenstein leben der religiöse Mensch und der nicht-religiöse Mensch gleichsam in zwei Spielwelten und bewegen sich auf verschiedenen Ebenen, ohne einander zu widersprechen ...« In religiösen Aussagen werde nach Wittgenstein im Grunde nichts gesagt ... »genau so wenig wie in einem Schachspiel oder einem Damespiel etwas über Damen jenseits dieser Spiele behauptet werde. Religion müsse daher nicht in der Weise sinnvoller Sätze mit Wahrheitsansprüchen, sondern rein anthropologisch und ganz subjektiv, wie ein bloß persönlich bevorzugtes Spiel gedeutet werden.«

die polytheistischen Religionen unter sich sehr verschieden. Nicht wenige kennen in irgendeiner Form im Hintergrund den einen Gott, der wirklich Gott ist. Im Buddhismus und in Teilen des Hinduismus wie auch in späten Formen des Platonismus erscheinen die Götter als Mächte einer Welt, die als ganze nur Schein oder jedenfalls nicht das Letzte ist und übersprungen werden sollte, wenn man wirklich zum ganzen Heil gelangen möchte. Die These, die polytheistischen Götter seien durchaus untereinander vertauschbar und daher Wege interkultureller Verständigung, kann sich auf die Religionspolitik des Imperium Romanum stützen, aber sie entspricht keineswegs der Geschichte des Polytheismus im allgemeinen.[171] Es genügt, Homer zu lesen, um sich an die Kriege der Götter zu erinnern und daran, daß die menschlichen Kriege als Spiegelungen und Folgen der Kriege der Götter angesehen worden sind. Es ist erhellend zu lesen, was in diesem Betreff Athanasius von Alexandrien – ein Ägypter also, der durchaus noch die Zeit der Götter erlebt hatte – zu sagen hat: »Einstens, als man die Anbetung der Götter praktizierte, lieferten sich Griechen und Barbaren den Krieg und erwiesen sich grausam ihren eigenen Blutsgefährten gegenüber. Es war praktisch unmöglich, die Erde oder das Meer zu befahren, ohne seine Hände mit dem Schwert zu bewaffnen angesichts der unbeendlichen Kämpfe untereinander. Sie brachten ihr ganzes Leben unter Waffen zu; das Schwert stand anstelle des Stabes und nur so konnten sie sich helfen. Obwohl sie – wie gesagt – den Göttern opferten, half ihnen ihre Ehrfurcht vor den Göttern nichts, um diese Mentalität zu korrigieren.«[172] Athanasius sieht in der Bekehrung der Völker zum Christen-

---

171 Nach Assmann, a. a. O. 74ff, geht die Tradition der Übersetzung fremder Götternamen auf die mesopotanische »Literaturwissenschaft« des 3. Jahrhunderts vor Christus zurück. Er verweist dann auf die akkadische Assimilierung des sumerischen Pantheons und sieht darin einen Vorgang, der sich zu einer »allgemeinen Kulturtechnik« entwickelte. Sein großes Beispiel für diesen universalistischen Begriff von Gottheiten ist dann Isis, wie sie in der »gräko-ägyptischen« Isis-Religion verstanden und angerufen wurde. Daß es bei den kulturellen Verschmelzungen in Großreichen, die verschiedene Völker und Kulturen umspannten, vor allem aus politischen Motiven zu solchen Übersetzungsvorgängen kam, ist unbestritten, aber die Problematik des Polytheismus reicht weit über diese Vorgänge hinaus.

172 Athanasius von Alexandrien, De incarnatione Verbi. Sources chrétiennes Bd. 199, hg. v. Ch. Kannengiesser (Paris 1973) 51,4 S. 450.

tum die Prophetie des Jesaja erfüllt, die Schwerter würden zu Pflugscharen umgeformt (Jes 2,4), und sagt dazu: »Diese Prophezeiung hat nichts Unglaubliches an sich. Solange die Barbaren mit ihren von Natur aus wilden Sitten ihren Göttern opferten, erbitterten sie sich gegeneinander und konnten nicht eine Stunde ohne ihre Schwerter bleiben. Aber als sie die Lehre Christi annahmen, verließen sie sogleich den Krieg, um sich dem Ackerbau zuzuwenden, und anstatt ihre Hände mit dem Schwert zu bewaffnen, erhoben sie sie zum Gebet – kurz, statt untereinander Kriege zu führen, bewaffnen sie sich gegen die Teufel und gegen die Dämonen und siegen über sie durch Maßhaltung und die Tugenden der Seele.«[173] Gewiß – diese Schilderung ist apologetisch stilisiert und schematisiert. Aber Athanasius mußte durchaus mit Lesern rechnen, die die Zeit vor der christlichen Mission erlebt hatten, und konnte nicht einfach seiner Phantasie freien Lauf lassen. Als Entmythologisierung des Bildes von der so friedlichen Welt der Götter reichen seine Aussagen aus, wie immer man im einzelnen ihren historischen Gehalt beurteilen mag.

Wir können festhalten: Götter waren keineswegs immer friedlich austauschbar. Sie waren genauso oft, ja häufiger Grund gegenseitiger Gewalt; auch das Phänomen, daß die Götter der einen Religion zu Dämonen der anderen wurden, ist bekannt. Übrigens stellt die Bibel selbst durchaus realistisch den Ägyptenträumen des murrenden Israel die ägyptische Realität gegenüber: Das reale Ägypten war nicht ein Land der schönen Freiheit und des Friedens, sondern ein »Sklavenhaus«, ein Land der Unterdrückung und der Kriege gewesen. Aber nun müssen wir einen weiteren Schritt tun. Die polytheistischen Religionen sind nicht eine statische Realität, die es einmal als in sich wesentlich identische Größe gab und die man nach Wunsch wiederherstellen könnte. Sie sind durchaus einem geschichtlichen Prozeß unterworfen, den wir in der Spätantike besonders anschaulich beobachten können. Die Mythen, die anfänglich die Erfahrung der Welt und des Lebens ausdrükken, die im Kult gelebt und in der Poesie gestaltet werden, verlieren – gerade im Zug ihrer konkreten Formung – immer mehr ihre Glaubwürdigkeit. Die Entwicklung der griechisch-römischen Antike zeigt

---

173 Ebd. 52,2–3 S. 452.

uns exemplarisch den Vorgang, daß das sich ausweitende Bewußtsein unausweichlich immer nachdrücklicher die Frage stellt, ob das Ganze denn wahr sei. Die Wahrheitsfrage ist nicht erst von »Mose« erfunden worden. Sie stellt sich notwendig ein, wo das Bewußtsein eine gewisse Reifung erlangt. So etwas wie die Wittgenstein'sche Fiktion (wenn ich die eben angedeutete Theorie des Spiels, der Relativierung aller Religionen so nennen darf) bietet sich dann als ein Lösungsversuch ganz von selber an. Die griechisch-römische Antike liefert klassische Beispiele dafür. Christian Gnilka hat in seinem wichtigen Buch »Chrêsis« das Einbrechen der Wahrheitsfrage in die Welt der antiken Götter und die Begegnung des Christentums mit dieser Situation eingehend geschildert. Bezeichnend für diesen Vorgang ist die von Cicero beschriebene Gestalt des römischen Pontifex maximus C. Aurelius Cotta, der in seiner Funktion als Augur und Chef des Collegium Pontificum die heidnische Religion von damals vertritt. Seiner Funktion gemäß trat Cotta für die gewissenhafte Wahrung der Riten des öffentlichen Kultes ein und erklärte, er werde die von den Vorfahren ererbten »Vorstellungen« (opiniones) über die Götter verteidigen und sich nie davon abbringen lassen.[174] Aber zu Hause im Freundeskreis erweist sich derselbe Cotta als akademischer Skeptiker, der die Frage nach der Wahrheit stellt. Er möchte nicht aufgrund bloßer Annahme, sondern gemäß der Wahrheit überzeugt werden und kommt dabei zu dem Ergebnis, es stehe zu befürchten, daß es die Götter gar nicht gebe. »Das Kriterium der Wahrheit, in die antike Götterwelt eingeführt, wirkt wie ein Sprengsatz«, stellt Gnilka fest.[175] Assmann selber hat dargestellt, wie diese Schizophrenie zu einer vom Staat verteidigten Fiktion geführt hat: Für die nicht Eingeweihten bleiben die Götter als staatstragende Notwendigkeit bestehen, während die Eingeweihten deren Nichtigkeit durchschauen.[176]

Die Wahrheitsfrage war aufgebrochen bei den Vorsokratikern und hat bei Sokrates ihre größte Form gefunden. Um den ganzen Tiefgang der Frage zu sehen, mag es hilfreich sein, wenigstens einen kurzen

---

174 Chr. Gnilka, Chrêsis. Die Methode der Kirchenväter im Umgang mit der antiken Kultur, Bd. 2, Kultur und Conversion (Basel 1993) 15.
175 Ebd. 16.
176 Assmann, a. a. O. 272ff.

Blick auf Sokrates zu werfen. Für das Einbrechen der Wahrheitsfrage in die Götterwelt scheint mir besonders der kurze Dialog mit Eutyphron hilfreich, dem Priester, der noch ganz in den Mythen und ihrer sorgsamen Ausführung im Kult gefangen ist, sich aber im Dialog mit Sokrates immer mehr in Widersprüche verwickelt. Schließlich muß Eutyphron auf das bohrende Fragen des Sokrates hin zugeben, daß das Nämliche von den Göttern gehaßt und geliebt wird. Auf die Frage »So wäre nach dieser Richtung das Fromme und das Unfromme das Nämliche, Eutyphron?« antwortet er notgedrungen: »So verhält es sich.«[177] Hier sind wir an einem sehr wichtigen Punkt angelangt. Sokrates hatte auf den Krieg der Götter untereinander verwiesen. Guardini kommentiert dazu: »Alles ist göttlich. Überall sind Mächte und jede gehört zum Dasein ... Alle Mächte gehen in der Einheit der Welt auf, die selbst das Letzt-Göttliche ist und sämtliche Widersprüche umfaßt ... Daß sie kämpfen müssen, bildet die notwendige Tragik ...«[178] Das bedeutet: Die Gleichsetzung »Deus sive natura«, die Rücknahme der Mosaischen Unterscheidung, bedeutet nicht die Allversöhnung, sondern die Unversöhnbarkeit des Alls. Denn nun ist das Sein selbst widersprüchlich, der Krieg kommt aus dem Sein selbst, gut und böse werden letztlich ununterscheidbar. Die antike Tragödie ist Seinsdeutung auf dem Grund der Erfahrung der widersprüchlichen Welt, die Schuld und Scheitern unausweichlich hervorbringt. Hegel hat in seinem System der sich in dialektischen Schritten entfaltenden Idee im Grund diese Weltsicht wieder aufgenommen und freilich ihre Versöhnung in der alles umgreifenden Synthese als Zukunftshoffnung und damit zugleich als Lösung der Tragik darzustellen versucht. Die christliche eschatologische Orientierung ist hier mit der antiken Vision der Einheit des Seins verschmolzen und scheint nun beides in sich »aufzuheben« und damit alles zu erklären. Aber die Dialektik bleibt grausam und die Versöhnung nur scheinbar. In dem Augenblick, in dem Marx die Hegel'sche Spekulation in ein konkretes Konzept zur Gestaltung der Geschichte umsetzt, wird diese Grausamkeit sichtbar, und wir sind Zeugen ihrer ganzen Grausamkeit geworden. Denn jetzt ist es nun einmal so, daß die Dialek-

---

177 Eutyphron 8a (Oxford-Ausgabe Bd. I).
178 R. Guardini, Der Tod des Sokrates (Mainz–Paderborn 1987) 38.

tik des Fortschritts, praktisch gesprochen, ihre Opfer verlangt: Damit die Fortschritte, die die Französische Revolution erbrachte, eintreten konnten, mußte man ihre Opfer in Kauf nehmen – so sagt man uns. Und damit der Marxismus die versöhnte Gesellschaft herstellen konnte, waren auch die Hekatomben von Menschenopfern nötig, anders geht es eben nicht: Da ist die mythologische Dialektik in Tatsachen übersetzt. Der Mensch wird zum Spielmaterial des Fortschritts; er zählt nicht als einzelner; da ist er nur Material für den grausamen Gott »Deus sive natura«. Die Evolutions-Theorie belehrt uns desgleichen: Fortschritte kosten etwas. Und die heutigen Experimente mit dem Menschen, der zur Organbank gemacht wird, zeigen uns die ganz praktische Anwendung solcher Ideen, in der der Mensch die weitere Evolution selbst in die Hand nimmt.

Die Unausweichlichkeit der Wahrheitsfrage und die Alternativen der Religionsgeschichte

Kehren wir zurück. Die Idee von der friedlichen Austauschbarkeit der Götter hält der Wirklichkeit nicht stand. Es gibt vielmehr eine tiefreichende Unversöhnbarkeit, die in den Widersprüchen des Seins selbst gründet. Für unseren Zusammenhang noch wichtiger ist die zweite Feststellung: Die Wahrheitsfrage ist unausweichlich. Sie ist dem Menschen notwendig und betrifft gerade die Letztentscheidungen seines Daseins: Gibt es Gott? Gibt es die Wahrheit? Gibt es das Gute? Die Mosaische Unterscheidung ist auch die Sokratische Unterscheidung, so könnten wir sagen. An dieser Stelle wird der innere Grund und die innere Notwendigkeit für die historische Begegnung von Bibel und Hellas sichtbar. Was beide miteinander verbindet, ist eben die an die Religion gestellte Frage nach der Wahrheit und nach dem Guten als solchen, die Mosaisch-sokratische Unterscheidung, wie wir sie nun nennen könnten. Diese Begegnung ist längst vor dem Beginn der Synthese zwischen biblischem Glauben und griechischem Denken in Gang gekommen, um die die Kirchenväter sich mühten. Sie geschieht schon mitten im Alten Testament, vor allem in der Weisheitsliteratur und in dem denkwürdigen Schritt der Übersetzung der alttestamentlichen Bibel ins

Griechische, die ein Schritt interkultureller Begegnung von höchster Tragweite gewesen ist. Freilich, in der antiken Welt bleibt der Ausgang der sokratischen Frage offen, je anders bei Platon und bei Aristoteles. Insofern bleibt in der Welt des griechischen Geistes eine Erwartung, für die die christliche Botschaft als die ersehnte Antwort erschien. Diese offene Erwartung, die im griechischen Denken als eine Gebärde der Ausschau stand, ist ein Hauptgrund für den Erfolg der christlichen Mission.[179]

Halten wir fest: Der Polytheismus der »Naturreligionen« ist keine statische Größe, zu der man jederzeit wieder zurückkehren könnte. Die religiöse Bewegung verläuft, soweit zu sehen ist, in drei Stadien, wobei offen bleibt, ob dem Polytheismus bereits andere Formen der Zuwendung zur Gottheit vorangingen. Wenn wir hier einfachheitshalber den Polytheismus als das erste Stadium ansehen, so findet er sich immer mehr der Kritik der Aufklärung, das heißt der Frage nach seiner Wahrheit ausgesetzt, die ihn allmählich auflöst und nach einer Phase der gespaltenen Wahrheit (die nützliche Fiktion und das Wissen der Eingeweihten) zerfallen läßt. An dieser Stelle bietet sich in der Mittelmeerwelt, später im arabischen Raum und auch in Teilen Asiens der Monotheismus als Versöhnung zwischen Aufklärung und Religion an: Die Gottheit, auf die die Vernunft zugeht, ist identisch mit dem Gott, der sich in der Offenbarung zeigt. Offenbarung und Vernunft korrespondieren einander. Es gibt die »wahre Religion«; die Wahrheitsfrage und die Frage nach dem Göttlichen sind versöhnt.[180] Die Antike zeigt uns aber auch einen anderen möglichen Ausgang, der heute wieder aktuell geworden ist. Es gibt einerseits die christliche Umdeutung Platons, die Verschmelzung der griechischen Erwartung und ihrer Wahrheitsfrage mit der christlichen Antwort und ihrem Wahrheitsanspruch, in der die griechische Vorgabe aufgenommen und zugleich grundlegend neu gestaltet wird. Es gibt aber umgekehrt auch den späten Platonismus eines

---

179 Vgl. dazu und zum Folgenden in diesem Band das 2. Kapitel des zweiten Teils: Wahrheit des Christentums?
180 Diese Synthese von Vernunftreligion und biblischer Offenbarung ist die – im Alten Testament grundgelegte – Leitidee der Kirchenväter, der Augustinus in *De civitate Dei* im Streitgespräch mit Plotin und Porphyrius eine abschließende systematische Gestalt gegeben hat.

Porphyrius und Proklus, der sich zum Instrument der Abwehr des christlichen Anspruchs und der Neubegründung des Polytheismus macht – das andere Gesicht platonischen Denkens. Nun wird gerade die skeptische Position zur Begründung des Polytheismus: Weil man das Göttliche nicht erkennen kann, darum kann man es nur in vielgestaltigen Chiffren verehren, in denen sich das Geheimnis des Kosmos und seine in keinen Namen einzuengende Vielfalt ausdrückt.[181] In der Spätantike hat sich dieser Versuch einer philosophisch gerechtfertigten und damit scheinrationalen Restauration des Polytheismus nicht halten können. Er blieb eine akademische Konstruktion, von der die nötige Kraft der Hoffnung und der Wahrheit nicht ausging. Dies um so mehr, als ihre Urheber nicht ganz auf die Spaltung der Wahrheit verzichten konnten. Die polytheistischen Einweihungen und Kulthandlungen werden als Weg für die vielen angesehen, die zum höheren Aufstieg nicht fähig sind, während die Philosophen sich als die erleseneren Geister den »Königsweg« vorbehielten, der über dies alles in der mystischen Einung ins Unaussprechliche aufsteigt. Wiederum war es die Chance des Christentums, daß es den Weg der Einfachen als den wahren »Königsweg« in der Gemeinschaft mit demjenigen eröffnete, der an der Brust Gottes lebte und Gott sah.

Es wird auch den heutigen Versuchen, einen Weg der Rückkehr nach Ägypten, einer »Erlösung« vom Christentum und seiner Sündenlehre zu bieten, nicht anders ergehen. Denn auch hier bleibt man im Fiktiven, das man akademisch denken kann, das aber zum Leben nicht ausreicht. Freilich, die Flucht vor dem einen Gott und seinem Anspruch wird anhalten. Und die Skepsis wird anhalten, für die es heute stärkere Gründe zu geben scheint als in der Antike. Dem von der modernen Wissenschaft gesetzten Maßstab für Gewißheit kann der Wahrheitsanspruch des christlichen Glaubens nicht entsprechen, weil die Form der Verifizierung nun einmal hier ganz anderer Art ist als im Bereich des

---

181 Vgl. dazu Chr. Gnilka, a. a. O. (s. Anm. 174) 9–55. Noch einmal ein neuer Schritt der Begegnung zwischen Christentum und Platonismus ergab sich, als der sogenannte Pseudo-Dionysius im Ausgang des 5. oder zu Beginn des 6. Jahrhunderts die Weltsicht des Proklus christlich umdeutete, seinen Polytheismus in die Lehre von den Engelchören umwandelte und mit seiner negativen Theologie zu einem der Väter der christlichen Mystik wurde.

Experimentierbaren; weil die Art des geforderten Experiments – das Einstehen mit dem Leben – ganz anderer Natur ist. Die Heiligen, die das Experiment bestanden haben, können als Garanten seiner Wahrheit dienen, aber die Möglichkeit, sich dieser Evidenz zu entziehen, bleibt. Und so wird man gewiß weiter nach anderen Lösungen Ausschau halten, sie in Formen mystischer Einung suchen, für die es Weisungen und Techniken gibt und geben wird. In diesem Sinn bleibt das spätplatonische Angebot auf der Tagesordnung; Assmanns Ausführungen würde ich in diese Kategorie einordnen.

Aber zeigt nicht doch Asien den Ausweg? Religion, die hält, ohne daß sie den Wahrheitsanspruch erheben muß? Diese Frage wird ohne Zweifel ein Hauptthema künftiger Dialoge sein. Hier nur eine Andeutung. Auch der Buddhismus hat seine eigene Art, die Wahrheitsfrage zu stellen. Er fragt nach der Erlösung vom Leid, das aus dem Durst nach Leben kommt. Wo ist der Ort des Heils? Der Buddhismus kommt zum Ergebnis, daß er in der Welt, in der Gesamtheit des erscheinenden Seins nicht zu finden ist. Es ist in seiner Ganzheit Leid, ein Kreislauf der Wiedergeburten und immer neuer Verstrickungen. Der Weg der Erleuchtung ist der Weg aus dem Durst nach Sein hinein in das, was uns als Nichtsein erscheint, das Nirwana. Das bedeutet: In der Welt selbst ist keine Wahrheit. Die Wahrheit geschieht im Heraustreten aus ihr. In diesem Sinn ist die Wahrheitsfrage in die Frage der Erlösung aufgelöst, oder auch: in ihr aufgehoben. Die Götter gibt es, aber sie gehören der Welt des Vorläufigen, nicht dem endgültigen Heil zu. Nur im Hinayana ist diese Sicht streng durchgehalten. Das Mahayana kennt viel stärker die soziale Dimension, die Hilfe für die Erlösung des anderen und den Helfer. Aber die Grunderwartung auf das Erlöschen des Daseins und der Person des einzelnen hin bleibt doch erhalten, wenn auch weit hinausgeschoben.[182] Von »Deus sive natura« kann da nicht die Rede sein. Die Welt als solche ist Leiden – und damit auch Wahrheitslosigkeit –, und nur die Entweltlichung kann letztlich Heil sein. Hier geht es um existentielle Haltungen, die ein Weltbild einschließen, das von den abendländischen und auch »ägyptischen« polytheistischen

---

182 Vgl. H. Bürkle, Der Mensch auf der Suche nach Gott – die Frage der Religionen. Amateca Bd. III (Paderborn 1996) 143–160.

Visionen weit entfernt ist und sich auch als Alternative dem christlichen Weltverständnis mit seiner grundsätzlichen Bejahung der Welt als Schöpfung gegenüberstellt. Von der Wahrheitsfrage dispensiert uns freilich gerade auch dieser Weg nicht.

Die christliche Toleranz

Eine letzte Überlegung ist noch notwendig. Assmann rühmt die Übersetzbarkeit der Götter ineinander, die als ein Weg interkulturellen und interreligiösen Friedens erscheint. Ihm steht die »Intoleranz« des ersten Gebotes und die Verurteilung der Idolatrie als Grundsünde entgegen. Dies wiederum erscheint als die Kanonisierung der Intoleranz, wie wir gesehen haben. Nun ist richtig, daß der eine Gott ein »eifersüchtiger Gott« ist, wie ihn das Alte Testament benennt. Er demaskiert die Götter, denn in seinem Licht wird sichtbar, daß die »Götter« nicht Gott sind, daß der Plural zu Gott als solcher eine Lüge ist. Lüge aber ist immer Unfreiheit, und es ist kein Zufall, vor allem aber keine Unwahrheit, daß in der Erinnerung Israels Ägypten als Sklavenhaus, als Ort der Unfreiheit erscheint. Nur die Wahrheit macht frei. Wo Nützlichkeit über Wahrheit gestellt wird, wie es im Fall der gespaltenen Wahrheit geschieht, von der wir oben gesprochen haben, wird der Mensch Sklave der Nützlichkeit und derer, die darüber entscheiden können, was das Nützliche ist. In diesem Sinn ist zunächst die »Entmythisierung« notwendig, die die Götter ihres falschen Glanzes und damit ihrer falschen Macht entkleidet, um dann ihre »Wahrheit« herauszustellen, das heißt zu erklären, welche realen Mächte und Wirklichkeiten hinter ihnen stehen. Anders gesagt: Wenn diese »Entmythisierung«, diese Demaskierung geschehen ist, kann und muß auch ihre relative Wahrheit erscheinen.

Demgemäß gibt es in der christlichen Beziehung zu den »heidnischen« Religionen zwei Phasen, die freilich innerlich immer wieder ineinandergreifen müssen und nicht reinlich auf eine temporale Abfolge verteilt werden können. Die erste Phase ist das Bündnis des christlichen Glaubens mit der Aufklärung, das die Väterliteratur von Justin bis Augustinus und darüber hinaus beherrscht: Die Verkünder des Christentums stellen sich auf die Seite der Philosophie, der Aufklärung, gegen die Religionen, gegen die gespaltene Wahrheit eines C. Aurelius Cotta. Sie sehen die Samen des Logos, der göttlichen Vernunft, nicht in den Religionen, sondern in der Vernunftbewegung, die diese Religionen aufgelöst hat. Aber immer deutlicher zeigt sich auch eine zweite Sicht, in der auch der Zusammenhang mit den Religionen und die Grenze der Aufklärung zutage tritt. Sehr bezeichnend dafür scheint mir das Denken Gregors des Großen. In einem ersten Brief – noch in der Phase der Aufklärung – schreibt er an den englischen König Aethelbert: »Also, mein erlauchtester Sohn, bewahret sorgfältig die Gnade, die Ihr von Gott empfangen habt ... Steigert noch Euren edlen Eifer ... Unterdrückt den Götzendienst; zerstört ihre Tempel und Altäre. Steigert die Tugenden Eurer Untertanen durch ein hervorragend sittliches Verhalten ...«[183] Aber Gregor geht innerlich weiter mit der Frage um, und schon einen Monat nach diesem Brief schreibt er an eine kürzlich abgereiste zweite Gruppe von Missionaren und einen gewissen Mellitus ganz anders: »Wenn Ihr aber mit der Gnade des allmächtigen Gottes zu unserem hochwürdigsten Bruder, dem Bischof Augustinus, gekommen sein werdet, so sagt ihm, daß ich über eine Angelegenheit der Engländer lange mit mir zu Rate gegangen bin. Man soll nämlich bei jenem Volk die Götzentempel keineswegs zerstören, sondern nur die in ihnen befindlichen Götterbilder vernichten ... Wenn das Volk sieht, daß man seine Tempel nicht zerstört, so wird es nichtsdestoweniger den Irrtum ablegen und mit um so größerer Freude sich zur Erkenntnis und Anbetung des wahren Gottes an die gewohnten Orte begeben.«[184] Gregor schlägt dabei auch vor, daß die Zeremonien und Tieropfer in Feste zur Verehrung der Heiligen und der Märtyrer umgewandelt und dabei das zum Opfer geschlachtete Tier gegessen werden sollte. Hier erscheint also das, was wir Kultkontinuität nennen. Der heilige Ort bleibt heilig, und die Intentionen der Verehrung des Göttlichen, die vorangegangen war, werden aufgenommen und umgewandelt zu neuer Bedeutung gebracht. In Rom kann man das allenthalben studieren. Ein Name wie *Santa Maria sopra Minerva* läßt Verwandlung und Kontinuität gleicher-

---

183 Ep. XI 37. Vgl. dazu J. Richards, Gregor der Große. Sein Leben – seine Zeit (Graz 1983; aus dem Englischen: Consul of God 1980) 235–256, besonders 250f.
184 Ep. XI 56. Vgl. Richards, a.a.O. 251f.

maßen erkennen. Die Götter sind keine Götter mehr. Als solche sind sie gestürzt: Die Frage nach der Wahrheit selbst hat ihnen ihre Göttlichkeit genommen und ihren Sturz bewirkt. Aber zugleich ist ihre Wahrheit ans Licht getreten: daß sie Abglanz von Göttlichem, Vorahnungen von Gestalten waren, in denen sich ihr verborgener Sinn gereinigt erfüllte. Auf diese Weise gibt es nun auch eine »Übersetzbarkeit« der Götter, die als Ahnungen, als Stufe auf der Suche nach dem wahren Gott und seiner Spiegelung in der Schöpfung zu Botschaftern des einen Gottes werden können.

Am Ende müssen wir noch einmal zurückkommen auf Assmanns abschließende These, daß mit der Mosaischen Unterscheidung auch der Begriff der Sünde in die Welt gekommen sei. »Sünde und Erlösung sind keine ägyptischen Themen«, so hatten wir gehört. Sie sind aber sehr wohl Themen der meisten Weltreligionen, die in Hekatomben von Opfern – Menschenopfer eingeschlossen – die Gottheiten versöhnen und Entsühnung finden wollten. Aber dieser Disput kann hier nicht mehr geführt werden. Wichtig scheint mir für unsere Fragestellung eines: Die Themen des Wahren und des Guten sind in der Tat nicht voneinander zu trennen. Platon hatte recht, als er das höchste Göttliche mit der Idee des Guten identifizierte. Umgekehrt: Wenn wir Wahrheit über Gott nicht erkennen können, dann bleibt auch die Wahrheit darüber, was gut ist und was böse ist, unzugänglich. Dann gibt es das Gute und das Böse nicht; es bleibt nur das Kalkül der Folgen: Ethos wird durch Berechnung ersetzt. Noch deutlicher gesagt: Die drei Fragen nach der Wahrheit, nach dem Guten, nach Gott sind nur eine einzige Frage. Und wenn es darauf keine Antwort gibt, dann tappen wir hinsichtlich der wesentlichen Dinge unseres Lebens im Dunklen. Dann ist das menschliche Dasein wirklich »tragisch« – dann verstehen wir freilich auch, was Erlösung bedeuten soll. Der Gottesbegriff der Bibel erkennt Gott als das Gute, als den Guten (vgl. Mk 10,18). Dieser Gottesbegriff erreicht seine letzte Höhe in der johanneischen Aussage: Gott ist Liebe (1 Joh 4,8). Wahrheit und Liebe sind identisch. Dieser Satz – wenn er in seinem ganzen Anspruch begriffen wird – ist die höchste Garantie der Toleranz; eines Umgangs mit der Wahrheit, deren einzige Waffe sie selbst und damit die Liebe ist.

2. FREIHEIT UND WAHRHEIT

Die Frage

Im Bewußtsein der Menschheit von heute erscheint Freiheit weithin als das höchste Gut überhaupt, dem alle anderen Güter nachgeordnet sind. In der Rechtsprechung hat durchweg die Freiheit der Kunst, die Freiheit der Meinungsäußerung den Vorrang vor jedem anderen sittlichen Wert. Werte, die mit der Freiheit konkurrieren, zu ihrer Einschränkung nötigen könnten, erscheinen als Fesseln, als »Tabus«, das heißt als Relikte archaischer Verbote und Ängste. Politisches Handeln muß sich dadurch ausweisen, daß es freiheitsfördernd ist. Auch Religion kann sich nur dadurch behaupten, daß sie sich als befreiende Kraft für den Menschen und die Menschheit darstellt. In der Skala der Werte, auf die es für den Menschen und sein menschenwürdiges Leben ankommt, erscheint Freiheit als der eigentliche Grundwert und als das grundlegende Menschenrecht überhaupt. Dem Begriff Wahrheit begegnen wir demgegenüber eher mit Verdacht: Man erinnert sich daran, für wie viele Meinungen und Systeme schon der Begriff Wahrheit in Anspruch genommen wurde; wie oft so die Behauptung von Wahrheit ein Mittel gewesen ist, um Freiheit niederzuhalten. Dazu kommt die von der Naturwissenschaft genährte Skepsis gegenüber allem, was nicht exakt erklärbar oder belegbar ist: All das scheint letztlich nur subjektive Wertung zu sein, die keine gemeinsame Verbindlichkeit in Anspruch nehmen kann. Die moderne Haltung der Wahrheit gegenüber zeigt sich am bündigsten in dem Pilatuswort: Was ist Wahrheit? Wer behauptet, mit seinem Leben und mit seinem Reden und Tun im Dienst der Wahrheit zu stehen, muß sich gefaßt machen, als Schwärmer oder als Fanatiker eingestuft zu werden. Denn »nach drüben ist der Ausblick uns versperrt«; dieses Goethewort aus dem *Faust* charakterisiert unser aller Empfinden.

Zweifellos, es gibt Gründe genug, gegenüber allzu sicher auftretendem Wahrheitspathos vorsichtig zu fragen: Was ist Wahrheit? Aber es gibt ebensoviel Grund, die Frage zu stellen: Was ist Freiheit? Was meinen wir eigentlich, wenn wir Freiheit rühmen und sie auf die oberste Stufe unserer Wertskala stellen? Ich glaube, daß der im allgemeinen mit dem Freiheitsverlangen verbundene Inhalt recht treffend ausgelegt ist in den Worten, mit denen einmal Karl Marx seinen Traum von Freiheit ausgedrückt hat. Der Zustand der künftigen kommunistischen Gesellschaft werde es möglich machen, »heute dies, morgen jenes zu tun, morgens zu jagen, nachmittags zu fischen, abends Viehzucht zu treiben, nach dem Essen zu kritisieren, wie ich gerade Lust habe ...«[185] Genau in diesem Sinn versteht das unreflektierte Durchschnittsempfinden unter Freiheit das Recht und die Möglichkeit, alles das zu tun, was wir uns gerade wünschen, und nichts tun zu müssen, was wir nicht möchten. Anders gesagt: Freiheit würde bedeuten, daß das eigene Wollen die einzige Norm unseres Tuns sei und daß der Wille alles wollen könne und alles Gewollte auch auszuführen die Möglichkeit habe. An dieser Stelle steigen freilich Fragen auf: Wie frei ist der Wille eigentlich? Und wie vernünftig ist er? Und: Ist ein unvernünftiger Wille ein wirklich freier Wille? Ist eine unvernünftige Freiheit wirklich Freiheit? Ist sie wirklich ein Gut? Muß also die Definition der Freiheit vom Wollenkönnen und vom Tunkönnen des Gewollten her nicht durch den Zusammenhang mit der Vernunft, mit der Ganzheit des Menschen ergänzt werden, damit es nicht zur Tyrannei der Unvernunft komme? Und wird es nicht zum Zusammenspiel zwischen Vernunft und Wille gehören, dann auch die gemeinsame Vernunft aller Menschen und so die gegenseitige Verträglichkeit der Freiheiten zu suchen? Es ist offenkundig, daß in der Frage nach der Vernünftigkeit des Willens und seiner Vernunftbindung die Wahrheitsfrage verborgen mitgegeben ist.

Zu solchen Fragen zwingen uns nicht nur abstrakte philosophische Überlegungen, sondern unsere ganz konkrete gesellschaftliche Situation, in der zwar das Freiheitsverlangen ungebrochen ist, aber doch Zweifel an allen bisherigen Formen von Befreiungsbewegungen und von Freiheitssystemen immer dramatischer erscheinen. Vergessen wir nicht, daß der Marxismus als die eine große politische Kraft des 20. Jahrhunderts unter dem Anspruch angetreten ist, die neue Welt der Freiheit und des befreiten Menschen heraufzuführen. Gerade dieses sein Versprechen, den wissenschaftlich gesicherten Weg zur Freiheit zu kennen und die

---

185 K. Marx – F. Engels, Werke. 39 Bände (Berlin 1961–1971), Bd. 3, 33; zitiert nach K. Löw, Warum fasziniert der Kommunismus? (Köln 1980) 65.

neue Welt zu erschaffen, hat ihm viele der kühnsten Geister unserer Epoche zugeführt; schließlich erschien er gar als die Kraft, durch die die christliche Erlösungslehre endlich in eine realistische Befreiungspraxis umgewandelt werden könnte – als die Kraft, das Reich Gottes als das wahre Menschenreich heraufzuführen. Der Zusammenbruch des realen Sozialismus in den osteuropäischen Staaten hat solche Hoffnungen nicht ganz beseitigt, die da und dort im stillen weiterbestehen und nach neuer Gestalt suchen. Dem politischen und ökonomischen Zusammenbruch entsprach keine wirkliche geistige Überwindung, und insofern ist die vom Marxismus gestellte Frage noch keineswegs aufgelöst. Immerhin, daß sein System nicht so funktionierte, wie es versprochen war, ist offenkundig. Daß diese vermeintliche Befreiungsbewegung neben dem Nationalsozialismus das größte Sklavensystem der neuzeitlichen Geschichte war, kann im Ernst niemand mehr leugnen: Das Ausmaß zynischer Zerstörung des Menschen und der Welt wird zwar häufig eher schamvoll verschwiegen, aber bestreiten kann es niemand mehr.

Die moralische Überlegenheit des liberalen Systems in Politik und Wirtschaft, die so zum Vorschein gekommen ist, läßt dennoch keinen Enthusiasmus aufkommen. Zu groß ist die Zahl derer, die an den Früchten dieser Freiheit nicht teilhaben, ja überhaupt jede Freiheit verlieren: Arbeitslosigkeit wird erneut zum Massenphänomen; das Gefühl des Nicht-gebraucht-Werdens, der Überflüssigkeit foltert die Menschen nicht weniger als die materielle Armut. Skrupellose Ausbeutung macht sich breit; das organisierte Verbrechen nutzt die Chancen der freiheitlichen Welt, und in alledem geht das Gespenst der Sinnlosigkeit um. Der polnische Philosoph Andrzej Szczypiorski hat auf den Salzburger Hochschulwochen 1995 das Dilemma der Freiheit schonungslos beschrieben, das sich nach dem Fall der Mauer ergeben hat; es lohnt sich, ihm etwas ausführlicher zuzuhören:

»Es unterliegt keinem Zweifel, daß der Kapitalismus einen großen Fortschritt vollzog. Und es unterliegt auch keinem Zweifel, daß er die Erwartungen nicht erfüllte. In dem Kapitalismus ist immer wieder der Schrei der riesigen Massen zu hören, deren Begehren nicht erfüllt wurde ... Der Untergang der sowjetischen Konzeption der Welt und des Menschen in der politischen und sozialen Praxis war eine Befreiung von

Millionen Menschenleben aus der Knechtschaft. Aber im europäischen Gedankengut, im Lichte der Tradition der letzten zweihundert Jahre, bedeutet die antikommunistische Revolution auch das Ende der aufklärerischen Illusionen, also die Zerstörung der intellektuellen Konzeption, die der Entwicklung des frühen Europa zugrunde lag ... Es ist eine merkwürdige, niemandem bisher bekannte Epoche der Uniformierung der Entwicklung eingetreten. Und plötzlich erwies sich – wohl zum ersten Mal in der Geschichte – daß es nur ein einziges Rezept, einen einzigen Weg, ein einziges Modell und eine einzige Weise der Gestaltung der Zukunft gäbe. Und die Menschen verloren den Glauben an den Sinn der sich vollziehenden Umwandlungen. Sie verloren auch die Hoffnung darauf, daß die Welt überhaupt veränderbar ist und daß es sich lohnt, die Welt zu verändern ... Der heutige Mangel an einer Alternative läßt aber die Menschen völlig neue Fragen stellen. Die erste Frage: vielleicht hatte der Westen doch nicht recht? Die zweite Frage: wenn der Westen nicht recht hatte, wer hatte dann recht? Weil für niemanden in Europa wohl keinem Zweifel unterliegt, daß der Kommunismus nicht recht hatte, entsteht die dritte Frage: Vielleicht gibt es kein Recht? Aber wenn es so ist, hat das ganze Gedankengut der Aufklärung keinen Wert ... Vielleicht hielt die ausgediente Dampfmaschine der Aufklärung nach zwei Jahrhunderten nützlicher, störungsloser Arbeit vor unseren Augen und mit unserer Beteiligung an. Und der Dampf geht nur in die Luft. Wenn es so in der Tat ist, dann sind die Perspektiven finster.«[186]

Soviel man hier auch an Gegenfragen stellen könnte, der Realismus und die Logik der Grundfragen von Szczypiorski sind nicht beiseite zu schieben; aber zugleich ist die Diagnose so bedrückend, daß man bei ihr nicht stehenbleiben kann. Hatte niemand recht? Vielleicht gibt es kein Recht? Sind die Grundlagen der europäischen Aufklärung, auf denen unser Freiheitsweg beruht, falsch oder mindestens mangelhaft? Die Frage »Was ist Freiheit?« ist im letzten nicht weniger kompliziert als die Frage »Was ist Wahrheit?« Das Dilemma der Aufklärung, in das wir unleugbar hineingeraten sind, zwingt uns, beide Fragen neu zu stellen und auch neu nach beider Zusammenhang zu suchen. Um vor-

186 Ich zitiere nach dem Manuskript, das bei den Hochschulwochen zu erhalten war.

anzukommen, müssen wir also den Ausgangspunkt des neuzeitlichen Freiheitsweges neu bedenken; die Kurskorrektur, die wir ganz offensichtlich brauchen, damit in der Verfinsterung der Perspektiven wieder Wege sichtbar werden, muß auf die Ausgangspunkte selbst zurückgreifen und dort einsetzen. Natürlich kann ich hier nur versuchen, ein paar Schlaglichter zu setzen, die Größe und Gefährdungen des neuzeitlichen Weges andeuten, um so zu neuer Besinnung zu helfen.

Die Problematik der neuzeitlichen Freiheitsgeschichte und ihres Freiheitsbegriffs

Es ist kein Zweifel: Die Epoche, die wir Neuzeit nennen, ist von Anfang an durch das Thema Freiheit bestimmt; der Aufbruch nach neuen Freiheiten ist überhaupt der einzige Grund, der zu einer solchen Periodisierung berechtigt. Luthers Kampfschrift »Von der Freiheit eines Christenmenschen« schlägt sofort das Thema in kräftigen Tönen an.[187] Es war der Ruf der Freiheit, der die Menschen aufhorchen machte, der eine wahre Lawine in Gang setzte und aus den Schriften eines Mönches eine Massenbewegung entstehen ließ, die das Gesicht der mittelalterlichen Welt von Grund auf umgestaltete. Es ging um die Freiheit des Gewissens gegenüber der kirchlichen Autorität, also um die innerste Freiheit des Menschen überhaupt. Nicht die gemeinschaftlichen Ordnungen retten den Menschen, sondern sein ganz persönlicher Glaube an Christus. Daß plötzlich das ganze Ordnungssystem der mittelalterlichen Kirche letztlich nicht mehr zählte, wurde als ein ungeheurer Befreiungsschub empfunden. Die Ordnungen, die eigentlich tragen und retten sollten, erschienen als Last; sie binden nicht mehr, das heißt sie haben keine Erlösungsbedeutung mehr. Die Erlösung ist Befreiung, Befreiung vom Joch der überindividuellen Ordnungen. Auch wenn man nicht vom Individualismus der Reformation sprechen sollte, so ist doch die neue Bedeutung des einzelnen und die Verschiebung des Verhältnisses zwischen dem Einzelgewissen und der Autorität ein tragender Zug. Diese Befreiungsbewegung blieb freilich auf den eigentlich re-

---

187 Vgl. zum Ganzen z. B. E. Lohse, Martin Luther (München 1981) 60f, 86ff.

ligiösen Bereich beschränkt. Wo sie, wie in den Bauernkriegen und in der Täuferbewegung, auch zum politischen Programm wurde, hat sich ihr Luther kräftig entgegengestellt. Im politischen Bereich wurde mit der Schaffung der Staats- und Landeskirchen ganz im Gegenteil die Macht der weltlichen Autorität gesteigert und verhärtet. Im angelsächsischen Raum brechen dann die Freikirchen aus dieser neuen Verschmelzung von religiöser und politischer Herrschaft aus und werden so zu Vorläufern einer neuen Konstruktion der Geschichte, die dann in der zweiten Phase der Neuzeit, der Aufklärung, deutliche Gestalt annimmt.

Der ganzen Aufklärung gemeinsam ist der Wille zur Emanzipation, zunächst im Sinn von Kants »sapere aude – wage, deine Vernunft selbst zu gebrauchen«. Es geht um den Ausbruch der Einzelvernunft aus den Bindungen der Autorität, die alle kritisch überprüft werden müssen. Nur das vernünftig Einsichtige soll gelten. Dieses philosophische Programm ist seinem Wesen nach auch ein politisches Programm: Nur die Vernunft soll herrschen, es soll letztlich keine andere Autorität geben als die der Vernunft. Nur das Einsichtige gilt; was nicht vernünftig, das heißt einsichtig ist, kann auch nicht verpflichten. Diese Grundrichtung der Aufklärung stellt sich aber doch in unterschiedlichen, ja gegensätzlichen Sozialphilosophien und politischen Programmen dar. Mir scheint, man könne zwei große Strömungen unterscheiden: die mehr naturrechtlich orientierte angelsächsische Richtung, die zur konstitutionellen Demokratie als dem einzig realistischen System von Freiheit tendiert; dagegen steht der radikale Ansatz von Rousseau, der letztlich auf die völlige Herrschaftslosigkeit abzielt. Das naturrechtliche Denken kritisiert das positive Recht, die konkreten Herrschaftsformen am Maßstab der inneren Rechte des Menschseins, die allen gesetzlichen Ordnungen vorausgehen, ihr Maß und ihr Grund sind. »Der Mensch ist frei geschaffen, ist frei, und wär' er in Ketten geboren« hat in diesem Sinn Friedrich von Schiller gesagt. Das ist nicht ein Satz, der Sklaven mit metaphysischen Gedanken tröstet, sondern ein kämpferischer Satz, eine Handlungsmaxime. Rechtsordnungen, die Sklaverei schaffen, sind Unrechtsordnungen. Von der Schöpfung her hat der Mensch Rechte, die geltend gemacht werden müssen, damit Gerechtigkeit sei. Freiheit wird dem Menschen nicht von außen verliehen. Er hat Recht deshalb, weil er frei geschaffen ist. Aus solchem Denken ist die Idee der Menschenrechte als Magna

Charta der modernen Freiheitsbewegung entfaltet worden. Wenn hier von Natur die Rede ist, dann ist nicht einfach ein System von biologischen Abläufen gemeint. Vielmehr wird gesagt, daß vor allen Ordnungsgebilden im Menschen selbst, von seiner Natur her, Rechte da sind. Die Menschenrechtsidee ist in diesem Sinn zunächst eine revolutionäre Idee: Sie steht gegen den Staatsabsolutismus, gegen die Willkür positiver Gesetzgebung. Aber sie ist auch eine metaphysische Idee: Im Sein selbst steckt ein ethischer und rechtlicher Anspruch. Es ist nicht blinde Materialität, die man dann nach purer Zweckmäßigkeit formen kann. Natur trägt Geist in sich, trägt Ethos und Würde in sich und ist so der Rechtsanspruch auf unsere Befreiung und ihr Maß zugleich. Dies ist im Prinzip durchaus der von der Stoa inspirierte und schöpfungstheologisch verwandelte Naturbegriff von Röm 2, was uns hier begegnet: Die Heiden kennen »von Natur« das Gesetz und sind sich so selbst Gesetz (Röm 2,14).

Das spezifisch Aufklärerisch-Neuzeitliche dieser Denklinie wird man wohl darin sehen dürfen, daß der Rechtsanspruch der Natur gegenüber den bestehenden Herrschaftsgestalten vor allem Einforderung der Rechte des Individuums gegenüber dem Staat, gegenüber den Institutionen ist. Als Natur des Menschen wird es vor allem angesehen, daß er Rechte gegen die Gemeinschaft hat, Rechte, die vor der Gemeinschaft zu schützen sind: Die Institution erscheint als der Gegenpol zur Freiheit; als Träger von Freiheit erscheint das Individuum und als ihr Ziel die volle Emanzipation des Individuums.

Darin berührt sich diese Strömung mit der zweiten, vom Ansatz her weit radikaleren Richtung: Für Rousseau steht alles, was durch Vernunft und Wille geschaffen wurde, gegen die Natur, ist ihr Verderb und ihr Widerspruch. Der Begriff der Natur ist nicht selbst wieder vom Gedanken des Rechtes geprägt, das als Naturgesetz schon allen unseren Institutionen vorausläge. Rousseaus Naturbegriff ist antimetaphysisch, dem Traum der völligen, durch nichts reglementierten Freiheit zugeordnet.[188] Ähnliches taucht bei Nietzsche wieder auf, der das Rausch-

---

188 Vgl. D. Wyss, Zur Psychologie und Psychopathologie der Verblendung: J.-J. Rousseau und M. Robespierre, die Begründer des Sozialismus, in: Jahres- und Tagungsbericht der Görres-Gesellschaft 1992, 33–45; R. Spaemann, Rousseau – Bürger ohne Vaterland. Von der Polis zur Natur (München 1980).

haft-Dionysische dem geordneten Apollinischen gegenüberstellt und so Urgegensätze der Religionsgeschichte beschwört: Die Ordnungen der Vernunft, für die Apoll steht, verderben den freien, unbeschränkten Rausch der Natur.[189] Klages hat dasselbe Motiv aufgenommen mit der Idee vom Geist als Widersacher der Seele: Der Geist ist nicht die große, neue Gabe, in der es überhaupt erst Freiheit gibt, sondern der Zersetzer des Ursprünglichen mit seiner Leidenschaft und Freiheit.[190] In gewisser Hinsicht ist diese Kampfansage an den Geist antiaufklärerisch, und insofern konnte sich der Nationalsozialismus mit seiner Feindseligkeit gegenüber der Aufklärung und mit seiner Anbetung von »Blut und Boden« auf solche Richtungen berufen. Aber das Grundmotiv der Aufklärung, der Schrei nach der Freiheit, ist auch hier nicht bloß wirksam, sondern zu seiner radikalsten Form gesteigert. In den politischen Radikalismen des 19. wie des 20. Jahrhunderts sind gegenüber der demokratisch domestizierten Form von Freiheit immer wieder solche Tendenzen in vielfältigen Gestalten durchgebrochen. Die Französische Revolution, die mit einer konstitutionellen demokratischen Idee begonnen hatte, hat schnell diese Fesseln von sich geworfen und sich auf die Bahnen Rousseaus und des anarchischen Freiheitsgedankens begeben; gerade damit ist sie – unausweichlich – zur blutigen Diktatur geworden.

Auch der Marxismus setzt diese radikale Linie fort: Er hat die demokratische Freiheit immer als Scheinfreiheit kritisiert und eine bessere, radikalere Freiheit verheißen. Seine Faszination kam ja gerade davon, daß er eine größere und kühnere Freiheit verhieß, als sie in den Demokratien verwirklicht ist. Zwei Aspekte des marxistischen Systems scheinen mir für die Freiheitsproblematik der Neuzeit und für die Frage nach Freiheit und Wahrheit besonders wichtig zu sein:

1. Der Marxismus geht davon aus, daß Freiheit unteilbar ist, also als solche nur besteht, wenn sie Freiheit aller ist. Freiheit ist an Gleichheit gebunden: Damit Freiheit sei, muß zuallererst Gleichheit hergestellt

---

189 Vgl. P. Köster, Der sterbende Gott. Nietzsches Entwurf übermenschlicher Größe (Meisenheim 1972); R. Löw, Nietzsche. Sophist und Erzieher (Weinheim 1984).
190 Vgl. Th. Steinbüchel, Die philosophische Grundlegung der christlichen Sittenlehre I/1 (Düsseldorf ³1947) 118–132.

werden. Das bedeutet, daß zum Ziel der völligen Freiheit Freiheitsverzichte notwendig sind. Die Solidarität derer, die für die gemeinsame Freiheit aller kämpfen, geht der Durchsetzung der individuellen Freiheiten voran. Das Marx-Zitat, von dem wir ausgegangen sind, zeigt, daß am Ende doch wieder die Idee der schrankenlosen Freiheit des Individuums steht, aber für die Gegenwart gilt die Überordnung des gemeinschaftlichen Aspekts, die Überordnung der Gleichheit über die Freiheit und also das Recht der Gemeinschaft gegenüber dem Individuum.

2. Damit verbunden ist die Voraussetzung, daß die Freiheit des einzelnen von der Struktur des Ganzen abhängt und daß der Kampf um die Freiheit zunächst nicht als Kampf um die Rechte des Individuums, sondern als Kampf um eine veränderte Weltstruktur geführt werden muß. Bei der Frage, wie diese Struktur auszusehen habe und welches daher die rationalen Mittel zu ihrer Herstellung seien, ist freilich dem Marxismus der Atem ausgegangen. Denn daß keine der konstruierten Strukturen die Freiheit wirklich ermöglicht, derentwegen die Freiheitsverzichte verlangt werden, konnte eigentlich ein Blinder sehen. Aber Intellektuelle sind blind, wo es um ihre Denkgebilde geht. Deswegen konnten sie jedem Realismus entsagen und weiter für ein System kämpfen, dessen Verheißungen nicht einlösbar waren. Man half sich mit einer Ausflucht ins Mythologische: Die neue Struktur werde einen neuen Menschen hervorbringen – denn in der Tat, nur mit neuen Menschen, mit ganz anderen Menschen könnten die Verheißungen funktionieren. Wenn in der Forderung der Solidarität und in der Idee der Unteilbarkeit der Freiheit der moralische Charakter des Marxismus liegt, so wird in seiner Ankündigung des neuen Menschen eine Lüge deutlich, die auch den moralischen Ansatz paralysiert. Teilwahrheiten sind einer Lüge zugeordnet, und daran scheitert das Ganze: Die Freiheitslüge hebt auch die wahren Elemente auf. Freiheit ohne Wahrheit ist keine Freiheit.

An dieser Stelle stehen wir. Wir sind genau wieder an den Problemen angelangt, die Szczypiorski in Salzburg so drastisch formuliert hat. Was Lüge ist, wissen wir nun – wenigstens in bezug auf die bisherigen Erscheinungsformen des Marxismus. Aber was Wahrheit ist, wissen wir damit noch lange nicht. Ja, die Furcht wird stärker: Vielleicht gibt es überhaupt keine Wahrheit? Vielleicht gibt es das Recht und das Richtige überhaupt nicht? Vielleicht müssen wir uns mit minimalen Notordnungen begnügen? Aber vielleicht gelingen gerade auch die nicht, wie die Entwicklungen in so vielen Teilen der Welt zeigen? Die Skepsis wächst, und ihre Gründe werden stärker, aber auch der Wille zum Unbedingten ist nicht aufzuheben.

Das Gefühl, daß die Demokratie noch nicht die rechte Form der Freiheit sei, ist ziemlich allgemein und breitet sich immer mehr aus. Die marxistische Demokratiekritik kann man nicht einfach beiseite schieben: Wie frei sind Wahlen? Wie weit ist der Wille durch Werbung, also durch das Kapital, durch einige Herrscher über die öffentliche Meinung manipuliert? Gibt es nicht die neue Oligarchie derer, die bestimmen, was modern und fortschrittlich ist, was ein aufgeklärter Mensch zu denken hat? Die Grausamkeit dieser Oligarchie, ihre Möglichkeit öffentlicher Hinrichtungen, ist hinlänglich bekannt. Wer sich ihr in den Weg stellen möchte, ist ein Feind der Freiheit, weil er ja die freie Meinungsäußerung behindert. Und wie ist es mit der Willensbildung in den Gremien demokratischer Repräsentation? Wer möchte noch glauben, daß das Wohl der Allgemeinheit dabei das eigentlich bestimmende Moment sei? Wer könnte an der Macht von Interessen zweifeln, deren schmutzige Hände immer häufiger sichtbar werden? Und überhaupt: Ist das System von Mehrheit und Minderheit wirklich ein System der Freiheit? Und werden nicht Interessenverbände jeder Art zusehends stärker als die eigentliche politische Vertretung, das Parlament? In diesem Gewirr von Mächten steigt das Problem der Unregierbarkeit immer drohender auf: Der gegenseitige Durchsetzungswille blockiert die Freiheit des Ganzen.

Es gibt zweifellos den Flirt mit autoritären Lösungen, die Flucht vor der unbewältigten Freiheit. Aber bestimmend für den Geist unserer Zeit ist diese Haltung noch nicht. Der radikale Strom der Aufklärung hat seine Wirkung nicht verloren, er wird sogar stärker. Gerade angesichts der Grenzen der Demokratie wird der Ruf nach einer totalen Freiheit lauter. Nach wie vor, ja zusehends gelten »Gesetz und Ordnung« als Gegensatz zu Freiheit. Nach wie vor erscheinen Institution, Überlieferung, Autorität an sich als Gegenpole von Freiheit. Der anarchische Zug des Freiheitsverlangens verstärkt sich, weil die geordneten Formen gemeinschaftlicher Freiheit nicht befriedigen. Die großen Verheißungen der aufbrechenden Neuzeit wurden nicht eingelöst, aber ihre Faszination ist ungebrochen. Die demokratisch geordnete Form von Freiheit kann man heute nicht mehr bloß durch diese oder jene Gesetzesreform verteidigen. Die Frage geht an die Grundlagen selbst. Es geht darum, was der Mensch ist und wie er als einzelner und im ganzen richtig leben kann.

Man sieht: Das politische, das philosophische und das religiöse Problem der Freiheit ist ein unlösbares Ganzes geworden; wer Wege in die Zukunft sucht, muß das Ganze im Blick haben und kann sich nicht mit vordergründigen Pragmatismen begnügen. Bevor ich versuche, Wegrichtungen anzudeuten, die sich mir zu öffnen scheinen, möchte ich noch einen Blick auf die vielleicht radikalste Freiheitsphilosophie des 20. Jahrhunderts werfen, diejenige von J.-P. Sartre, in der die Frage in ihrem ganzen Ernst und ihrer Größe deutlich wird. Sartre sieht die Freiheit des Menschen als seine Verdammnis an. Im Gegensatz zum Tier hat der Mensch keine »Natur«. Das Tier lebt seine Existenz nach der ihm eingestifteten Gesetzmäßigkeit; es braucht nicht zu überlegen, was es mit seinem Leben anfangen will. Aber das Wesen Mensch ist undeterminiert. Es ist eine offene Frage. Ich muß selbst entscheiden, was ich unter Menschsein verstehen, was ich damit anfangen, wie ich es gestalten will. Der Mensch hat keine Natur, sondern ist nur Freiheit. Er muß das Leben irgendwo hin leben, aber es geht doch ins Leere. Diese sinnlose Freiheit ist des Menschen Hölle. Das Aufregende an diesem Denkansatz besteht darin, daß hier die Trennung von Freiheit und Wahrheit radikal durchgeführt ist: Es gibt gar keine Wahrheit. Die Freiheit hat keine Richtung und kein Maß.[191] Aber diese völlige Abwesenheit von Wahrheit, die völlige Abwesenheit jeder auch sittlichen und metaphysischen Bindung, die absolut anarchische Freiheit als Wesensbestimmung des Menschen, enthüllt sich für den, der sie zu leben versucht, nicht als höchste Steigerung der Existenz, sondern als Nichtigkeit des Lebens, als absolute Leere, als die Definition von Verdammnis. In der Extrapolation eines radikalen Freiheitsbegriffs, der für Sartre

---

191 Vgl. J. Pieper, Kreatürlichkeit und menschliche Natur. Anmerkungen zum philosophischen Ansatz von J.-P. Sartre, in: ders., Über die Schwierigkeit, heute zu glauben (München 1974) 304–321.

selbst Lebenserfahrung war, wird sichtbar, daß Befreiung von Wahrheit nicht die reine Freiheit erzeugt, sondern sie aufhebt. Die anarchische Freiheit, radikal genommen, erlöst nicht, sondern macht den Menschen zum mißratenen Geschöpf, zum Sein ohne Sinn.

Freiheit und Wahrheit

Vom Wesen menschlicher Freiheit

Nach diesem Versuch, die Herkunft unserer Probleme zu verstehen und so deren inneren Ansatz vor den Blick zu bekommen, wird es Zeit, nach Antworten zu suchen. Es ist wohl klar geworden, daß die Krise der Freiheitsgeschichte, in der wir heute stehen, auf einem ungeklärten und vereinseitigten Begriff von Freiheit beruht. Zum einen hat man den Begriff der Freiheit isoliert und dadurch verfälscht: Freiheit ist ein Gut, aber sie ist es nur im Verbund mit anderen Gütern, mit denen zusammen sie eine unauflösliche Ganzheit bildet. Zum anderen hat man den Freiheitsbegriff selbst verengt auf die individuellen Freiheitsrechte hin und ihn damit seiner menschlichen Wahrheit beraubt. Ich möchte das Problem dieses Freiheitsverständnisses an einem konkreten Beispiel verdeutlichen, das uns zugleich den Weg zu einer angemessenen Auffassung von Freiheit öffnen kann. Ich meine die Frage der Abtreibung. In der Radikalisierung der individualistischen Tendenz der Aufklärung erscheint Abtreibung als ein Freiheitsrecht: Die Frau muß über sich selbst verfügen können. Sie muß die Freiheit haben, ob sie ein Kind zur Welt bringen oder sich davon befreien will. Sie muß über sich selbst entscheiden dürfen, und niemand anders kann ihr – so wird uns gesagt – da von außen her eine letztlich bindende Norm auferlegen. Es geht um das Recht der Selbstbestimmung. Aber entscheidet die Frau bei der Abtreibung eigentlich über sich selbst? Entscheidet sie nicht gerade über jemand anderen – darüber, daß einem anderen keine Freiheit zugestanden werden soll, daß ihm der Raum der Freiheit – das Leben – genommen werden muß, weil das mit meiner eigenen Freiheit konkurriert? Und so ist zu fragen: Was ist das eigentlich für eine Freiheit, zu deren Rechten es zählt, die Freiheit eines anderen gleich vom Ansatz her aufzuheben?

Nun sage man nicht, das Problem Abtreibung berühre einen spezifischen Sonderfall und tauge nicht, das Gesamtproblem von Freiheit zu klären. Nein, gerade an diesem Beispiel wird die Grundfigur menschlicher Freiheit, ihr typisch menschliches Wesen deutlich. Denn worum geht es da? Das Sein eines anderen Menschen ist so eng mit dem Sein dieses Menschen, der Mutter, verwoben, daß es einstweilen überhaupt nur im körperlichen Mitsein mit der Mutter bestehen kann, in einer physischen Einheit mit ihr, die doch seine Andersheit nicht aufhebt und sein Selbstsein nicht zu bestreiten gestattet. Freilich – dieses Selbersein ist auf radikale Weise ein Sein vom anderen, durch den anderen; umgekehrt wird das Sein des anderen – der Mutter – durch dieses Mitsein ins Für-Sein gedrängt, das seinem eigenen Selbstseinwollen widerspricht und so als Gegensatz zur eigenen Freiheit erfahren wird. Nun müssen wir hinzufügen, daß das Kind, auch wenn es geboren wird und die äußere Gestalt des Von-her-Seins und des Mit-Seins sich ändert, dennoch genauso abhängig, genauso angewiesen auf ein Für-Sein bleibt. Gewiß, nun kann man es in ein Heim abschieben und einem anderen Für zuordnen, aber die anthropologische Figur ist dieselbe, es bleibt das Vonher, das ein Für verlangt, eine Annahme der Grenzen meiner Freiheit, oder vielmehr ein Leben meiner Freiheit nicht aus der Konkurrenz, sondern aus dem gegenseitigen Sichtragen. Wenn wir die Augen auftun, sehen wir, daß dies wiederum nicht nur vom Kind gilt, daß vielmehr im Kind im Mutterleib nur das Wesen menschlicher Existenz im ganzen sich sehr anschaulich zu erkennen gibt: Auch für den Erwachsenen gilt, daß er nur mit dem anderen und von ihm her sein kann und so immerfort auf jenes Für-Sein angewiesen ist, das er gerade ausschließen möchte. Sagen wir es noch genauer: Der Mensch setzt zwar ganz von selbst das Für-Sein der anderen voraus, wie es sich heute im Netz der Dienstleistungssysteme gestaltet hat, aber er möchte seinerseits nicht in den Zwang eines solchen Von und Für hineingenommen sein, sondern ganz unabhängig werden, tun und lassen können, was er nur eben will. Das radikale Freiheitsverlangen, das sich im Weg der Aufklärung, besonders in der von Rousseau eröffneten Linie, immer deutlicher ergeben hat und heute weithin das allgemeine Bewußtsein bestimmt, möchte weder vonher noch woraufhin, weder von noch für sein, sondern eben ganz frei. Das heißt: Es sieht die reale Grundfigur menschlicher Existenz selbst als das jedem einzelnen Leben und Handeln vorausliegende Attentat auf die Freiheit an; es möchte gerade von seinem eigenen menschlichen Wesen zum »neuen Menschen« hin befreit werden: In der neuen Gesellschaft dürften diese das Ich beschränkenden Angewiesenheiten und dieses Sich-selbst-geben-Müssen nicht mehr existieren.

Im Grund steht hinter dem radikalen Freiheitsverlangen der Neuzeit ganz klar die Verheißung: Ihr werdet sein wie Gott. Auch wenn Ernst Topitsch glaubte, feststellen zu können, kein vernünftiger Mensch wolle heute mehr gottähnlich oder gottgleich sein, so muß man bei näherem Zusehen das genaue Gegenteil behaupten: Das implizite Ziel aller modernen Freiheitsbewegungen ist es, endlich wie ein Gott zu sein, von nichts und niemandem abhängig, durch keine fremde Freiheit in der eigenen beschränkt. Wenn man erst einmal diesen versteckten theologischen Kern des radikalen Freiheitswillens sichtet, dann wird auch der fundamentale Irrtum sichtbar, der sich selbst da noch auswirkt, wo solche Radikalismen direkt nicht gewollt, ja, abgelehnt werden. Ganz frei sein, ohne die Konkurrenz anderer Freiheit, ohne ein Von und ein Für – dahinter steht nicht ein Gottes-, sondern ein Götzenbild. Der Urirrtum solch radikalisierten Freiheitswillens liegt in der Idee einer Göttlichkeit, die rein egoistisch konzipiert ist. Der so gedachte Gott ist nicht ein Gott, sondern ein Götze, ja, das Bild dessen, was die christliche Überlieferung den Teufel – den Gegengott – nennen würde, weil darin eben der radikale Gegensatz zum wirklichen Gott liegt: Der wirkliche Gott ist seinem Wesen nach ganz Sein-Für (Vater), Sein-Von (Sohn) und Sein-Mit (Heiliger Geist). Der Mensch aber ist Gottes Ebenbild eben dadurch, daß das Von, Mit und Für die anthropologische Grundfigur bildet. Wo man sich von ihr zu befreien versucht, bewegt man sich nicht auf Göttlichkeit zu, sondern auf Entmenschlichung, auf Zerstörung des Seins selbst durch Zerstörung der Wahrheit. Die jakobinische Variante der Befreiungsidee (nennen wir die neuzeitlichen Radikalismen einmal so) ist Rebellion gegen das Menschsein selbst, Rebellion gegen die Wahrheit, und darum führt sie den Menschen – wie Sartre scharfsichtig gesehen hat – in eine Existenz des Selbstwiderspruchs, die wir Hölle nennen.

Damit ist wohl deutlich geworden, daß Freiheit an ein Maß, das Maß der Wirklichkeit – an die Wahrheit – gebunden ist. Freiheit zur Selbstzerstörung oder zur Zerstörung des anderen ist keine Freiheit, sondern ihre teuflische Parodie. Freiheit des Menschen ist geteilte Freiheit, Freiheit im Miteinandersein von Freiheiten, die sich gegenseitig begrenzen und sich so gegenseitig tragen: Freiheit muß sich an dem messen, was ich bin, was wir sind – andernfalls hebt sie sich selber auf. Damit kommen wir aber nun zu einer wesentlichen Korrektur des weithin herrschenden oberflächlichen Freiheitsbildes der Gegenwart: Wenn Freiheit des Menschen nur im geordneten Miteinandersein von Freiheiten bestehen kann, dann heißt dies, daß Ordnung – Recht – nicht Gegenbegriff zur Freiheit ist, sondern ihre Bedingung, ja ein konstitutives Element von Freiheit selbst. Recht ist nicht das Hindernis der Freiheit, sondern es konstituiert sie. Die Abwesenheit von Recht ist Abwesenheit von Freiheit.

Freiheit und Verantwortung

Freilich ergibt sich mit dieser Erkenntnis sogleich auch eine neue Frage: Was ist freiheitsgemäßes Recht? Wie muß Recht beschaffen sein, damit es Freiheitsrecht bilde, denn es gibt zweifellos Scheinrecht, das ein Sklavenrecht und darum kein Recht, sondern eine regulierte Form von Unrecht bildet. Unsere Kritik darf sich nicht gegen das Recht selbst richten, das zum Wesen der Freiheit gehört; sie muß Scheinrecht als solches überführen und dem Hervortreten des wirklichen Rechts dienen – jenes Rechtes, das der Wahrheit und darum der Freiheit gemäß ist.

Aber wie findet man es – das ist die große Frage, die endlich richtig gestellte Frage wirklicher Befreiungsgeschichte. Gehen wir auch hier wie schon bisher nicht mit abstrakten philosophischen Erwägungen zu Werke, sondern versuchen wir, uns von den gegebenen Realitäten der Geschichte her an eine Antwort heranzutasten. Fangen wir bei einer überschaubaren kleinen Gemeinschaft an, so läßt sich wohl von ihren Möglichkeiten und Grenzen her einigermaßen ausloten, welche Ordnung am besten dem Zusammenleben aller dient, so daß aus ihrem Miteinander eine gemeinsame Gestalt von Freiheit entsteht. Aber keine kleine Gemeinschaft steht in sich selbst; sie ist eingeborgen und in ihrem eigenen Wesen mitbestimmt von den größeren Ordnungen, denen sie zugehört. Im Zeitalter der Nationalstaaten ging man davon aus, daß die eigene Nation die maßgebende Einheit sei – daß ihr gemeinsames

Gut auch den rechten Maßstab der gemeinsamen Freiheit bilde. Die Entwicklung im 20. Jahrhundert hat klargemacht, daß dieser Gesichtspunkt nicht ausreicht. Augustinus hatte dazu gesagt, daß ein Staat, der sich nur an den gemeinsamen Interessen dieses Staates und nicht an der Gerechtigkeit selber, an der wahren Gerechtigkeit messe, strukturell nicht von einer gut geordneten Räuberbande verschieden sei. Denn für sie ist ja charakteristisch, daß sie das Gut der Bande unabhängig vom Gut der anderen als ihr Maß nimmt. Im Rückblick auf das Kolonialzeitalter und die Schäden, die es in der Welt hinterlassen hat, sehen wir heute, daß noch so geordnete und zivilisierte Staaten sich irgendwie dem Wesen der Räuberbande annäherten, weil sie nur vom eigenen Gut und nicht vom Guten selbst her dachten. So gewährleistete Freiheit hat dann etwas von der Räuberfreiheit an sich. Es ist nicht die wahre, wahrhaft menschliche Freiheit. Bei der Suche nach dem rechten Maß muß die ganze Menschheit vor Augen stehen und – wie wir immer deutlicher sehen – wiederum nicht nur die Menschheit von heute, sondern auch die von morgen.

Der Maßstab für das wirkliche Recht, das sich als wahres Recht und damit als Freiheitsrecht bezeichnen darf, kann daher nur das Gut des Ganzen, das Gute selber sein. Von dieser Einsicht her hat Hans Jonas den Begriff Verantwortung zum ethischen Zentralbegriff erklärt.[192] Das bedeutet, daß Freiheit, um recht verstanden zu werden, immer mit Verantwortung zusammen gedacht werden muß. Befreiungsgeschichte kann demgemäß immer nur als Geschichte wachsender Verantwortung stattfinden. Wachstum von Freiheit kann nicht mehr einfach in der immer weiteren Entschränkung der individuellen Rechte bestehen – was zur Absurdität und zur Zerstörung gerade auch der individuellen Freiheiten führt. Freiheitswachstum muß Wachstum von Verantwortung sein. Dazu gehört das Annehmen der je größeren Bindungen, die vom Anspruch des Miteinander der Menschheit, von der Angemessenheit für das Wesentliche des Menschen gefordert werden. Wenn Verantwortung Antwort auf die Wahrheit des Menschseins ist, dann können wir also sagen: Zu wahrer Befreiungsgeschichte gehört die immerwäh-

---

192 H. Jonas, Das Prinzip Verantwortung (Frankfurt 1979).

rende Reinigung auf Wahrheit hin. In der Reinigung der einzelnen und der Institutionen durch diese Wahrheit besteht diese wahre Freiheitsgeschichte.

Das Prinzip Verantwortung setzt einen Rahmen, der inhaltlicher Füllung bedarf. In diesem Zusammenhang ist der Vorschlag der Ausbildung eines Weltethos zu sehen, für das sich vor allem Hans Küng leidenschaftlich engagiert. Zweifellos ist es sinnvoll, ja, in unserer gegenwärtigen Lage nötig, nach den gemeinsamen Grundelementen der ethischen Traditionen in den verschiedenen Religionen und Kulturen zu suchen; in diesem Sinn ist eine solche Bemühung durchaus wichtig und angebracht. Andererseits sind die Grenzen eines solchen Versuchs offenkundig, auf die zum Beispiel Joachim Fest in einer durchaus wohlwollenden, aber auch sehr pessimistischen Analyse hingewiesen hat, die sich in ihrer Richtung mit dem Skeptizismus von Szczypiorski berührt.[193] Denn einem solchen aus den Weltreligionen destillierten ethischen Mininum fehlt zunächst die Verbindlichkeit, die innere Autorität, die das Ethos braucht. Es fehlt ihm trotz allem Bemühen um Einsicht auch die rationale Evidenz, die nach der Meinung der Autoren wohl die Autorität ersetzen könnte und sollte; es fehlt auch die Konkretheit, die das Ethos erst wirksam macht.

Ein Gedanke scheint mir richtig, der in diesem Versuch wohl mitgedacht ist: Die Vernunft muß auf die großen religiösen Überlieferungen hören, wenn sie nicht gerade für das Wesentliche menschlicher Existenz taub und stumm und blind werden will. Es gibt keine große Philosophie, die nicht vom Zuhören und Annehmen religiöser Tradition lebt. Wo immer dieser Bezug abgeschnitten wird, verdorrt das philosophische Denken und wird zu einem bloßen Spiel von Begriffen.[194] Gerade am Thema Verantwortung, das heißt an der Frage nach der Veran-

---

193 J. Fest, Die schwierige Freiheit (Berlin 1993) bes. 47–81; 80 kommentiert er zusammenfassend Küngs »Weltethos« so: »Je weiter die nicht ohne Zugeständnisse erreichbaren Übereinstimmungen getrieben werden, desto dehnbarer und folglich ohnmächtiger müssen zwangsläufig aber auch die ethischen Normen werden, bis das Projekt schließlich auf bloße Bekräftigung jener unverbindlichen Sittlichkeit zuläuft, die gerade nicht das Ziel, sondern das Problem ist.«
194 Eindringlich dazu J. Pieper, Schriften zum Philosophiebegriff (Werke in 8 Bänden, Bd. 3, hg. v. B. Wald. Hamburg 1995) 300–323 sowie 15–70, bes. 59ff.

kerung der Freiheit in der Wahrheit des Guten, in der Wahrheit des Menschen und der Welt, zeigt sich die Notwendigkeit solchen Zuhörens sehr deutlich. Denn so treffend das Prinzip Verantwortung von seinem Ansatz her ist, es bleibt doch die Frage: Wie sollen wir überschauen, was gut für alle ist und was gut ist nicht nur für heute, sondern auch für morgen? Eine doppelte Gefahr lauert hier: Zum einen droht das Abgleiten in den Konsequenzialismus, den der Papst mit Recht in seiner Moralenzyklika kritisiert.[195] Der Mensch übernimmt sich einfach, wenn er glaubt, die Konsequenzen seines Handelns rundum abschätzen und sie zur Norm seiner Freiheit nehmen zu können. Dann wird alsbald die Gegenwart der Zukunft geopfert, aber auch die Zukunft nicht aufgebaut. Zum anderen ist da die Frage: Wer entscheidet denn, was unsere Verantwortung gebietet? Wo man Wahrheit nicht mehr im verstehenden Aneignen der großen Überlieferungen des Glaubens sieht, wird sie ersetzt durch den Konsens. Aber wiederum ist zu fragen: wessen Konsens? Dann wird gesagt: der Konsens derer, die argumentationsfähig sind. Weil man dann die elitäre Anmaßung einer solchen intellektuellen Diktatur nicht übersehen kann, wird gesagt, die Argumentationsfähigen müßten »advokatisch« auch für die einstehen, die zum rationalen Diskurs nicht fähig seien. All das kann wenig Vertrauen erwecken. Wie brüchig Konsense sind und wie schnell sich parteiliche Gruppen in einem bestimmten intellektuellen Klima als die einzig berechtigten Vertreter des Fortschritts und der Verantwortung durchsetzen können, steht vor unser aller Augen. Hier kann nur allzu leicht der Teufel mit Beelzebub ausgetrieben werden; allzu leicht könnten anstatt des Dämons vergangener geistiger Konstellationen sieben neue und schlimmere Dämonen unser Haus besetzen.

Die Wahrheit unseres Menschseins
Die Frage danach, wie Verantwortung und Freiheit ins richtige Verhältnis zu setzen sind, kann nicht einfach durch ein Kalkül der Wirkungen entschieden werden. Wir müssen auf den vorigen Gedanken zurückkommen, daß menschliche Freiheit eine Freiheit im Miteinandersein der Freiheiten ist; nur so ist sie wahr, nämlich der realen Wirklichkeit

---

195 *Veritatis splendor*, Nr. 71–83.

des Menschen gemäß. Das bedeutet: Ich brauche gar nicht von außen her korrigierende Elemente zur Freiheit des einzelnen zu suchen; so würden Freiheit und Verantwortung, Freiheit und Wahrheit immer Gegensätze bleiben, die sie nicht sind. Die recht erkannte Wirklichkeit des einzelnen trägt selbst die Verwiesenheit auf das Ganze, auf den anderen in sich. Demgemäß werden wir sagen: Es gibt die in jedem Menschen liegende gemeinsame Wahrheit des einen Menschseins, die von der Überlieferung als »Natur« des Menschen bezeichnet wurde. Vom Schöpfungsglauben her können wir es noch deutlicher formulieren: Es gibt den einen Gottesgedanken Mensch, dem zu antworten unser Auftrag ist. In ihm sind Freiheit und Gemeinschaftlichkeit, Ordnung und Verwiesenheit auf die Zukunft ein einziges.

Verantwortung würde dann bedeuten: Das Sein als Antwort leben – als Antwort auf das, was wir in Wahrheit sind. Diese eine Wahrheit des Menschen, in der das Gut aller und die Freiheit unlösbar einander zugeordnet sind, ist in der biblischen Überlieferung zentral ausgedrückt im Dekalog, der sich im übrigen in vieler Hinsicht mit den großen ethischen Überlieferungen anderer Religionen deckt. Der Dekalog ist zugleich Selbstvorstellung, Selbstdarstellung Gottes und Auslegung des Menschseins, Aufscheinen seiner Wahrheit, die im Spiegel des Gotteswesens sichtbar wird, weil nur von Gott her der Mensch recht zu verstehen ist. Den Dekalog leben heißt: die eigene Gottähnlichkeit leben, der Wahrheit unseres Wesens antworten und so das Gute tun. Noch mal anders gesagt: Den Dekalog leben bedeutet, die Göttlichkeit des Menschen zu leben, und das eben ist Freiheit: Verschmelzung unseres Seins mit dem göttlichen Sein und der daraus folgende Einklang aller mit allen.[196]

Damit diese Aussage richtig verstanden wird, muß noch eine Anmerkung hinzugefügt werden. Jedes große Menschenwort reicht über das unmittelbar bewußt Gesagte in größere Tiefen hinein; im Gesagten steckt immer ein Überschuß des Ungesagten, der die Worte mit dem Vorangehen der Zeiten wachsen läßt. Wenn dies schon von menschlicher Rede gilt, so erst recht von dem Wort, das aus göttlicher Tiefe kommt. Der Dekalog ist nie einfach fertig verstanden. In den einander folgenden und sich verändernden Situationen geschichtlicher Verant-

196 Vgl. *Katechismus der Katholischen Kirche*, Nr. 2052–2082.

wortung erscheint er in immer neuen Perspektiven, öffnen sich immer neue Dimensionen seiner Bedeutung. Es geschieht das Hineingeführtwerden ins Ganze der Wahrheit, in Wahrheit, die gar nicht in einem geschichtlichen Augenblick allein getragen werden könnte (vgl. Joh 16,12f). Für den Christen bedeutet die Auslegung, die sich in Wort und Leben und Leiden und Auferstehen Christi vollzogen hat, die entscheidende Auslegungsinstanz, in der eine vorher nicht abzusehende Tiefe aufbricht. Weil es so ist, darum ist menschliches Zuhören auf die Botschaft des Glaubens kein passives Aufnehmen sonst unbekannter Information, sondern das Aufwecken unseres verschütteten Gedächtnisses und das Auftun der Kräfte des Verstehens, die in uns auf das Licht der Wahrheit warten. So ist solches Verstehen ein höchst aktiver Vorgang, in dem die ganze rationale Suche nach den Maßen unserer Verantwortung erst wirklich zu Kräften kommt. Die rationale Suche wird nicht erstickt, sondern aus dem hilflosen Kreisen im Unerforschlichen befreit und auf den Weg gebracht. Wenn der im rationalen Verstehen ausgefaltete Dekalog die Antwort auf den inneren Anspruch unseres Wesens ist, dann ist er nicht Gegenpol zu unserer Freiheit, sondern ihre reale Form. Dann ist er die Grundlage für jedes Recht der Freiheit und die eigentlich befreiende Kraft der menschlichen Geschichte.

Zusammenfassung der Ergebnisse

»Vielleicht hielt die ausgediente Dampfmaschine der Aufklärung nach zwei Jahrhunderten nützlicher, störungsloser Arbeit vor unseren Augen und mit unserer Beteiligung an. Und der Dampf geht nur in die Luft«: Das ist die pessimistische Diagnose von Szczypiorski, die uns als Aufforderung zum Nachdenken auf den Weg getreten war. Nun, ich würde sagen: Störungslos war die Arbeit dieser Maschine nie – denken wir nur an die zwei Weltkriege des letzten Jahrhunderts und an die Diktaturen, die wir erlebt haben. Aber ich würde hinzufügen: Wir brauchen keineswegs das Erbe der Aufklärung als solches und im ganzen zu verabschieden, zur ausgedienten Dampfmaschine zu erklären. Was wir freilich brauchen, ist eine Kurskorrektur in drei wesentlichen Punkten, in denen ich den Ertrag meiner Überlegungen zusammenfassen möchte.

1. Ein Verständnis von Freiheit, das als Befreiung nur immer weitere Auflösungen von Normen und die ständige Ausweitung individueller Freiheiten bis hin zur völligen Befreiung von aller Ordnung ansehen mag, ist falsch. Freiheit muß sich, wenn sie nicht zur Lüge und zur Selbstzerstörung führen soll, an der Wahrheit orientieren, das heißt daran, was wir eigentlich sind, und diesem unserem Sein entsprechen. Da der Mensch ein Wesen im Sein-von, Sein-mit und Sein-für ist, kann menschliche Freiheit nur im geordneten Miteinander der Freiheiten bestehen. Recht ist daher nicht Gegensatz zu Freiheit, sondern ihre Bedingung, ja konstitutiv für sie selbst. Befreiung besteht nicht in der allmählichen Abschaffung von Recht und von Normen, sondern in der Reinigung unserer selbst und in der Reinigung der Normen, so daß sie das menschengemäße Miteinander der Freiheiten ermöglichen.

2. Aus der Wahrheit unseres Wesens folgt ein weiteres: Es wird innerhalb dieser unserer Menschengeschichte nie den absolut idealen Zustand geben, und es wird nie eine endgültige Freiheitsordnung errichtet werden. Der Mensch ist immer unterwegs und immer endlich. Szczypiorski hatte angesichts des offenkundigen Unrechts der sozialistischen Gesellschaftsordnung und angesichts aller Probleme der liberalen Ordnung die zweifelnde Frage gestellt: Vielleicht gibt es überhaupt kein Recht? Darauf müssen wir nun sagen: In der Tat, die schlechthin ideale Ordnung der Dinge, die rundum recht ist, wird es nie geben.[197] Wo solcher Anspruch erhoben wird, wird nicht die Wahrheit gesagt. Der Fortschrittsglaube ist nicht in jeder Hinsicht falsch. Falsch aber ist der Mythos von der künftigen befreiten Welt, in der alles anders und gut sein wird. Wir können immer nur relative Ordnungen errichten, sie können immer nur relativ recht haben und sein. Aber gerade um diese höchstmögliche Annäherung an das wahrhaft Rechte müssen wir uns mühen. Alles andere, jede innergeschichtliche Eschatologie, befreit nicht, sondern täuscht und knechtet daher. Deswegen muß auch der mythische Glanz entmythisiert werden, den man Begriffen wie Veränderung und Revolution beigelegt hat. Veränderung ist kein Gut in sich selbst. Ob sie

---

197 Vgl. die Konzilskonstitution *Gaudium et spes*, Nr. 78: »numquam pax pro semper acquisita est«.

gut oder schlecht ist, hängt von ihren konkreten Inhalten und Bezugspunkten ab. Die Meinung, die wesentliche Aufgabe im Ringen um Freiheit sei die Veränderung der Welt, ist – ich wiederhole es – ein Mythos. In der Geschichte wird es immer ein Auf und Ab geben. In bezug auf das eigentlich sittliche Wesen des Menschen verläuft sie nicht linear, sondern in Wiederholungen. Unsere Aufgabe ist es, jeweils in der Gegenwart um die relativ beste Verfassung des menschlichen Miteinander zu ringen und dabei errungenes Gutes zu bewahren, bestehendes Schlechtes zu überwinden und dem Einbruch der Mächte der Zerstörung zu wehren.

3. Wir müssen auch den Traum der absoluten Autonomie der Vernunft und ihrer Selbstgenügsamkeit verabschieden. Die menschliche Vernunft braucht den Anhalt an den großen religiösen Traditionen der Menschheit. Sie wird die einzelnen religiösen Traditionen durchaus kritisch betrachten. Die Pathologie der Religion ist die gefährlichste Erkrankung des menschlichen Geistes. Sie existiert in den Religionen, sie existiert aber gerade auch dort, wo Religion als solche abgewiesen und relativen Gütern absoluter Rang zugewiesen wird: Die atheistischen Systeme der Neuzeit sind die erschreckendsten Beispiele einer ihrem Wesen entfremdeten religiösen Leidenschaft, das heißt aber einer lebensgefährlichen Erkrankung des menschlichen Geistes. Wo Gott geleugnet wird, wird Freiheit nicht aufgebaut, sondern ihres Grundes beraubt und daher verzerrt.[198] Wo die reinsten und tiefsten religiösen Überlieferungen ganz abgelegt werden, trennt sich der Mensch von seiner Wahrheit, er lebt gegen sie und wird unfrei. Auch die philosophische Ethik kann nicht schlechthin autonom sein. Sie kann nicht auf den Gottesgedanken verzichten und nicht verzichten auf den Gedanken einer Wahrheit des Seins, die ethischen Charakter hat.[199] Wenn es keine Wahrheit vom Menschen gibt, hat er auch keine Freiheit. Nur die Wahrheit macht frei.

---

198 Vgl. J. Fest, a. a. O. 79: »Keiner der Appelle, die ihm gelten, weiß zu sagen, wie er ohne Jenseits leben kann und ohne Furcht vor dem Jüngsten Tag, und doch Mal um Mal wider die eigenen Interessen und Begierden zu handeln vermag.« Vgl. auch L. Kolakowski, Falls es keinen Gott gibt (München 1982).
199 Vgl. J. Pieper, a. a. O. (s. Anm. 194).

ANHANG

ERSTERSCHEINUNGSORTE DER EINZELNEN KAPITEL

ERSTER TEIL

1. KAPITEL:
Einheit und Vielfalt der Religionen –
Der Ort des christlichen Glaubens in der Religionsgeschichte

In: Gott in Welt. Festgabe für Karl Rahner zum 60. Geburtstag, hg. v. H. Vorgrimler, Freiburg–Basel–Wien 1964, Bd. II, 287–305; ferner in: Joseph Kardinal Ratzinger, Vom Wiederauffinden der Mitte. Grundorientierungen. Texte aus vier Jahrzehnten. Hg. v. Schülerkreis. Redaktion: Stephan Horn, Vinzenz Pfnür, Vincent Twomey, Siegfried Wiedenhofer, Josef Zöhrer, Freiburg–Basel–Wien 1997, ²1998, 60–82.

2. KAPITEL:
Glaube, Religion und Kultur

Der christliche Glaube vor der Herausforderung der Kulturen, in: P. Gordan (Hg.), Evangelium und Inkulturation (1492–1992). Salzburger Hochschulwochen 1992, Graz 1993, 9–26; ferner in: KNA, Ökumenische Information, Nr. 52/53 (Dezember 1992) 5–15;

spanisch in: Ecclesia 7 (1993) 369–386; in: Mercurio 1993, Santiago de Chile; veränderte Fassung in: Nuova umanità XVI 1994/6, 95–118;

englisch (erweiterte Fassung) in: Origins: Christ, Faith and the Challenge of Cultures. Vol. 24, Nr. 41, March 30, 1995, 678–686;

dieselbe Fassung in: Communio (*spanisch*) 18 (1996) 152–170.

ZWEITER TEIL

1. KAPITEL:
Die in den 1990er Jahren aufgebrochenen neuen Fragestellungen –
Zur Lage von Glaube und Theologie heute

Zur Lage von Glaube und Theologie heute, in: Internationale katholische Zeitschrift Communio 25 (1996) 359–372; auch in den verschiedenen Ausgaben des L'Osservatore Romano; ferner in: M. Müller, Stets war es der Hund, der starb (Aachen 1998) 33–53;
spanisch in: Ecclesia 10 (1996) 485–502; ferner in: Communio (Madrid) 19 (1997) 13–27; auch in: Humanitas (1997) 280–293; Auszug in: Enciclopedia del Cristianesimo (Navarra 1997) 22–30; spanisch nochmals in: Consejo Episcopal Latino americano, Fe y teología en America Latina (Bogotá 1997) 13–36; ferner in: Gladius 43 (1998) 13–27;
italienisch in: La Civiltà cattolica 147 (1996) 477–490;
französisch in: Communio 22 (1997) 69–88; ferner in: Documentation catholique;
portugiesisch in: Communio Brasil 79 (Julho/Dec. 1998) 185–201.

2. KAPITEL:
Wahrheit des Christentums?

1. *Glaube zwischen Vernunft und Gefühl*
In: Mitteilungen des Übersee-Club Hamburg 1998 (Sonderdruck); ebenfalls in: Die neue Ordnung 52 (1998) 164–177; ferner in: Konferenzblatt für Theologie und Seelsorge (Brixen) 110 (1999) 133–144;
polnisch in: Ethos (Lublin) Nr. 44 (1998) 59–72;
italienisch in: Archivio Teologico Torinese 1 (1999) 7–19.

2. *Das Christentum – die wahre Religion?*
Vérité du Christianisme? Vortrag am 27. 11. 1999 an der Sorbonne, Paris; in (Auszug): Le Monde (1999); in (Auszug): La Croix (1999); in (vollständiger Text): La Documentation Catholique (N. 1, 2000) 29–35; in: 30 Jours (1/2000) 33–44; in: Cyrille Michon (Hg.), Christianisme: Héritages et Destins, Librairie Générale Française, Paris 2002, 303–324;

deutsch (Auszug) in: FAZ, 8. 1. 2000; ferner (vollständiger Text) in: 30 Tage (1/2000) 33–44; in: Albert Raffelt (Hg.), Weg und Weite. Festschrift für Karl Lehmann, Freiburg–Basel–Wien 2001, 631–642;
englisch in: 30 Days (1/2000) 33–44;
italienisch in: 30 Giorni (1/2000) 49–60; ferner in: Vita e Pensiero (1/2000) 1–16; in: Nuova Umanità XXII (2000/2) 128, 187–202; MicroMega. Almanacco di filosofia (2/2000) 41–53;
portugiesisch in: 30 Dias (1/2000) 33–44;
spanisch in: 30 Dias (1/2000) 33–44; ¿Verdad del cristianismo? in: Communio (Santiago de Chile, N° 5, 2001) 83–98;
polnisch in: Christianitas (Numer 3/2000) 11–23; ferner in: Ethos, Nr. 53–54 (2001) 79–90;
ungarisch (Auszug, wie in der FAZ vom 8. 1. 2000) in: Mérleg (2000/3) 292–301.

3. Glaube, Wahrheit und Kultur.
Reflexionen im Anschluß an die Enzyklika »Fides et ratio«

Culture and Truth: Reflections on the Encyclical, in: Origins vol. 28 Nr. 36 (1999) 625–631; ferner in: Sacerdos, No. 26 (March–April 2000) 19–28;
deutsch: Die Einheit des Glaubens und die Vielfalt der Kulturen. Reflexionen im Anschluß an die Enzyklika »Fides et ratio«, in: Theologie und Glaube 89 (1999) 141–152; in: Wahrheit, die uns trägt (Paderborn 1999) 24–40; auch in: Internationale katholische Zeitschrift Communio 28 (1999) 289–305;
italienisch: L'Enciclica Fides et Ratio. Conferenza svolta in San Giovanni in Laterano, in: Per una lettura dell'Enciclica Fides et ratio. Quaderni de »L'Osservatore Romano« 45 (Città del Vaticano 1999) 245–259; ferner in: Rino Fisichella (Ed.), Fides et ratio. Lettera enciclica di Giovanni Paolo II, Cinisello Balsamo, Milano 1999, 117–128;
portugiesisch in: Fé, verdade e cultura (Teil I), communio (XVI, 1999/5) 464–472; Fé, verdade e cultura (Teil II), communio (XVI, 1999/6) 557–568;
spanisch (stark überarbeitete Fassung) in: Alfa y Omega / Documentos (= Beilage zur Tageszeitung ABC, Madrid), N° 200/17-II-2000, 1–18;
polnisch in: Analecta Cracoviensia XXXII (Consilium Editorum: Lucas Kamykowski, Stephanus Koperek CR, Boleslaus Kumor, Ioseph Makselon, Casimurs Panuś / Pontificia Academia Theologica Cracoviensis), Wydawnictwo Naukowe Papieskiej Akademii Teologicznej W Krakowie 2000, 231–246.

3. KAPITEL:
Wahrheit – Toleranz – Freiheit

1. Glaube – Wahrheit – Toleranz
Bisher unveröffentlicht.

2. Freiheit und Wahrheit
In: Internationale katholische Zeitschrift Communio 24 (1995) 526–542;
italienisch in: Communio 144 (1995) 9–28; auch in: Studi cattolici 40, n. 430 (1996) 820–830;
englisch in: Communio (amerikan.) 23 (1996) 16–35;
französisch in: Communio 24,2 (1999) 83–101;
spanisch in: Humanitas (Pontificia Universidad Católica de Chile) N° 14 (1999) 199–222.

REGISTER

REGISTER DER SCHRIFTVERWEISE

Altes Testament

Gen 8,20–9,17   17
Gen 12,1   58, 72
Gen 14,8–20   81
Ex 3,14   77
Ex 20,3   85
Dtn 5,7   85
Dtn 6,4f   85
1 Makk 1,11–15   172
Koh 9,7–10   173
Jes 2,4   177
Dan 3,38   120
Jona 3,5   81

Neues Testament

Mt 2,1–12   18
Mt 4,10   85
Mt 7,13   61
Mt 28,19f   46
Mk 10,18   186
Lk 7,28   36
Lk 10,1–12   82f
Lk 15,31   161
Joh 12,31   58
Joh 14,9   86
Joh 17,10   161
Apg 1,8   46
Apg 2,7–11   158
Apg 4,12   11
Apg 17,22–32   18
Röm 2,14   140, 166, 193
Röm 6   72
Röm 12,1   105
1 Kor 1,18   99
1 Kor 1,23   74
1 Kor 15,28   38
Eph 2,14   125, 161
Eph 3,16   129
Phil 2,5   81
Phil 4,8   140
Jak 1,17   41
1 Joh 4,8   186
1 Joh 4,16   125
Offb 5,6   80
Offb 21,23   37
Offb 22,5   37

REGISTER DER PERSONENNAMEN

Abel 79–81
Abraham 18, 34f, 58, 68, 72, 79ff, 89, 118, 161
Adoukonou, B. 64
Ambrosius 35
Anscombe, G.E.M. 174
Antiseris, D. 136
Assmann, J. 170–173, 175f, 183f, 186
Athanasius v. Alexandrien 176f
Augustinus 34, 71f, 133, 136f, 181, 202

Bailey, A. 102
Baget Bozzo, G. 41f
Ball, H. 73
Balthasar, H.U. v. 32, 73
Bamunoba, Y.K. 64
Bar, J. le 103
Barth, K. 19, 41, 43, 45, 66, 110
Benedikt v. Nursia 129
Bergson, H. 155
Bianchi, E. 107
Bienert, W. 74
Boff, L. 47, 54
Bonhoeffer, D. 41f, 45, 54
Bosco, T. 141
Bouyer, L. 121
Braaten, C.E. 109
Brague, R. 73
Brück, M. v. 96
Brüntrup, G. 122
Brunner, A. 23
Brunner, E. 23, 34
Buddha 28, 34

Buber, M. 11, 38f, 155
Bultmann, R. 99f, 109, 174
Bürkle, H. 38ff, 133, 138, 157f, 163, 183
Butler, S. 145

Chandebois, R. 144
Childs, B.S. 109
Cicero 34, 71, 133, 178
Colombo, G. 107
Comte, A. 143
Cotta, C.A. 185
Cuttat, J.A. 28

Daniélou, J. 18, 21, 33–36
Danneels, G. 103
Dante A. 150
Descartes, R 143
Dasgupta, S.N. 98
Dierse, U. 42
Dirac, P. 112
Dohmen, Chr. 123
Döpp, S. 138
Drumm, J. 74
Dupuis, J. 44, 60

Ebner, F. 155
Eco, U. 150
Eilers, W. 30
Einstein, A. 112
Eliade, M. 20, 33f
Engels, F. 188
d'Espagnat, B. 126
Ezechiel 34

Faust 40, 115, 187
Feil, E. 42

Feldmann, H. 138
Ferguson, M. 103
Fest, J. 114, 117, 203
Fichte, J.G. 168
Flores d'Arcais, P. 153
Frauwallner, E. 98
Friedrich II. 164
Friedrowitz, M. 68
Fries, H. 19
Fuß, M. 103

Galilei, G. 126
Geerlings, W. 138
Gensichen, H.W. 28
Glasenapp, H. v. 29, 98, 131
Gnilka, Chr. 61, 141f, 178, 182
Goethe, J.W. v. 40, 187
Gregor I. (der Große) 129, 185
Grillmeier, A. 74
Guardini, R. 36, 40, 42, 72, 76, 179
Guénon, R. 21

Hacker, P. 21, 32
Haecker, Th. 52, 158
Harnack, A. v. 74, 107
Hasenhüttl, G. 174
Hegel, F. 39ff, 143, 168, 179
Heidegger, M. 100
Heiler, F. 20
Heisenberg, W. 112–114, 117, 121, 126
Hick, J. 43, 96–100, 102, 106f, 110
Hobbes, Th. 172
Homer 176
Hosea 34
Hübner, K. 27
Husserl, E. 155

Ijob 89, 123
Isaak 34f, 79, 80f

Jakob 34f
Jaspers, K. 34, 168
Jensson, R.W. 109
Jeremia 34
Jona 81, 89
Jonas, H. 202
Johannes der Täufer 36
Johannes Paul II. 92, 148, 153–159, 167–169, 204
Julian (der Apostat) 61, 136, 140f
Junker, R. 144f
Justin 138

Kabasilas, N. 138
Kannengiesser, Ch. 77
Kant, I. 102, 106f, 109, 111, 143, 168, 192
Kelsen, H. 60
Kern, W. 43
Klages, L. 194
Kolping, A. 100
Konfutse 34
Kopernikus, N. 126
Köster, P. 194
Knitter, P. 43, 96, 98, 100, 102, 106f, 110
Kraemer, H. 19, 21
Kreiner, A. 152f
Krickeberg, W. 62
Kriele, M. 106f
Kuhn, H. 40
Küng, H. 203
Kurthen, M. 122

Laplace, P.S. de 144
Lanczkowski, G. 20
Laotse 34
Le Cour, R. 102
Lessing, G.E. 157
Lévinas, E. 39, 73, 76, 155
Lewis, C.S. 148f
Linke, O.B. 122
Lohse, E. 191
Löw, K. 188
Löw, R. 194
Losch, H. 28
Lubac, H. de 30, 143
Luther, M. 78, 192f
Lutz-Bachmann, M. 74
Luz, U. 151

Macrobius 141
Marcel, G. 155
Marx, K. 41, 54, 143, 168, 179, 188, 195
Mauthner, F. 151
Meer, F. van de 34
Melchisedek 78–81, 89
Menke, K.-H. 96, 98ff, 102f, 106f
Monod, J. 122, 144
Moubarac, J. 34, 89
Mounier, E. 155
Mose 34, 75, 161, 171f, 178
Mozart, W.A. 172

Neuer, W. 107
Neuner, P. 21f
Newton, H. 126
Nietzsche, F. 34, 193f

Ohm, Th. 28

Panikkar, R. 98
Paul VI. 78
Pauli, W. 112f, 117
Paulus 71, 73f, 105, 129, 137f, 140, 161, 166f
Pettazzoni, R. 29f
Pieper, J. 51, 149f, 168, 197, 203
Planck, M. 112ff
Platon 71, 75, 150ff, 181, 186
Plotin 71, 126, 136, 181f
Popper, K. 145f
Porphyrius 141, 181
Possenti, V. 60, 76, 126
Potterie, I. de la 107
Pottmeyer, H.J. 43
Ps.-Dionysius Areopagita 38, 73
Proklus 182

Rad, G. v. 121
Radhakrishnan 21f, 25f, 28, 31, 69
Rahner, K. 14f, 18, 42, 66
Ramakrishna Rao, K.B. 98
Ramanuja 28
Ratzinger, J. 14f, 19, 31f, 78, 107, 122, 134ff, 140, 154, 167
Ravasi, G. 123
Reale, C. 136
Rech, Ph. 21
Reiser, M. 150f
Richards, J. 185
Ringgren, H. 34
Ross, J. 169
Rousseau, J.-J. 192ff, 199

Sartre, J.-P.   197f
Schade, H.   152
Schäffler, R.   162
Scheffczyk, L.   74
Scheler, M.   155
Schenker, A.   76, 123
Scherer, S.   144f
Schiffers, N.   126
Schiller, F.   192
Schlatter, A.   107
Schleiermacher, F.   115
Schmidt, P.L.   134
Schmidt-Leukel, P.   43, 95
Seckler, M.   43
Seifert, J.   174f
Seneca   133
Shankara   28
Simon, M.   138
Simonetti, M.   77
Smith, M.   145
Sobrino, J.   75
Sokrates   118, 128, 151, 178f
Spaemann, R.   193
Spalding, H.N.   20
Spann, O.   23
Spinoza, B.   114, 143, 172
Steinbüchel, Th.   190
Ström, A.   34
Stubenrauch, B.   43, 96

Sudbrack, J.   38–41, 72
Symmachus, Q.A.   61, 72, 142
Synesios von Kyrene   35
Szathmary, E.   145
Szczypiorski, A.   189f, 195, 206

Thomé, J.   20
Thomas v. Aquin   42, 143
Topitsch, E.   200
Troeltsch, E.   132, 133, 142, 157

Valentian II.   142
Varro, M.T.   133–136
Vetten, C.P.   138
Victorinus, M.   34

Waldstein, M.   60, 109
Werbick, J.   96
Widengren, G.   30
Wilfred, F.   99
Wittgenstein, L.   174f, 178
Wohlmuth, J.   76
Wright, G.H. v.   174
Wyss, D.   193

Zaehner, R.C.   30, 32
Zarathustra   30
Zeller, E.   72
Zenger, E.   171

REGISTER DER SCHLAGWÖRTER

Abtreibung 198f
Aufklärung 24, 26, 31, 63, 67f, 74, 114f, 123, 135, 137, 139, 141f, 146, 181, 184, 190, 192–194, 198f, 206
Azteken 62

Befreiungstheologie 75, 93f, 100ff, 104, 106
Bekehrung (conversio) 71f, 86, 93, 97, 176
Böse, das 40f, 61, 186
Buddhismus 41, 56, 141, 144, 157, 176, 183

Christentum/christlicher Glaube (vgl. ↗Kultur u. ↗ Vernunft) 36f, 42, 47f, 63ff, 67f, 69, 72f, 76f, 106f, 109–111, 117f, 125f
– und (Welt-)Religionen 14–19, 163f, 184f
– als »religio vera«/ universaler Anspruch des christl. Glaubens 11, 15, 17, 46–49, 69, 132f, 137f, 142f, 147f, 157, 170, 174f, 182f, 185f
Christologie/Christus 18, 43f, 59, 66, 77–81, 97f, 106, 108, 125
– Einzigkeit Christi 26, 44, 85f, 90, 99

Demokratie/Mehrheitsprinzip 60, 105, 159f, 196f
Dominus Iesus 11

Evangelium vitae 153f
Exegese 79, 107–109, 151
Exklusivismus 16, 41f, 66, 83

Fides et ratio 92, 148, 153–159, 167–169

Gaudium et spes 207
Gebet 82f, 87–90
Gewissen 45, 113, 166f, 191
Glaube (vgl. ↗Christentum/christl. Glaube; ↗Kultur; ↗Vernunft/Ratio)
Gnosis 33ff, 73f, 103
Gottesbegriff 69, 83–85, 89, 118–126, 139, 186

Heilsfrage 16f, 43f, 163–166
Hellenisierungsthese 71f, 74f, 160–162
Hinduismus 39, 165, 176

Internationale Theologenkommission 96
Inklusivismus 16, 41f, 66, 69, 80, 83
Inkulturation 49f, 53, 70f, 159, 163
Islam 15, 44, 69f, 116, 144, 165

Judentum/Glaube Israels 14, 79, 118–126, 137, 144

Katechismus der katholischen Kirche 205
Kirche 44, 56f, 59, 97f, 143
Kult 76, 80f, 101, 120, 123, 134ff, 160f, 178, 185

SCHLAGWÖRTER

Kultur
- Begriff 50–52, 157
- Kultur und christl. Glaube 55–59, 63f, 72, 75, 153f, 156–163
- (potentielle) Universalität der Kulturen 53f, 65ff, 157f

Liturgiereform 105

Marxismus 93ff, 100ff, 180, 188f, 194f
Mission 45–48, 60f, 65, 70f, 86, 97, 124, 137f, 162, 181
Monotheismus (personales Gottesverständnis) 29f, 118–126
- »Monotheismus« und »Mystik« 23, 30–41, 84f
- religionsgeschichtliche Relevanz 24f, 29, 171ff, 178, 186
Mystik (impersonale Identitätsmystik)
- Begriff 27f, 69
- »Mystik« und »Monotheismus« (vgl. ↗Monotheismus)

New Age 102–104, 105f
Nostra aetate 14
Neuplatonimus 136, 141

Offenbarung 30f, 33, 51, 67, 73f, 109, 124, 158, 181
Opfer 62, 76, 79–81, 120, 125, 186, 189
Orthopraxie 100–102, 140f

Philosophie (vgl. ↗Vernunft/Ratio)
Platonismus 41, 71, 122, 127, 136, 176
Pluralismus/Pluralistische Religionstheologie 16, 41, 43, 66–69, 95–102, 174f
Polytheismus 85, 137, 171, 175–177, 181f
Pontificium Consilium pro diologo inter religiones 82f, 90

Relativismus (vgl. auch ↗Pluralismus/PRT) 60, 65, 69, 94f, 98f, 102f, 106, 149, 164f, 167
Religion (vgl. auch ↗Pluralismus u. ↗Vernunft) 20–27, 36f, 41f, 115–117, 165f

Soteriologie (vgl. ↗Heilsfrage)

Vodun 64
Veritatis splendor 204
Vernunft/Ratio 126–129, 154f
- und christlicher Glaube 67f, 106f, 109–111, 136–140, 143–147, 167–169, 182–185
- und Religion 115–117, 127–129, 134–136, 141f, 180–182, 203f, 208

Wahrheit/Wahrheitsfrage (vgl. auch ↗Christentum) 11f, 20, 48, 51, 55, 59f, 77, 86, 92, 97, 104, 128, 131, 134, 141f, 148–156, 170, 178–180, 184–186, 187, 197f, 200, 204, 206ff

Der außergewöhnliche Geschenkband

Benedikt XVI.
Alles Gute!
Die schönsten Texte und Bilder von Papst Benedikt XVI.
Herausgegeben von Simon Biallowons
128 Seiten | Gebunden
ISBN 978-3-451-37621-4

Die schönsten Bilder, die besten Texte und überraschende Anekdoten: Zum 90. Geburtstag bietet dieses Buch das Beste von und um Benedikt XVI. Mit vielen Erinnerungen an das Pontifikat des deutschen Papstes und unvergesslichen Momenten und Augenblicken. Zahlreiche Farbfotos und Originalzitate von Benedikt XVI. runden den Geschenkband ab.

HERDER

In jeder Buchhandlung
oder unter www.herder.de

Das erste »Live«-Interviewbuch mit einem Papst

Benedikt XVI.
Licht der Welt
Der Papst, die Kirche und die Zeichen der Zeit. Ein Gespräch mit Peter Seewald
Herder spektrum,
Band 6422
260 Seiten | Kartoniert
ISBN 978-3-451-06422-7

BENEDIKT XVI.

Licht der Welt

Der Papst, die Kirche und die Zeichen der Zeit

EIN GESPRÄCH
MIT PETER SEEWALD

HERDER

Im Interview mit dem Journalisten Peter Seewald spricht Papst Benedikt XVI. über seine persönliche Sicht auf das Papstamt und die gegenwärtige Situation von Glaube und Kirche. Benedikt XVI. geht keiner Frage aus dem Weg. Noch niemals vorher hat ein Papst auf kritische Fragen zu den drängenden Problemen in Kirche und Gesellschaft in dieser Form und so offen Rede und Antwort gestanden.

HERDER

In jeder Buchhandlung
oder unter www.herder.de

Eine kleine Quersumme der Theologie

Joseph Ratzinger/
Benedikt XVI.
**Kleines ABC des
Glaubens**
Ein Lesebuch von Abba
bis Zweifel
Herder spektrum,
Band 6721
240 Seiten I Kartoniert
ISBN 978-3-451-06721-1

Exemplarische Texte zu 165 Stichworten geben Einblick in das Denken des Theologenpapstes Benedikt XVI., vermitteln theologisches Verstehen und bieten anregende geistliche Lektüre.
»Joseph Ratzingers Theologie ist existentiell ermutigend und seine Spiritualität ist theologisch gesichert. Analyse und Meditation, Denken und Handeln, Glaube und Leben verweisen aufeinander, stützen sich gegenseitig und geben Orientierung durch ein glaubwürdiges Zeugnis für Christus.« (Robert Zollitsch)

HERDER

In jeder Buchhandlung
oder unter www.herder.de